Das große Buch der Vollwertküche

Herausgegeben von der Zeitschrift

Sonderausgabe der Naumann & Göbel Verlagsgesellschaft, Köln
Alle Rechte bei Gruner + Jahr AG & Co, Hamburg
Redaktion: Gisa v. Barsewisch, Annegret Stegmann
Titel und Layout: Jürgen Pengel
Grafik: Gabriele Bernhart
Rezeptentwicklung: Murmel Schult, Versuchsküche »essen & trinken«
Fotos: Heino Banderob, Richard Stradtmann
Bavaria (3), Laenderpress (2), Herm. Kruse (1)
Jesse (2), Schuster (2), Zefa (5)
Illustration: Schröter-Nandorf (1), Styling: Gisela Koch
Gesamtherstellung: Mainpresse Richterdruck Würzburg
Printed in West Germany
Alle Rechte vorbehalten
ISBN 3-625-10897-6

schöner essen

DAS GROSSE BUCH DER VOLLWERT KÜCHE

Die schönsten Gourmet-Rezepte der gesunden Küche

NAUMANN & GÖBEL

INHALT

Gesund: frisches Gemüse

Vollkornnudeln mit Buchweizenbutter

Aus fremden Töpfen: Kichererbsenbällchen mit Sesamsauce

Müsli aus gekeimtem Weizen und Hafer mit frischem Obst

Eine Roggenähre

Roggenkörner

Grobes Roggenschrot

Einleitung:	
Das Wichtigste über Vollwertkost	6–10
Rohkost:	
Vorspeisen-Salate	11–18
Getreide:	
Weizen	19–26
Grünkern	27–34
Hafer	35–42
Gerste	43–50
Roggen	51–58
Buchweizen	59–66
Vollreis	67–74
Hirse	75–82
Mais	83–90
Vollkornnudeln	91–98
Hülsenfrüchte:	
Erbsen	99–106
Bohnen	107–114
Linsen	115–122
Kichererbsen	123–130
Nüsse und Samen:	
Haselnüsse	131–138
Walnüsse	139–146
Mandeln	147–154
Kürbiskerne	155–162
Sesam	163–170
Sonnenblumenkerne	171–178
Verschiedene Samen und Nüsse	179–186

Keimlinge:	
Sojasprossen	187–194
Verschiedene Sprossen	195–202
Süßes:	
Desserts	203–210
Aus Feld und Flur:	
Wildbeeren	211–218
Wildkräuter und Wildgemüse	219–226
Vollwertiges für jeden Tag:	
Tofu	227–232
Kleine Mahlzeiten	233–252
Für Gäste und Feste:	
Festliche Menüs	253–261
Kalte Platten und Vorgerichte	262–271
Knabbereien	272–277
Vollwertbäckerei:	
Brötchen	278–279
Sauerteigbrot	280–283
Knusprige Flachbrote	284–285
Rezeptverzeichnis	286–288

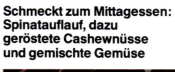

Schmeckt zum Mittagessen: Spinatauflauf, dazu geröstete Cashewnüsse und gemischte Gemüse

Sonntäglicher Nachtisch: feine Pistazienklöße mit Vanillesauce und Sommerbeeren

Tofu-Creme, Avocado und Tomate zu Kümmelkartoffeln aus dem Backofen

Süß und vollwertig: Trockenobst für Gebäck, Müsli und Desserts

ALLES ÜBER VOLLWERTKOST

Essen ist ein Stück Lebensfreude, ein außerordentlich wichtiges dazu. Die Erfüllung dieser Freude wird uns leichtgemacht. Denn beim Gang über den Markt oder durch Feinkostgeschäfte sehen wir uns den verlockendsten Angeboten gegenüber. Andererseits lesen wir täglich von neuen und sich zum Teil widersprechenden Erkenntnissen über die richtige Ernährung. Und hören ständig von neuen Lebensmittelskandalen.
Was soll, was darf und was muß man essen, um gesund zu bleiben? Im Zusammenhang mit diesen Fragen hört man immer wieder von „Vollwertkost".

Was ist Vollwertkost?

Vollwertkost ist keine Diät, sondern eine Kostform, die Sie ohne zeitliche Begrenzung durchführen können. In Ihren Einkaufskorb dürfen Sie alles packen, was frisch ist: Obst, Gemüse, Kräuter und Kartoffeln. Dazu Milch und Milchprodukte, Käse, Eier, Butter und kaltgepreßtes Pflanzenöl. Ferner Getreide und Getreideprodukte, soweit sie aus dem ganzen Korn hergestellt wurden, also ganz besonders Vollkornbrot. Fleisch und Fisch sind in der Vollwertkost nicht etwa verboten. Aber tierisches Eiweiß spielt in der Vollwertkost eine untergeordnete Rolle und kommt seltener auf den Tisch. Rezepte dafür kennen Sie genug, wir haben deshalb in diesem Buch darauf verzichtet.

Nicht empfehlenswert: Zucker und Weißmehl

Gemieden werden in der Vollwertkost Zucker und alle Produkte, die Zucker enthalten, wie Backwaren, gesüßte Säfte und Obstkonserven

In der Vollwertkost stehen vor allem frische und unverarbeitete Lebensmittel auf dem Speisezettel. Weshalb das so ist, erfahren Sie hier.

VOLLWERTKOST IST SCHONKOST

ALLES ÜBER VOLLWERTKOST

oder stark zuckerhaltige Limonaden. Das gleiche trifft auf das übliche Weizenmehl und daraus hergestelltes Gebäck zu. Gemieden werden ferner gehärtete Fette und Produkte, die industriell verarbeitet sind. Ganz strenge Vollwertköstler verzichten auf Fertigprodukte völlig. Wenn Sie jedoch auf die Bequemlichkeit solcher Produkte gelegentlich zurückgreifen wollen, so sollte das doch die Ausnahme bleiben.

Auch Vollwertkost sollte man nicht einseitig sehen

Neu sind die Empfehlungen für eine vollwertige Ernährung zwar nicht, doch die Idee der „Vollwertkost" ist zur Zeit sehr populär. Nun gibt es Gruppen, die sich dieser Ernährungsform unter besonderen Aspekten ideologischer oder religiöser Art bemächtigen. Auch ökologische Gesichtspunkte können dabei eine – durchaus berechtigte – Rolle spielen. Es führt zu weit, hier darauf einzugehen.
Mit der in diesem Buch vorgestellten Vollwertkost ist eine vielseitige, ovolactovegetabile Ernährung gemeint, also eine Kostform, die neben Milch, Milchprodukten und Eiern vor allem pflanzliche Erzeugnisse enthält.

Weshalb überhaupt Vollwertkost?

Ein kurzer Rückblick: Seit Anfang dieses Jahrhunderts haben sich sowohl die Produktionsmethoden für Nahrungsmittel wie unsere Ernährungsgewohnheiten tiefgreifend geändert.
Wie sich diese Veränderungen für unsere Gesundheit auswirken, das erkennt man erst allmählich. Dabei wech-

Daran dürfen Sie sich nach Herzenslust sattessen: Obst, Gemüse, Kartoffeln, Brot und Hülsenfrüchte

ALLES ÜBER VOLLWERTKOST

selten neue Erkenntnisse mit Irrtümern ab. Einige dieser Irrtümer haben, das weiß man heute, zu Fehlern in der Ernährung geführt.
So glaubte man zunächst, reine Nährstoffe wie Kohlenhydrate (z. B. weißes Mehl und Zucker), Eiweiß und Fett genügten, um die Leistungsfähigkeit der Menschen zu erhalten. Bis man die Vitamine entdeckte und begriff, daß sie für das Funktionieren unseres Stoffwechsels unerläßlich sind und daß ihr Fehlen schwerwiegende Erkrankungen zur Folge hat. Auch

> **Ohne Fleisch genug Eiweiß**
>
> Eine Versorgung mit hochwertigem Eiweiß (ohne Fleisch) garantiert die Kombination verschiedener Lebensmittel in einem Gericht oder einer Mahlzeit. Günstige Zusammenstellungen:
> **Getreide** und Getreideprodukte mit Milch und Milchprodukten, Eiern und Hülsenfrüchten. Beispiele: Vollkornbrot mit Quark, Buchweizengrütze mit Milch, Linsensuppe mit Schwemmklößchen, Nudelauflauf mit Käse.
> **Kartoffeln** mit Eiern, Milch und Milchprodukten.
> Beispiele: Kartoffelbrei mit Rührei, Kartoffelgratin mit Käse.
> **Hülsenfrüchte** mit Eiern, Getreide und Milch.
> Beispiele: Bohnensuppe und Quarkauflauf.

die Mineralstoffe wurden zunächst unterschätzt. Daß selbst Spuren davon eine ebenso wichtige Funktion wie Vitamine haben, und zwar im Zusammenspiel mit diesen, das wurde erst in jüngerer Zeit deutlich. Ein gravierender Fehler war es auch, die sogenannten Ballaststoffe für überflüssig zu halten. Ballaststoffe sind Faser- und Quellstoffe von sehr unterschiedlicher Zusammensetzung. Sie befinden sich in Gemüse und Obst als Stützgewebe oder bei Hülsenfrüchten, Samen, Nüssen und vor allem bei Getreide in der Schale. Weil ein Teil dieser Ballaststoffe den Körper unverdaut verläßt, hielt man sie schlicht für überflüssig, also für Ballast. Begünstigt wurde der Verzehr ballaststoffarmer Nahrungsmittel durch die Verfeinerung unserer Kost. Die Folgen: Immer mehr Menschen litten und leiden an Obstipation (Verstopfung) und damit verbundenen Krankheiten. Inzwischen weiß man, daß Ballaststoffe das unerläßliche Transportmittel im Verdauungstrakt sind. Es ist auch erwiesen, daß sich ballaststoffreiche Kost günstig auf einen zu hohen Cholesterinspiegel und auf Diabetes (Zuckerkrankheit) auswirkt.
Von Bedeutung ist zudem, daß isolierte Kohlenhydrate wie Zucker und Weißmehl nicht nur keine Ballaststoffe enthalten, sondern auch frei von Vitaminen und Mineralstoffen sind. Um sie zu verbrennen, werden bei zu reichlichem Verzehr dieser Nahrungsmittel Reserven im Körper angegriffen. Das spürt man nicht gleich, sondern nach Jahren oder Jahrzehnten. Dann nämlich, wenn zum Beispiel die Bandscheiben kaputt sind oder sich Arthrose bemerkbar macht. Natürlich sind solche Beschwerden nicht ausschließlich auf Ernährungsfehler zurückzuführen, sondern auch auf eine falsche Lebensweise wie z. B. Bewegungsmangel. Doch trägt eine falsche Ernährung nicht unerheblich dazu bei. Nicht zuletzt ist sie vermutlich auch Ursache dafür, daß unser Immunsystem, also unsere Fähigkeit, mit Krankheitskeimen fertig zu werden, heute sehr zu wünschen übrig läßt.
Grund genug, unverarbeitete Lebensmittel zu bevorzugen, weil sie noch alle wichtigen Begleitstoffe enthalten.

ALLES ÜBER VOLLWERTKOST

Weil wir älter werden, brauchen wir eine Ernährung, die uns bis ins hohe Alter gesund erhält

Die Statistik beweist es, wir werden wesentlich älter als noch zu Beginn des Jahrhunderts. Bessere Lebensumstände, eine moderne Medizin und eine reichhaltige Ernährung (nicht unbedingt ausreichende) sind der Grund dafür. Ernährungsfehler machen sich allerdings erst im Alter bemerkbar.

Es kommt nicht darauf an, wie alt wir werden, sondern wie wir alt werden!

Zwar haben wir heute kaum noch die Möglichkeit, schädlichen Umwelteinflüssen zu entgehen. Denn auch biologisch angebautes Getreide enthält Spuren von Schadstoffen, die sich teils noch im Boden befinden, teils aus der Luft dazukommen. Sollten wir deshalb diese Getreide nicht essen? Das wäre grundfalsch!

Wir haben nur einen Schutz: eine vielseitige Kost

Je bunter unser Speisezettel ist, desto eher haben wir die Garantie, mit den notwendigen Nährstoffen versorgt zu sein. Und auch die Garantie dafür, daß wir nicht zu viele Schadstoffe aufnehmen (die Gefahr bei jeder einseitigen Kost!). Zur Vollwertkost gehört es, täglich einen Teil der Lebensmittel roh zu verzehren.

Das kann ein Müsli aus frisch geschrotetem Getreide mit Obst oder ein Rohkostsalat sein. Rohes Obst, rohe Gemüse, Kräuter, Keimlinge und Sprossen, Nüsse und Getreide, das sind Lebensmittel mit hoher „Nährstoffdichte", also mit dem höchsten Gehalt an lebenswichtigen Vitaminen, Mineralstoffen und Aromastoffen.
Nun können Sie keineswegs alle Lebensmittel roh verzehren. Kartoffeln sind roh unverdaulich, grüne Bohnen sogar unverträglich. Wenn Sie mit Hitze garen, so sollte das so nährstofferhaltend wie möglich geschehen. Deshalb Gemüse

Hier sehen Sie auf einen Blick die Lebensmittel, die in der Vollwertkost eine wichtige Rolle spielen, aber in Maßen zu verwenden sind: Honig, Sahne, Pflanzenöl, Eier, Butter und Käse

- sobald wie möglich verbrauchen, bis dahin kühl lagern;
- nach dem Putzen, aber vor dem Zerkleinern waschen, jedoch nie wässern, nur kurz abspülen, damit weder Vitamine noch Mineralstoffe auslaugen;
- nach dem Zerkleinern sofort dünsten, das heißt mit wenig Wasser und eventuell etwas Fett im geschlossenen Topf bei milder Hitze knapp garen;
- nicht stundenlang warm halten, lieber erneut aufwärmen.

Fett sparsam verwenden

Fett sollten Sie in der Vollwertküche sparsam verwenden, vorzugsweise Butter, kaltgeschlagene, nicht raffinierte Pflanzenöle und ungehärtete Fette. Margarine nur dann, wenn sie mit ungehärteten Fetten hergestellt wurde.

Eiweiß – teils tierischer, teils pflanzlicher Herkunft

Früher hat man unseren Eiweißbedarf höher eingeschätzt. Heute empfiehlt die Deutsche Gesellschaft für Ernährung pro Kopf und Tag durchschnittlich 45 bis 55 g Eiweiß. Zwei Drittel davon sollte pflanzliches Eiweiß sein. Der Rest kann durch Eier, Milch und Milchprodukte gedeckt werden.
Wichtig: Eiweiß setzt sich aus verschiedenen Eiweißbausteinen, den sogenannten Aminosäuren, zusammen. Im Körper wird das Eiweiß in diese Bausteine zerlegt und dann zu dem körpereigenen Eiweiß zusammengefügt.
Nun enthalten die Lebensmittel niemals alle für uns notwendigen Aminosäuren. Aber durch eine geschickte Kombination von Lebensmitteln kann ein Gericht alle notwendigen Eiweißbausteine enthalten. Welche Lebensmittel sich besonders gut ergänzen, sehen Sie im Kasten (Seite 8).

Der durchschnittliche Ballaststoffgehalt unserer wichtigsten Lebensmittel
(je 100 g Frischgewicht)

Obst:	Ballaststoffe
Äpfel	2,3 g
Birnen	2,4 g
Zwetschgen	2,2 g
Himbeeren	8,5 g
Erdbeeren	2,7 g
schwarze Johannisbeeren	4,4 g
Stachelbeeren	4,4 g
Gemüse:	
Blumenkohl	2,4 g
Erbsen (grüne)	4,6 g
Grünkohl	4,8 g
Gurken	1,0 g
Kartoffeln	2,1 g
Möhren	3,0 g
Porree	4,0 g
Paprika (rot)	2,2 g
Rosenkohl	2,5 g
Rotkohl	2,1 g
Spinat	1,7 g
Zwiebeln	1,7 g
Hülsenfrüchte (getrocknet):	
Erbsen (ungeschält)	16,8 g
Kichererbsen	10,2 g
Linsen	11,1 g
weiße Bohnen	18,0 g
Brot:	
Weizenbrot	3,0 g
Weizenmischbrot	4,3 g
Weizenschrotbrot	6,3 g
Roggenbrot	5,7 g
Roggenschrotbrot	7,4 g

(Nach AID: „Ballaststoffe in der Ernährung")

Ballaststoffreiche Kost

Ein Apfel ist gesünder als Apfelsaft, eine Möhre oder Möhrenrohkost besser als Möhrensaft. Denn das, was man nach dem Auspressen wegwirft, enthält neben einigen Nährstoffen vor allem die wichtigen Ballaststoffe.
Am reichsten an Ballaststoffen sind Getreidekörner. Davon sollten Sie mehr essen. Doch das beste Vollkornbrot ist nicht unbedingt das, in dem noch ganze Körner sichtbar sind, sondern eins, das zu 100 Prozent aus geschrotetem oder feingemahlenem, ganzen Getreide mit Keim besteht. Und wenn nicht im Brot, wie ißt man Getreide dann?
Im Müsli aus geschrotetem Korn, in einem Schrotauflauf, feingeschrotet in Saucen und Suppen oder als Vollkornnudeln. Auch Hülsenfrüchte sind vorzügliche Lieferanten für Ballaststoffe.

Vorsichtig umstellen

Eine Warnung: Die Gewöhnung an eine ballaststoffreichere Kost kann Probleme bereiten. Der Körper, sagen wir genauer, der Verdauungstrakt ist es häufig nicht mehr gewohnt, mit faserreicher Kost fertig zu werden. Das hat zunächst Unverträglichkeiten zur Folge. Die Umstellung gelingt leichter, wenn man zunächst nur mit Vollkornbrot beginnt, wenn man dann beim Müsli die Hälfte des geschroteten Getreides kurz kocht, und schließlich, wenn man sich Zeit zum Essen (und gründlichen Kauen!) läßt. Man sollte während der Umstellung konsequent auf Zucker, Weißmehl und gesüßte Getränke verzichten, diese Dinge vertragen sich nicht miteinander.
Wenn Sie die Umstellung geschafft haben, werden Sie feststellen: Der Süßhunger legt sich. Frisches Obst schmeckt auch ohne Zucker. Vollkornbrot ist um vieles herzhafter als Weißbrot. Kurz: Vollwertiges schmeckt gut. Das Buch wird Ihnen helfen, das zu entdecken!

ROHKOST

Scheiben von Blumenkohlröschen und Radieschen auf Brunnenkresse mit Avocadocreme. Rezept auf Seite 16.

Blumenkohl-Rohkost mit Avocado-Mayonnaise
Grüner Salat mit Grünkern-Dip
Rohkostsalat mit Frühlingsgemüsen
Sauerkraut-Sellerie-Rohkost
Tomatenteller mit Zucchini und Pesto
Sojasprossen-Salat mit Mango und Mandeln
Was zur Rohkost gehört

ROHKOST

Grüner Wintersalat mit Grünkern-Dip

Für 4 Portionen:
60 g Grünkern
(ganze Körner)
Vollmeersalz
1 Bund Staudensellerie
200 g Chicoree
200 g grüne Trauben
350 g Fenchel
1 Apfel
2 El Zitronensaft
2 El Orangensaft
150 g Crème fraîche
1 El Kürbiskernöl
1 El Apfeldicksaft
1 El Kürbiskerne
1 El Pistazienkerne

1. Grünkern gut mit Wasser bedeckt zugedeckt bei mäßiger Hitze 45 Minuten kochen, mit Salz würzen und abkühlen lassen.

2. Staudensellerie und Chicoree putzen, waschen und zerteilen. Trauben waschen und halbieren, eventuell entkernen.

3. Fenchel putzen und in dünne Scheiben schneiden. Apfel zerteilen, Kerngehäuse entfernen. Apfelstücke in Spalten schneiden. Fenchel und Apfelspalten mit Zitronen- und Orangensaft beträufeln. Die vorbereiteten Gemüse auf Portionstellern anrichten.

4. Crème fraîche mit Kürbiskernöl und Dicksaft verrühren, 1 El Grünkern untermischen.

5. Auf jeden Portionsteller einen Löffel Sauce geben, mit Grünkern bestreuen. Außerdem mit Kürbis- und Pistazienkernen garnieren.

Vorbereitungszeit: 30 Min.
Garzeit: 45 Minuten
Pro Portion ca. 8 g Eiweiß, 18 g Fett, 33 g Kohlenhydrate = 1394 Joule (333 Kalorien)

ROHKOST

Frühlingsgemüse-Salat

Für 4 Portionen:
200 g Möhren
1 Kohlrabi (ca. 400 g)
1 Bund Frühlingszwiebeln
500 g Spargel
2 El Weißwein
1 El Balsamessig
Vollmeersalz
1 El Apfeldicksaft
4 El Öl (kaltgepreßt)
1 El Walnußöl
1 Handvoll Kerbel
3 El Mayonnaise (Grundrezept s. Seite 16)
6 El Schlagsahne
2 El Limettensaft

1. Möhren putzen, waschen und in sehr dünne Scheiben schneiden. Kohlrabi schälen und in feine Stifte schneiden. Frühlingszwiebeln waschen, putzen und in dünne Ringe schneiden. Spargel schälen und schräg in sehr dünne Scheiben schneiden. Die Köpfe ganz lassen.

2. Aus Weißwein, Essig, Salz, Dicksaft und den Ölen eine Vinaigrette rühren.

3. Spargel und Frühlingszwiebeln in der Vinaigrette 10 Minuten marinieren. Inzwischen den Kerbel von den Stielen zupfen.

4. Mayonnaise mit Sahne und Limettensaft verrühren, Kohlrabi unterheben.

5. Spargel und Frühlingszwiebeln aus der Vinaigrette heben, auf Teller verteilen. Möhren und Kerbel in der restlichen Sauce wenden, auf den Spargel geben. Mayonnaise mit Kohlrabi darüber verteilen. Sofort servieren.

Zubereitungszeit: 45 Min.
Pro Portion etwa 4 g Eiweiß, 30 g Fett, 11 g Kohlenhydrate = 1464 Joule (351 Kalorien)

ROHKOST

Sauerkraut-Sellerie-Rohkost

Für 4 Portionen:
4 Schalotten
1 großer roter Apfel
Pfeffer a. d. Mühle
200 g Sauerkraut
2 El Öl (kaltgepreßt)
1 Zitrone (unbehandelt)
300 g Sellerieknolle
1 Birne
Vollmeersalz
1/8 l Schlagsahne
4 Champignons
12 Walnußkerne
1 Beet Kresse

1. Schalotten pellen und sehr fein würfeln. Apfel halbieren, eine Hälfte vom Kernhaus befreien, fein stifteln, dann in einer Schüssel mit Pfeffer würzen. Das Sauerkraut über den Apfelstiften auspressen. Öl untermischen.

2. Sauerkraut mit zwei Gabeln auseinanderzupfen und untermischen, durchziehen lassen.

3. Zitrone heiß abspülen und abtrocknen. Schale abreiben, Saft auspressen.

4. Sellerie schälen und grob raffeln. Birne halbieren, Kerngehäuse entfernen. Eine Hälfte raffeln, mit Sellerie mischen, mit Zitronensaft und Salz würzen.

5. Sahne steif schlagen und mit dem Sellerie mischen. Champignons putzen und in dünne Scheiben schneiden. Restliche Apfel- und Birnenhälfte in schmale Spalten schneiden, mit etwas Zitronensaft beträufeln.

6. Alles auf Portionstellern anrichten, den Sellerie mit der Zitronenschale und Walnußkernen garnieren, auf die Champignons etwas Kresse streuen.

Zubereitungszeit: 40 Min.
Pro Portion ca. 4 g Eiweiß, 20 g Fett, 12 g Kohlenhydrate = 1064 Joule (255 Kalorien)

ROHKOST

Tomatenteller mit Zucchini und Pesto

Für 4 Portionen:
1 Bund glatte Petersilie
1 Bund Basilikum
30 g Pinienkerne
1 El Parmesan (frisch gerieben)
8 El Olivenöl
1 Knoblauchzehe
Vollmeersalz
500 g Tomaten, 3 Eier
250 g Zucchini
100 g Erbsen (TK)
2 El Zitronensaft
4 El Weißwein
Pfeffer aus der Mühle
1 Handvoll Oliven

1. Petersilie und Basilikum fein hacken. Pinienkerne ohne Fett hellbraun rösten, abgekühlt mahlen. Kräuter, Pinienkerne und Parmesan mit 5 El Öl im Mörser fein zerstoßen, mit durchgepreßtem Knoblauch und Salz würzen.

2. Tomaten waschen und achteln. Eier hart kochen, abgekühlt pellen und sechsteln. Zucchini waschen, putzen und in Scheiben schneiden. Erbsen tropfnaß zugedeckt 3 Minuten dünsten.

3. Zitronensaft, Weißwein und 3 El Öl verrühren, Zucchini und Erbsen darin 5 Minuten ziehen lassen, salzen. Tomaten mit Salz und Pfeffer würzen.

4. Tomaten, Zucchini, Erbsen, Eier und Oliven auf Teller verteilen. Kräuterpaste mit der restlichen Vinaigrette verrühren und über die angerichteten Zutaten geben.

Vorbereitungszeit: 45 Min.
Garzeit: 3 Minuten
Pro Portion ca. 11 g Eiweiß, 36 g Fett, 9 g Kohlenhydrate = 1811 Joule (436 Kalorien)

ROHKOST

Die zartgrüne feine Avocadomayonnaise ist das Besondere an diesem Rohkostsalat. Großes Foto S. 11

Frisches Gemüse, würziger Essig, aromatisches Öl

Weil in rohen Lebensmitteln noch alle Vitamine und Mineralstoffe enthalten sind und weil rohe Gemüse und rohes Obst wichtige Ballaststoffe enthalten, sollten wir jeden Tag etwas Rohkost essen. Rohkost können Sie aus nahezu allen Gemüsen zubereiten, mit Ausnahme von grünen Bohnen.
Für die Zubereitung von Rohkost sollten Sie Gemüse und Salat
● so frisch wie möglich verbrauchen;
● bis dahin kühl lagern, denn Wärme fördert den Abbau von Vitaminen;
● nach dem Putzen, aber vor dem Zerkleinern waschen;
● nie lange in Wasser liegen lassen;
● erst unmittelbar vor der Verwendung zerkleinern;
● sofort mit der vorbereiteten Salatsauce verrühren (gilt nicht für Blattsalate), damit die Vitamine vor Luftsauerstoff geschützt sind und nicht abgebaut werden können.
Servieren Sie Rohkostsalate möglichst bald nach der Zubereitung!

Rohkost: die gesunde Vorspeise

Ernährungswissenschaftler empfehlen, Rohkost zu Beginn der Mahlzeit zu servieren, weil sie dann am besten bekommt. Wir meinen, daß sie dann auch am besten schmeckt!

Ein großes Angebot an Gemüse, Obst und Salat sorgt für Abwechslung auf Ihrem Rohkostteller. Sogar Spargel und Blumenkohl schmecken roh!

Blumenkohl-Rohkost mit Avocado-Mayonnaise

Für 4 Portionen:
1 Bund Brunnenkresse
300 g Blumenkohlröschen
2 Bund Radieschen
2 El Weißweinessig
Vollmeersalz
Pfeffer aus der Mühle
6 El Distelöl
1 El Balsamessig
2 El Sesam (geröstet)
150 g Mayonnaise
(s. Rezept rechts unten)
2 El Zitronensaft
4 El Schlagsahne
1 Avocado

1. Brunnenkresse waschen, abzupfen und abtropfen lassen. Gewaschene Blumenkohlröschen in feine Scheiben schneiden.

Radieschen putzen, waschen und in Scheiben schneiden.
2. Aus Weißweinessig, Salz, Pfeffer und 3 El Öl eine Vinaigrette rühren, Blumenkohl und Radieschen darin 10 Min. marinieren.
3. Aus Balsamessig, Salz, Pfeffer, dem restlichen Öl und Sesam eine zweite Vinaigrette rühren. Die Mayonnaise mit 1 El Zitronensaft und Sahne mischen.
4. Avocado halbieren, den Stein herausnehmen. Die Hälften schälen. Ein paar dünne Spalten zum Garnieren abschneiden und mit 1 El Zitronensaft beträufeln. Restliche Avocado mit einer Gabel fein zerdrücken, mit Mayonnaise mischen.
5. Brunnenkresseblätter in der Sesam-Vinaigrette wenden und auf Teller verteilen, Blumenkohl- und Radieschenscheiben daneben anrichten. Je einen Löffel Avocadomayonnaise dazugeben, mit Avocadospalten garnieren.

Zubereitungszeit: 30 Min.
Pro Portion etwa 5 g Eiweiß, 65 g Fett, 6 g Kohlenhydrate = 2730 Joule (653 Kalorien)

Mayonnaise

Grundrezept für 300 g:
2 Eigelb (Gew.-Kl. 2)
1 El Zitronensaft, 1 Tl Senf
Vollmeersalz
$\frac{1}{4}$ l Öl (kaltgepreßt)

1. Eigelb mit Zitronensaft, Senf und Salz in einem Rührbecher gut verrühren.
2. Öl zuerst tropfenweise, dann in dünnem Strahl mit den Quirlen vom Handrührer unterschlagen, bis eine dicke Mayonnaise entstanden ist.

Zubereitungszeit: 10 Min.
Insg. etwa 7 g Eiweiß, 213 g Fett, 0 g Kohlenhydrate = 8413 Joule (2011 Kalorien)

ROHKOST

Würziger Essig: ein altes Naturprodukt

„Nimm Essig wie ein Geizhals" heißt es für die Zubereitung von Salaten. Doch dieses Wenige sollte vom Besten sein und dem Salat die passende Würze geben. Deshalb kommt man in einer guten Küche kaum mit einer Sorte Essig aus. Die Auswahl ist groß, denn Essig entsteht aus den verschiedensten alkoholhaltigen Getränken, aus Branntwein, Weiß- oder Rotwein, aus Obstwein, Sherry und anderem mehr. Die Essigbakterien wandeln den Alkohol der Getränke in Säure um, zurück bleibt das Aroma des ursprünglichen Getränks.

Drei Essigsorten sehen Sie auf unserem Foto: einen feinen Rotweinessig, einen alten Rotweinessig mit intensiverem Geschmack und einen fruchtigen Obstessig.

Für Rohkost eignen sich außerdem die mit verschiedenen Kräutern oder Gewürzen aromatisierten Essigsorten.

Ein Tip: Würzige Essigsorten sollte man nur mit neutralem Öl, aromatische Öle nur mit neutralem Essig kombinieren.

Öle mit Eigenaroma

In der Vollwertküche werden kaltgepreßte, nicht raffinierte Öle für Rohkost bevorzugt. Wobei es darauf ankommt, daß ihr typischer Eigengeschmack mit den verwendeten Salatzutaten harmoniert. Oben eine kleine Auswahl:

- grünliches Olivenöl mit deutlichem Olivenaroma;
- helles Sonnenblumenöl mit neutralem Geschmack;
- hellgelbes Walnußöl mit feinem Nußaroma;
- dunkelbraunes Sesamöl von intensiver Würze;
- dunkelgrünes Kürbiskernöl, ebenfalls intensiv würzig.

ROHKOST

Sojasprossen-Salat mit Mango und Mandeln

Für 4 Portionen:
250 g Sojasprossen
300 g Möhren
50 g Mandeln (ungeschält)
1 Mango (ca. 250 g)
2 El Weißweinessig
Vollmeersalz
5 El Öl (kaltgepreßt)
1 El Birnendicksaft
5–6 Tropfen Tabasco
1 Bund Schnittlauch

1. Die Sojasprossen in stehendem Wasser waschen, danach gut abtropfen lassen. Welke Enden entfernen.
2. Die Möhren putzen und waschen, dann in sehr feine Streifen schneiden.
3. Die Mandeln stifteln. Die

Mango schälen. Das Fruchtfleisch in Spalten vom Stein schneiden, dann in Streifen schneiden.
4. Aus Essig, Salz, Öl, Dicksaft und Tabasco eine Salatsauce rühren, Sojasprossen, Möhren und Mangostreifen darin 10 Minuten ziehen lassen.
5. Schnittlauch in Röllchen schneiden. Den Salat anrichten und mit Mandelstiften und Schnittlauch bestreuen.

Zubereitungszeit: 30 Min.
Pro Portion ca. 6 g Eiweiß, 23 g Fett, 14 g Kohlenhydrate = 1222 Joule (292 Kalorien)

WEIZEN

Junge Gemüse, feingewürfelt und knapp gar gedünstet mit ganzen Weizenkörnern auf einer Kerbelsauce. Rezept auf Seite 24.

Weizengemüse auf Kerbelsauce
Fenchel-Chicoree-Salat mit Weizen
Vollkornpizza mit Mozzarella
Hefepfannkuchen mit zwei Saucen
Käseschnitten vom Blech
Pflaums Müsli
Kleine Weizen-Warenkunde

WEIZEN

Fenchel-Chicoree-Salat mit Weizen

Für 4 Portionen:
60 g Sprießkornweizen
1 Fenchelknolle
3 Chicoree
1 Apfel
4 El Zitronensaft
3 Orangen
50 g Mandeln
100 g Perlerbsen
Salz
Pfeffer aus der Mühle
5 El Sonnenblumenöl
½ Bd. glatte Petersilie

1. Weizen mit reichlich kaltem Wasser bedeckt über Nacht quellen lassen.
2. Am nächsten Tag abspü-

len, abtropfen lassen, abgedeckt über Nacht keimen lassen.
3. Keimlinge abbrausen.

4. Den Fenchel putzen, waschen und dann längs in sehr dünne Scheiben schneiden
5. Den Chicoree putzen, waschen und quer in Streifen schneiden.
6. Apfel waschen, zerteilen, Kerngehäuse entfernen, in dünne Stifte schneiden.
7. Vorbereitete Zutaten mit Zitronensaft beträufeln.
8. Zwei Orangen wie Äpfel schälen, die Filets zwischen den Trennhäuten herauslösen.

9. Mandeln grob hacken. Die Perlerbsen lauwarm abbrausen. Alle Zutaten vorsichtig mischen.
10. Die dritte Orange auspressen.
11. Aus Orangensaft, Salz, frisch gemahlenem Pfeffer und Öl eine Sauce rühren, über den Salat geben und leicht untermischen.
12. Den angerichteten Salat mit abgezupften Petersilienblättern garnieren.

Vorbereitungszeit: 40 Minuten
Weizen keimen: ca. 2–3 Tage
Pro Portion ca. 10 g Eiweiß, 23 g Fett, 35 g Kohlenhydrate = 1647 Joule (394 Kalorien)

WEIZEN

Vollkornpizza

Für 4 Portionen:
250 g Zwiebeln
200 ccm Olivenöl
2 Ds. Tomaten (800 g EW)
1 El Tomatenmark
2 Lorbeerblätter
Vollmeersalz
1½ El Honig
Cayennepfeffer
1 El Oregano (getr.)
2 Knoblauchzehen
30 g Hefe
375 g Weizenvollkornmehl
(fein gemahlen oder 250 g Mehl Type 1050 und 125 g Grahamschrot)
3 Stück Mozzarella (à 150 g)
1 El ital. Kräuter (getr.)

1. Die Zwiebeln pellen und würfeln, in 4 El Öl unter Rühren glasig dünsten.
2. Die abgetropften Tomaten grob schneiden, mit dem Saft, dem Tomatenmark, den Lorbeerblättern und etwas Salz zu den Zwiebeln geben.
3. Ohne Deckel in 50–60 Minuten dick einkochen.
4. Mit 1 El Honig, Cayennepfeffer, Oregano und gepelltem, durchgepreßtem Knoblauch würzen, zur Seite stellen.
5. Für den Teig den restlichen Honig mit der Hefe in 200 ccm lauwarmem Wasser auflösen, mit etwas Mehl verrühren. Das restliche Öl und etwas Salz zugeben, mit dem restlichen Mehl gut durchkneten, dann zugedeckt 30 Minuten gehen lassen.
6. Teig zusammenkneten und in vier Teile schneiden. Teile rund ausrollen,

mit den Fingern Dellen hineindrücken.
7. Je zwei Teigrunde auf ein Backblech legen, dick mit der Tomatensauce bestreichen, dann mit Mozzarellascheiben belegen, mit Kräutern bestreuen.
8. Bei 225 Grad (Gas 4) nacheinander auf der untersten Einschubleiste ca. 20 Minuten backen.

Vorbereitungszeit: 65 Min. mit Einkochen der Sauce
Garzeit: 20 Minuten
Umluft: 15–20 Minuten bei 180–200 Grad
Pro Portion etwa 42 g Eiweiß, 69 g Fett, 72 g Kohlenhydrate = 4629 Joule (1105 Kalorien)

WEIZEN

Hefepfannkuchen mit zwei Saucen

Für 4 Portionen:
1/4 l Milch
1 Tl Honig
10 g Hefe
200 g Weizenvollkornmehl (fein gemahlen o. Type 1050, Reformhaus)
2 Eier (Gew.-Kl. 2)
2 Eigelb (Gew.-Kl. 2)
1 Prise Vollmeersalz
Fett zum Backen

1. Milch leicht erwärmen, Honig und zerbröckelte Hefe darin auflösen.
2. Hefemilch mit dem Mehl verrühren, Eier, Eigelb und Salz unterrühren.
3. Abgedeckt 25–30 Minu-

ten gehen lassen, bis sich Bläschen bilden.
4. Fett in einer Pfanne erhitzen, mit einer kleinen Kelle jeweils soviel Teig hineingeben, daß kleine Pfannkuchen (Ø ca. 8 cm) entstehen, von jeder Seite 2–3 Min. backen, auf Küchenkrepp entfetten.

Vorbereitungszeit: 5 Min.
Garzeit: Für eine Pfanne 4–5 Minuten
Pro Portion ca. 15 g Eiweiß, 14 g Fett, 34 g Kohlenhydrate = 1398 Joule (334 Kalorien)

Apfel-Sauce: 30 g Rosinen, 200 g Crème fraîche, 4 El Kefir, Saft einer Orange, 1 El Ahornsirup, Salz, 2 feingewürfelte Äpfel und 2 El geröstete Sonnenblumenkerne mischen.
Rote-Bete-Sauce: 2–3 El geriebenen Meerrettich, 1–2 El Zitronensaft, 200 g Crème fraîche, Salz, 1 El Ahornsirup, 300 g rohe, kleingewürfelte Rote Bete und Pfeffer verrühren.

WEIZEN

Käseschnitten

Für 8 bis 10 Portionen:
200 g Zwiebeln
100 g Butter
200 g Grahamschrot
175 g Hartweizengrütze
¾ l Gemüsebrühe (aus dem Reformhaus)
2 Pfefferschoten
4 Knoblauchzehen
4 Eier (Gew.Kl. 2)
¼ l Schlagsahne
Vollmeersalz
Fett fürs Backblech
375 g junger Gouda (i. Stück)
2 Bund Thymian

1. Zwiebeln pellen und fein würfeln, in 60 g Butter glasig dünsten.
2. Grahamschrot und Hartweizengrütze unterrühren und unter ständigem Rühren darin andünsten.
3. Gemüsebrühe zugießen, alles unter Rühren aufkochen, dann vom Herd nehmen und ausquellen lassen.
4. Pfefferschoten putzen, waschen und in feine Streifen schneiden.
5. Knoblauchzehen pellen und durchpressen.
6. Eier mit 100 ccm Sahne gründlich verquirlen.
7. Alles mit der Getreidemasse mischen, salzen, in einer dicken Schicht auf eine gefettete Saftpfanne streichen.
8. Käse grob raffeln, gleichmäßig auf der Oberfläche verteilen, mit der restlichen Sahne beträufeln.
9. Gehackte Thymianblätter und die restliche Butter auf der Oberfläche verteilen.
10. Bei 200 Grad (Gas 3) unbedingt direkt auf dem

Backofenboden 25 bis 30 Minuten backen.

Vorbereitungszeit: 20 Min.
Garzeit: 25–30 Minuten
Umluft: ca. 30 Minuten bei 160–170 Grad
Pro Portion (bei 10 Portionen) ca. 19 g Eiweiß, 30 g Fett, 25 g Kohlenhydrate = 1951 Joule (466 Kalorien)

WEIZEN

Ganze Weizenkörner geben dem gedünsteten Gemüse seinen Biß. Es wird auf einer feinen Kerbelsauce angerichtet und mit zwei Eihälften gekrönt. Großes Foto S. 19

Weizen: Am gesündesten ist das ganze Korn

Emmer und Einkorn, die Urformen des Weizens, wurden bereits vor 4500 Jahren angebaut. Heute ist Weizen unsere wichtigste Brotfrucht. Erst in diesem Jahrhundert fing man an, mit verfeinerter Mühlentechnik aus Weizen feinstes, weißes und haltbares Mehl mit guten Backeigenschaften herzustellen. Leider war das nur möglich durch die Entfernung der Randschichten vom Korn inklusive Weizenkeim.

Was den Weizen so wertvoll macht

Inzwischen wissen wir, daß die wertvollen Nährstoffe vor allem in den Randschichten und dem Keim stecken. 100 g Weizenkörner enthalten
● ca. 11,7 g hochwertiges Pflanzeneiweiß, und zwar vorwiegend Klebereiweiß, es macht den Hefeteig beim Kneten elastisch und hält den Teig zusammen.
● ca. 2 g Fett. Es sitzt als Keimöl hauptsächlich im Keim, aber auch in den Randschichten und besteht größtenteils aus essentiellen, d. h. lebensnotwendigen Fettsäuren.
● Vitamine aus der B-Gruppe und Vitamin E.
● 1,8 mg Mineralstoffe, vor allem Calcium, Eisen, Magnesium und Mangan.
● 2–2,5 g Rohfaser, d. h. unverdauliche, dennoch lebensnotwendige Ballaststoffe. Weizen enthält außerdem wichtige Fermente und vermutlich weitere wichtige Stoffe, deren Bedeutung noch erforscht werden muß.

Achtung beim Einkauf

Kaufen Sie Weizen aus kontrolliertem Anbau, also mit Herkunftsnachweis.

Weizengemüse auf Kerbelsauce

Für 4 Portionen:
200 g Sprießkornweizen
1 Zwiebel
250 g Möhren
200 g Sellerie
250 g Porree
100 g Butter
Vollmeersalz
weißer Pfeffer a. d. Mühle
Muskatnuß
(frisch gerieben)
2 Schalotten
1/8 l Gemüsebrühe
1/8 l Schlagsahne
2 Handvoll Kerbel
1 Handvoll Blattspinat
4 Eier
1 Bund Schnittlauch

1. Weizen in reichlich kaltem Wasser über Nacht ausquellen lassen, dann gründlich in einem Sieb abspülen. 3/8 l Wasser zum Kochen bringen, Weizenkörner darin bei milder Hitze in 1 Stunde garen.
2. Zwiebel pellen. Suppengemüse putzen und waschen, alles fein und gleichmäßig würfeln.
3. Porree beiseite stellen. Weizen abtropfen lassen.
4. Zwiebeln, Weizen, Möhren und Sellerie in 40 g Butter andünsten, mit Salz, Pfeffer und wenig geriebener Muskatnuß würzen.
5. Zugedeckt bei milder Hitze 10 Minuten dünsten. Dann den Porree und 3 El Wasser zugeben, weitere 5 Minuten dünsten.
6. Schalotten pellen, sehr fein würfeln und in 20 g Butter glasig dünsten.
7. Brühe und Sahne zugießen, im offenen Topf 10 Minuten leicht cremig einkochen.
8. Kerbel und gewaschene Spinatblätter grob hacken, wenig Wasser zugeben, alles mit dem Schneidstab pürieren.
9. Das Püree durch ein Sieb in die Zwiebel-Sahne-Mischung streichen. Restliche Butter in Flöckchen

unter die Sauce schlagen, abschmecken. Sauce nicht mehr kochen lassen.
10. Eier wachsweich kochen, pellen und halbieren.
11. Sauce auf vorgewärmte Teller verteilen, Gemüse, Sauce und Eier darauf anrichten, mit Schnittlauchröllchen bestreuen.

Vorbereitungszeit (ohne Quellen): 25 Minuten
Garzeit: Weizen 1 Stunde, Gemüse 25 Minuten
Pro Portion etwa 18 g Eiweiß, 39 g Fett, 37 g Kohlenhydrate = 2447 Joule (584 Kalorien)

Nützliche Helfer: Getreidemühlen

Für Vollwert-Neulinge und Kleinhaushalte links eine Handmühle für Getreide und Ölsaaten, mit stufenlos regulierbarem Stahlkegelmahlwerk und – extra – Aufsatzschacht für größere Portionen.
Rechts für Brot- und Kuchenbäcker eine elektrische Vollkorn- und Ölsaat-Mühle mit bewährtem Mahlwerk und robustem Küchenmotor. Extra lieferbar: Rührschüssel und weitere Zusatzteile.

WEIZEN

Weizenkörner aus kontrolliertem Anbau, ganz, geschrotet oder gekeimt zu verwenden.

Grobes Weizenvollkornschrot, für Müsli, Grütze, Getreidegerichte und Schrotbrot geeignet.

Feines Weizenvollkornmehl aus dem ganzen Korn für Gebäck, Brot, Nudeln und Saucen.

Gekeimte Weizenkörner, eine vitamin- und mineralstoffreiche Beigabe zu Salaten und Müsli.

Dann ist auch eine sachgemäße Reinigung garantiert. Ungereinigtes Getreide enthält nicht nur Schmutz, sondern möglicherweise auch Steine (die tun weder Ihren Zähnen noch der Getreidemühle gut) und giftiges Mutterkorn. Durch eine Keimprobe können Sie die Qualität testen. Einwandfreies (nicht hitzebehandeltes!) Getreide keimt zu 98 Prozent.

So wird Weizen gelagert

Ganze Weizenkörner halten sich bei luftiger, trockener Lagerung monate- und jahrelang. Jedoch sind sie nicht immun gegen Schädlingsbefall. Darum

● Packungen immer wieder verschließen.
● größere Mengen in Leinen- oder in Jutesäcken bzw. in einer speziellen Getreidekiste aus Holz lagern. Alle paar Tage gründlich durchmischen, um die Entwicklung von Schädlingen zu verhindern.

Weizenschrot wird am besten sofort nach dem Mahlen verbraucht. Beim Lagern verliert es Nährwert und Aroma, überlagertes Schrot wird muffig und ranzig. Darum

Weizen keimen leicht gemacht

In dem Keimgerät aus durchsichtigem Kunststoff kann man das Keimen von Weizen, anderem Getreide und Sämereien genau überwachen. Es besteht aus einer Auffangschale für durchlaufendes Wasser, drei durchlöcherten Schalen und einer Abdeckung.

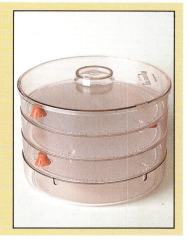

● bei gekauftem Schrot unbedingt das Haltbarkeitsdatum beachten.
● angebrochene Tüten sorgfältig verschließen, in einer Woche verbrauchen.
● mit der eigenen Getreidemühle stets nur so viel mahlen, wie sofort verwendet werden kann.

Küchentips für Weizen

Ganze Weizenkörner
● vor dem Kochen im Sieb gründlich abspülen, dann in reichlich kaltem Wasser über Nacht einweichen.
● zum Kochen mit der dreifachen Menge Wasser aufsetzen, 15–20 Minuten richtig kochen lassen, dann auf kleiner Flamme in weiteren 40 Minuten ausquellen lassen. Die Weizenkörner sind gar, wenn sie aufplatzen und etwas vom Mehlinhalt sichtbar wird. Die gekochten Körner halten sich im Kühlschrank 2–3 Tage.

Schrot wird so gegart:
● Die dreifache Menge Wasser oder Gemüsebrühe zum Kochen bringen, Weizenschrot einrieseln lassen, unter Rühren aufkochen und dann auf kleinster Flamme in 15–20 Minuten ausquellen lassen.

Weizenkeime sind doppelt wertvoll

Läßt man Weizen keimen, so verdoppelt sich innerhalb von 12–24 Stunden der Gehalt an Vitamin B_1, B_2 und B_{12}. Der Gehalt an Karotin steigt um 190 Prozent, der von Vitamin E um 116 Prozent. Weizenkeime sind also eine hochwertige Ergänzung zu Salaten und Gemüsen. Zum Keimen läßt man den Weizen in Wasser aufquellen und dann abgetropft 24–36 Stunden bei Zimmertemperatur abgedeckt keimen. Täglich zweimal durchspülen. Die Keime dürfen höchstens $1/2$ cm lang werden. Im Kühlschrank halten sich die fertigen Keime noch ein bis zwei Tage.

Wo gibt es was?

Getreide und weitere Vollwertprodukte erhalten Sie in Reformhäusern. Oder in Grünen Läden, wo Sie das Getreide häufig auch mahlen lassen können. Außerdem haben sich eine Reihe von Firmen darauf spezialisiert, Vollwertprodukte, vor allem Getreide, und Getreidemühlen im Versandhandel anzubieten. Achten Sie auf entsprechende Anzeigen in Zeitungen und Zeitschriften.

WEIZEN

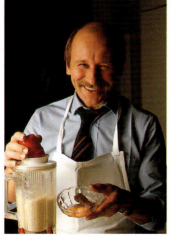

Hermann Pflaum, Pflaums Posthotel, Pegnitz, ist Vollwertköstler von Beginn an. Sein Müsli zeigt, wie köstlich Körner schmecken können.

Pflaums Müsli

Für 4 Portionen:
4 El Sprießkornweizen
3 El Sprießkornhafer
2 El Mungobohnen
2 El Rosinen, 2 Orangen
2 Äpfel, 2 Bananen
4 El Zitronensaft
100 g blaue Trauben
100 g grüne Trauben
2 El Haselnüsse
2 El Mandelblättchen
2 El Sonnenblumenkerne
2 Becher Sahnejoghurt
4 El Schlagsahne

1. Weizen, Hafer und Mungobohnen über Nacht in reichlich kaltem Wasser quellen lassen. Am nächsten Tag abgießen, abbrausen und abgedeckt ohne Wasser keimen lassen. Zwischendurch abspülen.
2. Rosinen gut waschen.
3. Orangen wie Äpfel schälen, Filets zwischen den Trennhäuten herauslösen.
4. Äpfel waschen und würfeln. Bananen schälen, in dünne Scheiben schneiden. Die Früchte mit dem Zitronensaft beträufeln.
5. Trauben waschen, von den Stielen zupfen, halbieren und entkernen.
6. Haselnüsse mahlen.
7. Die Mandelblättchen und die Sonnenblumenkerne in einer Pfanne ohne Fett leicht rösten.
8. Joghurt mit Sahne gut verrühren.
9. Die vorbereiteten Zutaten anrichten, Joghurt extra servieren.

Keimdauer: 2–3 Tage
Vorbereitungszeit: 20 Min.
Pro Portion etwa 16 g Eiweiß, 21 g Fett, 64 g Kohlenhydrate = 2179 Joule (521 Kalorien)

GRÜNKERN

Grünkernbällchen auf Blattspinat mit Joghurtsauce. Rezept auf Seite 32.

Grünkernbällchen auf Spinat mit Joghurtsauce
Bunte Gemüsesuppe mit Grünkern
Grünkern-Möhren-Brötchen
Grünkernlaib mit Blumenkohl und Dillsauce
Grünkernsauce zu Spargel
Portulaksalat mit Grünkern
Grünkern-Warenkunde

GRÜNKERN

Gemüsesuppe mit Grünkern

Für 4 Portionen:
125 g Grünkern (ganze Körner)
1½ l Gemüsebrühe (Instant, Reformhaus)
200 g Möhren
250 g Kohlrabi
250 g Spargel
100 g Zuckerschoten
150 g Erbsen (aus 500 g brutto)
1 Handvoll Spinatblätter
2 Frühlingszwiebeln
1 Beet Kresse
Vollmeersalz

1. Den Grünkern über Nacht einweichen, dann im Sieb durchspülen.
2. Brühe mit dem Grünkern langsam zum Kochen bringen.
3. Möhren schälen, waschen und schräg in Scheiben schneiden.
4. Den Kohlrabi schälen und in dünne Scheiben schneiden.
5. Den Spargel schälen und schräg in Stücke schneiden. Möhren, Kohlrabi und Spargel 10 Minuten in der Suppe leise sieden lassen.
6. In der Zwischenzeit die

Zuckerschoten waschen und abfädeln.
7. Mit Erbsen, gewaschenem Spinat und fein geschnittenen Frühlingszwiebeln in die Suppe geben und fünf Minuten ziehen lassen.
8. Kresse vom Beet schneiden und unterziehen. Die Suppe mit Salz abschmecken und heiß servieren.

Vorbereitungszeit: ca. 20 Minuten
Garzeit: insg. ca. 20 Minuten
Pro Portion ca. 11 g Eiweiß, 2 g Fett, 32 g Kohlenhydrate = 817 Joule (196 Kalorien)

GRÜNKERN

Grünkern-Möhren-Brötchen

Für 8 Brötchen:
100 g Grünkern (ganze Körner)
40 g Hefe
1 Tl Honig
100 g Grünkernmehl (fein)
250 g Weizenmehl (Type 1050)
100 g Möhren (geraffelt)
Vollmeersalz

1. Den Grünkern über Nacht in reichlich Wasser einweichen, dann abgießen und abspülen.
2. Die zerbröckelte Hefe und den Honig in ¼ l lauwarmem Wasser auflösen.
3. Mit Grünkern- und Weizenmehl verrühren. Die geraffelten Möhren und die Grünkernkörner unterkneten und mit Salz würzen.
4. Durchkneten, zu einer Kugel formen und 45 Minuten zugedeckt gehen lassen.
5. Gründlich durchkneten und zu einer Rolle formen. Rolle in 8 Stücke schneiden.
6. Jedes Stück rund formen. Zugedeckt auf leicht bemehltem Backblech weitere 10 Minuten gehen lassen.
7. Oberfläche mit einem scharfen Messer einritzen.
8. Bei 200 Grad (Gas 3) auf mittlerer Einschubleiste im Ofen 20 Minuten backen.
9. Auf einem Kuchengitter auskühlen lassen. Dann mit Kräuterquark servieren.

Vorbereitungszeit: 30 Minuten
Garzeit: 30–40 Minuten
Umluft: 40–50 Minuten bei 175 Grad
Pro Brötchen: 8 g Eiweiß, 1 g Fett, 37 g Kohlenhydrate = 820 Joule (196 Kalorien)

GRÜNKERN

Grünkernlaib mit Blumenkohl

Für 4–6 Portionen:
100 g Zwiebeln
100 g Möhren
300 g Porree
250 g Grünkerngrütze
50 g Butter
¾ l Gemüsebrühe (Instant, aus dem Reformhaus)
100 g Mandeln (gerieben)
3 Eier (Gewichtsklasse 2)
120 g Gouda (gerieben)
100 g Vollkorntoastbrösel
Vollmeersalz, Thymian
Pfeffer aus der Mühle
Muskatnuß
100 g Emmentaler (grob geraffelt)

1. Zwiebeln pellen, Möhren und Porree putzen, waschen. Alles fein würfeln.
2. Die Grünkerngrütze in

der Butter andünsten, Gemüse zugeben.
3. Mit Gemüsebrühe auffüllen und 20 Minuten zugedeckt ausquellen lassen.
4. Mit Mandeln, Eiern, Gouda und Bröseln mischen. Mit Salz, Thymian, Pfeffer und Muskatnuß herzhaft würzen. 10 Minuten ruhenlassen.
5. Den Teig zu einem Laib formen. Bei 175 Grad (Gas 2) auf der zweiten Einschubleiste von unten 35 Minuten backen. Mit Emmentaler bestreuen und weitere 5 Minuten backen. Dann 5 Minuten ruhenlassen. Aufschneiden und servieren.
6. Dazu paßt z. B. Blumenkohl: 1 kg Blumenkohlrös-chen mit ⅛ l Gemüsebrühe, ¼ l Schlagsahne und Salz zugedeckt 15 Minuten dünsten.
7. Röschen aus der Sauce nehmen und warm stellen. Sauce cremig einkochen lassen. Zum Schluß 1 Bund gehackten Dill unterziehen.

Vorbereitungszeit: ca. 45 Minuten inkl. ausquellen
Garzeit: insg. ca. 40 Minuten
Umluft: 45–50 Minuten bei 150 Grad
Pro Portion (bei 6 Portionen) ca. 26 g Eiweiß, 32 g Fett, 38 g Kohlenhydrate = 2354 Joule (562 Kalorien)

GRÜNKERN

Grünkernsauce zu Stangenspargel

*Für 4 Portionen:
2 kg Spargel
Vollmeersalz
1 Prise Zucker
80 g Butter
50 g Grünkernmehl
2 Eier
6 El gemischte Gartenkräuter (fein gehackt)
Pfeffer aus der Mühle
1 Eigelb
1/8 l Schlagsahne*

1. Den Spargel waschen und schälen. In ca. ¾ l Wasser mit Salz und einer Prise Zucker 15 bis 18 Minuten zugedeckt garen.
2. Spargel auf einer Servierplatte anrichten und zugedeckt warm stellen.
3. Butter aufschäumen lassen.

Grünkernmehl unterrühren und anschwitzen.
4. Mit ⅝ l Spargelwasser auffüllen, 15 Minuten unter Rühren durchkochen.
5. Inzwischen die Eier hart kochen, abschrecken, abkühlen lassen und pellen und würfeln.
6. 5 El Kräuter unter die Sauce rühren, mit Salz und Pfeffer würzen.
7. Eigelb mit Sahne verrühren und unterrühren.
8. Spargel mit etwas Sauce begießen, mit gehacktem Ei und den restlichen Kräutern bestreuen.
9. Zu Pellkartoffeln servieren. Sauce extra reichen.

Vorbereitungszeit: ca. 25 Minuten
Garzeit: 30–35 Minuten
Pro Portion ca. 14 g Eiweiß, 32 g Fett, 14 g Kohlenhydrate = 1719 Joule (412 Kalorien)

GRÜNKERN

Zu den Bällchen aus Grünkernteig, die in Butter kroß gebraten werden, gibt es Spinat, Joghurtsauce und Paprika-Butter. Siehe Foto auf Seite 27

Grünkern: Schmeckt nussig und leicht rauchig

„Er ist das beste Getreide, fettig und kraftvoll und leichter verträglich als andere Körner. Wer ihn ißt, bekommt rechtes Fleisch und gutes Blut. Und die Seele des Menschen macht er froh und voll Heiterkeit." So lobte die Äbtissin Hildegard von Bingen im Mittelalter die Wirkung des Dinkels. Leider gerieten die Erkenntnisse der gelehrten Frau im Laufe der Zeit in Vergessenheit. Der Weizen kam in Mode. Er galt als das feinste aller Getreide, und außerdem war er ertragreicher. Und der Dinkel, aus dem der Grünkern gewonnen wird, und der vorher überall bei uns angebaut wurde, verschwand fast gänzlich von der Bildfläche. Heute wird er nur noch in einem kleinen Gebiet in Franken und der Schwäbischen Alb angebaut, außerdem noch in Tirol, in der Schweiz und in einigen tropischen Ländern. Und erst in allerletzter Zeit erinnert man sich wieder an seine Vorzüge.

Grünkorn: das geröstete Dinkel-Korn

Der Dinkel (botanischer Name: Triticum Spelta), ist ein uralter Verwandter des Weizens. Die Dinkelpflanze wird etwas höher als Weizen, sie bildet etwas dünnere Ähren und schmalere, längere rötliche Körner. Für den schmackhaften Grünkern wird der Dinkel geerntet, bevor die Körner voll ausgereift sind und Stärke gebildet haben. Das heißt, man erntet das Getreide im Stadium der sog. Teigreife, wenn die Körner noch saftig und weich sind. Um die Körner hart, mahlfähig und haltbar zu machen, darrt man die geschnittenen ausgedroschenen Körner. Das heißt, man dörrt oder röstet sie. Früher darrten die Bauern die Körner einfach auf durchlöcherten Eisenblechen über einem Feuer. Heute geschieht dieses

Grünkernbällchen auf Blattspinat

Für 4 Portionen:
1 Zwiebel
150 g Butter
200 g Grünkerngrieß
1/4 l Gemüsebrühe (Instant, Reformhaus)
1 Ei (Gewichtsklasse 3)
40 g Parmesan (frisch gerieben)
Vollmeersalz
1 kg Spinat
Pfeffer aus der Mühle
2 Sahnejoghurt
1/8 l Schlagsahne
1 Knoblauchzehe
1 rote Zwiebel
1 Tl Paprika (edelsüß)

1. Die Zwiebel pellen und sehr fein würfeln. In 40 g Butter glasig dünsten.
2. Den Grünkerngrieß unterrühren. Mit der Brühe auffüllen. Zugedeckt 15 Minuten bei sehr milder Hitze ausquellen lassen.
3. Etwas abkühlen lassen. Dann das Ei und den Parmesan unterrühren. Den Teig salzen. Beiseite stellen.
4. Den Spinat gründlich

waschen. Bei italienischem Wurzelspinat die Wurzeln und die groben Blattrippen entfernen. Spinat in kochendem Salzwasser ganz kurz blanchieren. So verliert er die Gerbstoffe, die ihn bitter machen. Abtropfen lassen. Dann in 60 g Butter zugedeckt 5 Minuten dünsten, mit Pfeffer würzen. (Deutschen zarten Blattspinat nur waschen, putzen. Dann in einen Topf mit 60 g Butter geben und zugedeckt zusammenfallen lassen. Er schmeckt milder als Wurzelspinat, darum sollte man ihn nicht blanchieren.)
5. Joghurt mit Sahne und durchgepreßtem Knoblauch verrühren, mit Salz und Pfeffer würzen. Kalt stellen. Die rote Zwiebel pellen und würfeln.
6. Aus dem Grünkernteig Bällchen formen. In der restlichen Butter bei milder Hitze von jeder Seite 3 bis 5 Minuten braten. Herausnehmen und warm stellen.
7. In dem Fett das Paprikapulver bei milder Hitze kurz anschwitzen.
8. Grünkernbällchen mit dem Spinat auf Portionstellern anrichten. Mit Joghurtsauce und mit Paprikabutter begießen und mit den roten Zwiebelwürfeln bestreuen.

Vorbereitungszeit: ca. 20 Minuten
Garzeit: Insgesamt ca. 30 Minuten
Pro Portion ca. 26 g Eiweiß, 55 g Fett, 44 g Kohlenhydrate = 3328 Joule (794 Kalorien)

Körner schonend garen

In einem elektrischen Langzeit-Gartopf können Sie Getreide besonders schonend garen. Denn die Temperatur bleibt unter 50 Grad, so daß Vitamine, Mineralstoffe und Enzyme fast vollständig erhalten bleiben. Was bei herkömmlichen Kochmethoden nicht der Fall ist. Der Topf eignet sich auch für schonende Zubereitung von Gemüse, Kartoffeln, Reis und Hülsenfrüchten.

GRÜNKERN

Grünkern muß glänzende, dunkeloliv-farbene Körner haben. Immer trocken und verschlossen aufheben.

Grünkerngrütze (Foto oben) und Grünkerngrieß (Foto unten) kann man selbst herstellen, indem man das Korn grob schrotet und dann durchsiebt. Die gröberen Teile, die Grütze, bleiben im Sieb zurück, die feineren Teile sind der Grieß.

Selbstgemahlenes Grünkernmehl sollten Sie so bald wie möglich verbrauchen. So hat es am meisten Vitamine.

Darren in vollmechanisierten Trocknungsanlagen. Durch das Darren werden die rötlichen Körner hart und olivgrün: Aus Dinkelkorn wird Grünkern.
Wie diese ungewöhnliche und etwas umständliche Erntemethode entstanden ist und wann, liegt völlig im dunkeln. Wahrscheinlich haben die Bauern den Dinkel irgendwann einmal aus Furcht vor einer drohenden Mißernte unreif geschnitten und anschließend gedarrt, um das Korn haltbar zu machen. Warum sie dann aber bei der Methode geblieben sind, liegt klar auf der Hand: Durch das Rösten bekommt der Grünkern ein einmalig würziges Aroma, etwas rauchig und nussig zugleich. Und: Erst nach dem Rösten lassen sich die Spelzen vom Korn lösen.

Grünkern: So behandelt man ihn

Grünkern können Sie als ganzes Korn bekommen, und zwar in allen Reformhäusern. Daneben geschrotet, als Grütze und als Mehl, außerdem noch in Form von Grieß. Der meiste Grünkern wird übrigens von der Fertigsuppen-Industrie gebraucht. Die ganzen Körner halten sich unbeschadet bis zur folgenden Ernte, wenn man sie trocken und gut verschlossen aufhebt. Alle Grünkernprodukte sollte man schnell aufbrauchen. Einmal angebrochene Mengen in verschließbare Gläser oder Dosen füllen und gut verschlossen und dunkel stellen. Am besten man mahlt sich Mehl, Schrot oder Grütze bei Bedarf selbst, und zwar unmittelbar, bevor man es weiterverwendet.

Grünkern: So vielseitig ist er

Grünkern ist sehr vielseitig. Seine ganzen Körner schmecken z. B. wie Risotto gekocht, sie passen in Salate (ähnlich wie Reis), als Einlage für Suppen und Eintöpfe. Schrot, Grieß oder Grütze nimmt man für Klöße, für Aufläufe und Frikadellen, für Brei und Müslis. Etwas Grünkernmehl an einen Brotteig gegeben erhöht den Wohlgeschmack. Jedoch ist es nicht möglich, Brot ausschließlich aus Grünkernmehl zu backen. Dagegen hat Mehl aus dem vollausgereiften Dinkel hervorragende Backeigenschaften. Es ergibt ein besonders lockeres Brot mit einem nußartigen Aroma. Und es macht schwere Roggen-Vollkornteige lockerer und würziger.

Grünkern: So gesund ist er

In seinem Nährstoffgehalt ist der Grünkern in etwa dem Weizen vergleichbar: Er hat 348 Kalorien, er enthält 11,6 Prozent Eiweiß und 69,4 Prozent Kohlenhydrate. Sein Fettgehalt liegt um etwas höher als der des Weizens (2,7 Prozent). Höher als beim Weizen ist sein Gehalt an Vitaminen aus der B-Gruppe und an Mineralstoffen, besonders an Eisen, Phosphor und Magnesium. Und: Er ist ausgesprochen magenfreundlich.

Holzfeuerdarre für Grünkern

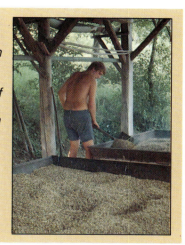

Das ist die Methode, nach der der Dinkel seit Jahrhunderten gedarrt wird: Das Getreide trocknet auf durchlöcherten eisernen Pfannen, unter denen ein mildes Holzfeuer brennt. Nach dieser Methode wird heute nur noch 10 Prozent des Dinkel gedarrt. Die restlichen 90 Prozent trocknen in neuentwickelten Muldendarranlagen.

Einweichen verkürzt die Kochzeit

Grünkernkörner brauchen ca. 50 Min., bis sie gar sind (aber noch Biß haben). Sie können die Kochzeit auf 10 Min. verkürzen (und damit auch die Vitamine schonender behandeln), wenn Sie die Körner eine Nacht in kaltem Wasser einweichen.

GRÜNKERN

Portulaksalat mit Grünkern

Für 4 Portionen:
50 g Grünkern (ganze Körner)
Vollmeersalz
300 g Spargelköpfe (aus 1 kg Spargel)
30 g Butter, 1 Prise Zucker
200 g Zuckerschoten
100 g Portulak (oder ein anderer Wildsalat)
30 g Walnußkerne
2 El Obstessig (Reformhaus)
2 Tl Apfeldicksaft (Reformh.)
5 El Walnußöl

1. Den Grünkern über Nacht einweichen. Am nächsten Tag mit Salz 10 Minuten bei milder Hitze kochen, abgießen und abkühlen lassen.
2. Die Spargelköpfe mit Butter, Salz, Zucker und 3 El Wasser 10 Minuten dünsten.
3. Inzwischen die Zuckerschoten waschen, putzen, zu dem Spargel geben. 1 Minute mitdünsten. Gemüse abkühlen lassen.
4. Den Portulak putzen, waschen und trockenschleudern.
5. Die Walnußkerne in kleine Stücke hacken.
6. Aus Obstessig, Apfeldicksaft und Walnußöl eine Salatsauce rühren.
7. Den Portulak darin wenden und abgetropft auf Tellern verteilen.
8. Spargelköpfe und Zuckerschoten ebenfalls auf die Teller geben.
9. Grünkern in der restlichen Sauce wenden und über Salat und Gemüse verteilen.
10. Zuletzt die Walnußstücke darüberstreuen.

Vorbereitungszeit: ca. 15 Minuten
Garzeit: 10–15 Minuten
Pro Portion ca. 6 g Eiweiß, 26 g Fett, 19 g Kohlenhydrate = 1450 Joule (346 Kalorien)

Kreierte den Salat aus Grünkern, Portulak und Zuckerschoten: Rüdiger König, Koch in Jürgen Grashoffs „Bistro" in Bremen.

HAFER

Zwiebeln mit einer pikanten Hafercurry-Füllung. Rezept auf Seite 40.

Zwiebeln mit Hafercurry-Füllung
Haferflockenknödel mit Möhrengemüse
Pistazienhafer mit Sellerie und Zwiebeln
Haferflockenbrot
Haferpfannkuchen mit Spinatfüllung
Hafermaultaschen mit Pilzsauce
Kleine Hafer-Warenkunde

HAFER

Haferflockenknödel mit Möhrengemüse

Für 4 Portionen:
600 g Pellkartoffeln (am Vortag gekocht)
50 g Haferflocken
½ Bund glatte Petersilie
60 g Hafermehl
3 Eigelb (Gewichtsklasse 2)
Vollmeersalz
Muskatnuß (frisch gerieben)
500 g Möhren
60 g Butter
Schnittlauch in Röllchen
1 Tl Zitronenschale (von unbehandelter Frucht)

1. Kartoffeln pellen und fein raffeln. Haferflocken ohne Fett hellgelb rösten. Petersilie hacken.
2. Alles mischen, mit Hafermehl und Eigelb verkneten, mit Salz und Muskatnuß würzen.
3. 12–16 Knödel abdrehen, in reichlich siedendem Salzwasser ohne Deckel ca. 20 Minuten garen.

4. Inzwischen die Möhren

bürsten oder schälen und grob raffeln.
5. In der Butter unter Rühren 1 Minute braten, dann mit Salz würzen.

6. Abgetropfte Klöße und Möhren anrichten. Mit Schnittlauchröllchen und Zitronenschale bestreuen. Mit wachsweichen Eiern servieren.

Vorbereitung: ca. 20 Min.
Garzeit: ca. 25 Min.
Pro Portion ca. 10 g Eiweiß, 18 g Fett, 52 g Kohlenhydrate = 1837 Joule (439 Kalorien)

HAFER

Pistazienhafer

Für 4 Portionen:
300 g Sprießkornhafer
(über Nacht eingeweicht)
200 g Zwiebeln
150 g Staudensellerie
60 g Butter
Vollmeersalz
1 Bund glatte Petersilie
300 g Perlerbsen (TK)
100 g Pistazien
50 g Parmesan (frisch gerieben)

1. Den Hafer abgießen und gründlich abspülen, gut abtropfen lassen.

2. Die Zwiebeln pellen und fein würfeln. Den Staudensellerie putzen und waschen, die Stangen in Scheiben schneiden.

3. Zwiebelwürfel und Sel-

leriescheiben in der Butter glasig dünsten, dann die Haferkörner unterrühren.

4. Nach und nach gut ½ l Wasser zugießen. Den Hafer salzen und zugedeckt bei milder Hitze ca. 45 Minuten ausquellen lassen.

5. Die Petersilie hacken. Mit den Erbsen und den Pistazien unter den Hafer mischen und erhitzen. Abschmecken.

6. Mit Parmesan bestreuen und servieren.

Vorbereitungszeit: ca. 20 Minuten
Garzeit: 50 Minuten
Pro Portion ca. 27 g Eiweiß, 34 g Fett, 62 g Kohlenhydrate = 2850 Joule (682 Kalorien)

HAFER

Haferflockenbrot

Für ein Brot von 2,7 kg:
500 g Hafer
1 Tl Kümmel
1 El Korianderkörner
1 kg Weizenmehl (frisch gemahlen oder Type 1050)
250 g Weizenschrot (frisch gemahlen oder Type 1700)
125 g Haferflocken (grob)
100 g Sonnenblumenkerne
50 g Butter, 1 El Honig
120 g Hefe, 1 l Buttermilch
250 g Sahnequark
1 El Vollmeersalz

1. Hafer mit Kümmel und Koriander sehr fein mahlen. Mit Mehl und Weizenschrot mischen.
2. 100 g Haferflocken und

Sonnenblumenkerne in Butter hellgelb rösten, mit dem Mehl mischen.
3. Honig und zerbröckelte Hefe in lauwarmer Buttermilch auflösen, mit etwas Mehl verrühren.
4. Quark und Salz zugeben. Alles gut verkneten.
5. Zugedeckt bei Zimmertemperatur 45 Minuten gehen lassen. Durchkneten.
6. Weitere 15 Minuten gehen lassen, durchkneten, zu einem Leib formen.
7. Brot mit Wasser bepinseln. Mit den restlichen Haferflocken bestreuen. Oberfläche einritzen.
8. Bei 200 Grad (Gas 3) auf mittlerer Einschubleiste 45 Minuten backen. Auf einem Rost abkühlen lassen.

Vorbereitungszeit: ca. 30 Minuten
Garzeit: ca. 45 Minuten
Umluft: 55 Min. b. 175 Grad
Insgesamt ca. 372 g Eiweiß, 191 g Fett, 1232 g Kohlenhydrate = 35 020 Joule (8361 Kalorien)

HAFER

Haferpfannkuchen mit Spinatfüllung

Für 4 Portionen:
½ l Milch
Vollmeersalz
75 g Hafermehl
25 g Mehl (Type 1050)
1 kg Spinat
80 g Butter
50 g Haferflocken
4 Eier (Gewichtsklasse 2)
30 g Butterschmalz
2 Bund Dill
300 g Mozzarella
100 g Crème fraîche

1. Milch mit 1 Prise Salz, Hafermehl und Mehl verrühren und 20 Minuten quellen lassen.

2. Den Spinat verlesen, waschen, zugedeckt in 20 g Butter 5 Minuten dünsten, salzen und abtropfen lassen.

3. Haferflocken in der restlichen Butter hellgelb rösten, etwas abkühlen lassen und mit den Eiern unter die Mehl-Milch-Mischung rühren.

4. Aus dem Teig im heißen Butterschmalz nacheinander 5 bis 6 Pfannkuchen braten (von jeder Seite 3 Minuten). Auf Küchenkrepp abtropfen lassen.

5. Dill hacken, Mozzarella würfeln, beides mischen.

6. 2 El dieser Mischung mit Crème fraîche verrühren.

7. Pfannkuchen mit Spinat und der restlichen Mozzarellamischung in einer ofenfesten Form übereinanderschichten.
Mit der Crème fraîche begießen. Bei 200 Grad (Gas 3) 6–8 Minuten überbacken.

Vorbereitung: ca. 45 Min.
Garzeit: ca. 6–8 Min.
Umluft: 175 Grad/10–12 Minuten
Pro Portion ca. 40 g Eiweiß, 57 g Fett, 31 g Kohlenhydrate = 3441 Joule (821 Kalorien)

HAFER

Hafer: Als Viehfutter viel zu schade

Zwiebeln mit einer besonders aparten Füllung: Hafergrütze mit Curry, Rosinen und gemahlenen Haselnüssen. Drumherum Apfelspalten mit Thymian. Großes Foto finden Sie auf Seite 35.

Gefüllte Zwiebeln

Für 4 Portionen:
4 Gemüsezwiebeln (ca. 1,2 kg)
Vollmeersalz
100 g Hafergrütze
60 g Butter
1 Tl scharfer Curry
1 El Rosinen
50 g Haselnüsse (gehackt)
2 Äpfel (300 g)
1/2 Bund Thymian

1. Von den Zwiebeln das obere Drittel und den Wurzelansatz abschneiden.

2. Zwiebeln pellen, in Salzwasser 35 Minuten bei geringer Hitze kochen, dann die inneren Häute mit einem Löffel aushöhlen.

3. Hafergrütze in 30 g Butter andünsten, mit Curry bestäuben, gewaschene Rosinen zugeben und unterrühren.

4. In 200 ccm Wasser zugedeckt 20–25 Minuten ausquellen lassen, salzen und 1 El gehackte Haselnüsse untermischen.

5. Zwiebeln mit der Grütze füllen und bergartig aufhäufen.

6. Zwiebeln nebeneinander in eine flache, ofenfeste Form setzen. Zwiebelinneres und Deckel kleinschneiden, in der restlichen Butter zugedeckt 10 Minuten dünsten.

7. Äpfel vierteln, Kerngehäuse entfernen. Viertel in Spalten schneiden.

8. Zwiebelstücke und Äpfel um die gefüllten Zwiebeln legen. Mit Salz und abgezupften Thymianblättern bestreuen.

9. Auf mittlerer Einschubleiste bei 175 Grad (Gas 2) 15 Minuten garen. Zwiebeln mit den restlichen Haselnüssen bestreuen und servieren.

Vorbereitungszeit: ca. 1 Std.
Garzeit: ca. 15 Minuten
Umluft: 150 Grad, 20–25 Minuten.
Pro Portion ca. 8 g Eiweiß, 22 g Fett, 56 g Kohlenhydrate = 2004 Joule (479 Kalorien).

Drei Millionen Tonnen Hafer werden jährlich bei uns in der Bundesrepublik verbraucht. Allerdings: 95 Prozent gehen als Futter in die Viehwirtschaft. Und das ist wahrhaftig ein Jammer. Denn Hafer ist wohl das vollwertigste von allen Körnern.
Diese unverdiente Statistenrolle in unserer Ernährung hatte der Avena sativa, wie der Hafer mit botanischem Namen heißt, nicht immer. Haferbrei gehörte jahrhundertelang auf jeden Frühstückstisch. Aber im 18. Jahrhundert wurde es Mode, Brot anstatt Brei zum Frühstück zu essen. Und damit verschwand Hafer immer mehr aus unserer Normalkost. Hafer hat nämlich einen Nachteil: Im Gegensatz zu den meisten anderen Getreidesorten fehlt ihm der Eiweißbaustein Gliadin, der Mehl backfähig macht.
Aber dafür hat er eine Menge anderer guter Eigenschaften. „Den sticht der Hafer", sagt man nicht von ungefähr über Menschen, die besonders draufgängerisch sind. Diese Bauernweisheit beruht auf der Beobachtung, daß Tiere besonders feurig und lebendig werden, wenn sie mit Hafer gefüttert werden. Inzwischen weiß man auch, warum das so ist: Hafer enthält einen hormonähnlichen Stoff, der auch auf Mensch und Tier eine belebende, antriebssteigernde Wirkung hat.

Hafer macht munter und hält gesund

Aber Hafer enthält noch mehr: zum Beispiel doppelt soviel hochwertiges Eiweiß wie die restlichen Getreidearten (etwa 14–18 Prozent). 100 g Hafer decken einen wesentlichen Teil unseres Tagesbedarfs an essentiellen Aminosäuren.
Außerdem steckt im Hafer viermal soviel Fett wie in den anderen Getreidesorten (ca. 9,5 Prozent), vor allem Linolsäure, die zur Senkung des Cholesterinspiegels im Blut beiträgt. Der Rest, das sind vor allem leicht verdauliche

Zum Garen des ganzen Korns

Mit diesem Topf ist das Kochen des ganzen Korns kein Problem. Die Körner nur ca. 10 Minuten in dem Topf kochen lassen, dann den Topf in die Hülle stellen und 45 Minuten nachgaren lassen.

HAFER

Schmal und länglich sind die Körner des Hafers, die in 15–20 cm langen Rispen am Halm wachsen.

Hafergrütze nennt man das grob geschnittene Korn. Man nimmt es für Suppen, Brei und Grützwurst.

Haferflocken sind die am meisten gegessenen Hafererzeugnisse. Am gesündesten sind Großblattflocken.

Hafermehl, durch Vermahlen des Korns gewonnen, wird in der Vollwertküche und Säuglingsernährung verwandt.

Kohlenhydrate und Ballaststoffe, stark quellende Substanzen, die die Fähigkeit haben, zum Beispiel Bakterien zu binden und aus dem Magen- und Darmbereich mit herauszunehmen. Deshalb ist Haferschleim ja auch die beste Nahrung bei Magen- und Darmstörungen.
Und nicht zu vergessen der hohe Gehalt an Vitaminen der B-Gruppe und an Mineralstoffen (vor allem an Calcium, Eisen, Mangan und Fluor). Sein Nährwert: 100 g haben ca. 390 Kalorien.

Haferprodukte: die meisten sind Vollwertkost

Natürlich sind all diese Substanzen am vollständigsten im ganzen, unbeschädigten Korn enthalten. Unser Tip: Am besten zum Essen geeignet ist der Sprießkornhafer aus dem Reformhaus.
Aber auch die meisten Nährmittel aus Hafer sind noch hochwertige Vollwertprodukte. Denn im Gegensatz zu vielen anderen Kornprodukten enthalten sie oft noch Keimlinge, zumindest aber noch Randschichten des Korns. Hafergrütze zum Beispiel ist das Produkt aus dem geschnittenen, Hafermehl das Produkt aus dem gemahlenen vollen Korn.
Allerdings: Der Gehalt an all den wertvollen Substanzen nimmt schlagartig ab, sobald Sauerstoff an Keimling und Randschichten kommt. Außerdem werden die im Korn enthaltenen Öle schnell ranzig. Darum sollten Sie den Hafer möglichst immer selbst mahlen und sofort verbrauchen. Bei gekaufter Grütze und Mehl unbedingt immer das Verfallsdatum beachten! Und beides trocken in gut verschlossener Packung aufheben!
Außerdem gibt es noch die Haferflocken, und zwar die Großblattflocken, die aus dem ganzen Korn gewalzt werden, die feinen, die aus Hafergrütze und die Instantflocken, die aus Hafermehl hergestellt sind. Keine Frage, daß die großen Flocken vom Standpunkt der Gesundheit her allen anderen vorzuziehen sind. Allerdings: Auch sie sind kein Rohprodukt mehr. Denn um sie haltbar zu machen, wird das Haferkorn vor der Weiterverarbeitung kurz erhitzt.

Hafer ist vielseitig

Hafer ist nicht nur gesund, er schmeckt auch noch ausgezeichnet; und er läßt sich vielseitig in der Küche verwenden. Ganze Körner

Hafer mahlen leicht gemacht

Wer fetthaltigen Hafer selbst mahlen will, braucht eine Mühle, die auch Ölsaaten mahlt. So z. B. diese leicht zu bedienende und zu säubernde Elektromühle mit Stahlmahlwerk.

zum Beispiel kann man wie ein Risotto zubereiten. Hafergrütze und Körnerflocken schmecken nicht nur als Brei und Suppen, sondern als Klöße, an Aufläufen und als Füllung für Geflügel und Gemüse. Haferflocken schmecken auch in Pfannkuchen. Mit Haferflocken und Hafermehl kann man in Verbindung mit Weizenmehl würziges Gebäck herstellen. Hafermehl eignet sich außerdem für die Herstellung von Nudeln.

Hafer: durch Rösten aromatischer

Hafer hat ein würziges, leicht nußartiges Aroma. Es wird noch intensiver, wenn man Hafergrütze, Haferkörner oder Haferflocken vorher leicht anröstet. Am besten geht das in einer trockenen Pfanne. Damit der Hafer nicht anbrennt: keine starke Hitze nehmen und immer wieder umrühren.

41

HAFER

Hans-Peter Wodarz, „Die Ente von Lehel", Wiesbaden, und sein Koch Herbert Langendorf kreierten mit Wirsing und Morcheln gefüllte Hafermaultaschen.

Hafermaultaschen mit Pilzsauce

Für 4 Portionen:
10 g getr. Morcheln
120 g Haferflocken
1 Ei, 2 Eigelb
1 El Olivenöl, Vollmeersalz
1 El Schalottenwürfel
60 g Butter
200 g Wirsing in Streifen
ca. 50 g Mehl (Type 1050)
1 Eiweiß, 1/4 l Schlagsahne
200 g rosa Champignons
100 g Porree in Streifen
Kerbel, 4 kleine Tomaten

1. Morcheln waschen, in 1/4 l lauwarmem Wasser einweichen.

2. Haferflocken ohne Fett hellgelb rösten und mahlen.

3. Mit Ei, Eigelb, Olivenöl, Salz und 4 El Wasser verkneten, 30 Min. ruhenlassen.

4. Schalottenwürfel in 20 g Butter anschwitzen, mit Wirsingstreifen und gehackten Morcheln (Einweichwasser aufheben!) zugedeckt 10 Min. dünsten, salzen und abkühlen lassen.

5. Hafterteig mit 30 g Mehl verkneten, auf bestäubter Fläche dünn ausrollen.

6. Kreise (10 cm Ø) ausstechen. Mit Eiweiß bepinseln, mit Wirsing füllen, zuklappen. Ränder mit einer Gabel zusammendrücken.

7. Maultaschen in kochendem Salzwasser 10 Min. garen. Abtropfen lassen.

8. Inzwischen Morchelwasser mit Sahne cremig einkochen, würzen.

9. Geputzte, gescheibelte Champignons in 30 g Butter braten und salzen. Porreestreifen in restlicher Butter und 1 El Wasser dünsten.

10. Maultaschen, Pilze, Porree und Sauce mit Kerbel und Tomaten anrichten.

Vorbereitungszeit: 1 Std.
Garzeit: Maultaschen und Sauce: je 10 Minuten
Pilze und Porree: je 3 Min.
Pro Portion ca. 16 g Eiweiß, 43 g Fett, 34 g Kohlenhydrate = 2537 Joule (606 Kalorien)

GERSTE

Bohnensalat mit Gerste: Das Rezept finden Sie auf Seite 48.

Bohnensalat mit Gerste
Pellkartoffeln mit Gerstenremoulade
Spargel mit Gerstenkeimen
Pizza mit Gerstenflocken
Curry-Gemüsesuppe mit Gerste
Gerstenknödel auf Broccolirahm
Alles über Gerste

GERSTE

Pellkartoffeln mit Gerstenremoulade

Für 4 Portionen:
100 g Sprießkorngerste
Vollmeersalz
2 Eier
1 große Frühlingszwiebel
(ca. 80 g)
2 Bund Schnittlauch
1/4 Salatgurke (ca. 150 g)
2 El Kapern
300 g Crème fraîche
1 Tl Zitronensaft
weißer Pfeffer aus der Mühle
1 kg neue Kartoffeln

1. Die Gerste 2 Stunden in gut 1/2 l kaltem Wasser einweichen. Dann 1 Stunde zugedeckt leise kochen lassen. Mit Salz würzen und ca. 15 Minuten auf ausgeschalteter Herdplatte nachziehen lassen, dann kalt werden lassen.

2. Inzwischen die Eier hart kochen und kalt werden lassen. Dann die Eier pellen und mit dem Eischneider erst zweimal längs,

dann einmal quer würfeln.

3. Die Frühlingszwiebeln putzen und waschen, weiße Teile fein würfeln, das Grün in feine Ringe schneiden.

4. Schnittlauch in Röllchen, die gewaschene Gurke in feine Würfel schneiden.

5. Alle vorbereiteten Zutaten mit Kapern und Crème fraîche mischen, mit Salz, Zitronensaft und Pfeffer würzen, zum Durchziehen kühl stellen.

6. Die Kartoffeln unter fließendem Wasser abbürsten und in Salzwasser ca. 20 bis 25 Minuten garen. Abgedämpft zur Remoulade servieren.

Vorbereitungszeit: ca. 30 Min., Garzeit: 1 Stunde, 15 Minuten (Gerste)
Pro Portion ca. 13 g Eiweiß, 27 g Fett, 50 g Kohlenhydrate = 2093 Joule (500 Kalorien)

GERSTE

Spargel mit Gerstenkeimen

Für 4 Portionen:
100 g Sprießkorngerste
2 kg Spargel
60 g Butter
Vollmeersalz
1 Prise Zucker
1 El Zitronensaft
1 Bund Dill

1. Die Gerste über Nacht in kaltem Wasser einweichen. Am nächsten Tag lauwarm spülen.
2. Im Keimgerät 2 Tage keimen lassen, dabei täglich drei- bis viermal lauwarm spülen.
3. Spargel waschen und

schälen. In 20 g Butter andünsten. Mit Salz, Zucker und Zitronensaft würzen.
4. $1/8$ l Wasser zugießen. Den Spargel zugedeckt 12–15 Minuten dünsten. Aus dem Topf nehmen und warm stellen.
5. Das Spargelwasser im offenen Topf auf 6 El einkochen lassen. Die restliche Butter darin schmelzen.
6. Den Dill von den Stielen zupfen, in die Sauce geben. Die Gerstenkeimlinge kurz in der Sauce heiß werden lassen. Zu dem Spargel und zu Pellkartoffeln servieren.

Vorbereitungszeit: ca. 30 Minuten
Garzeit: insg. ca. 20 Min.
Pro Portion ca. 9 g Eiweiß, 14 g Fett, 19 g Kohlenhydrate = 1010 Joule (243 Kalorien)

GERSTE

Pizza mit Gerstenflocken

Für 4 Portionen:
50 g Gerstenflocken
200 g Weizenmehl
(Type 1050)
20 g Hefe
1 Tl Honig, 1 El Olivenöl
Vollmeersalz
Belag:
3 Bund glatte Petersilie
1 Bund Thymian
1 Tl Rosmarinnadeln
100 g Gerstenflocken
300 g Mozzarella
200 g Crème fraîche
1 Knoblauchzehe
Vollmeersalz, Pfeffer
4 Tomaten (ca. 400 g)
1 Bund Basilikum

1. Die Gerstenflocken mit $1/8$ l heißem Wasser begießen. Abgekühlt mit dem Mehl mischen. Hefe und Honig in $1/8$ l lauwarmem Wasser auflösen.

2. Alles mit Öl und Salz zu einem Teig verkneten und zugedeckt 20 Minuten gehen lassen,

3. Inzwischen Petersilie, Thymian und Rosmarin fein hacken. Die Gerstenflocken für den Belag mit $1/4$ l Wasser einmal aufkochen. Abkühlen und ausquellen lassen.

4. Den Mozzarella fein würfeln. Mit Kräutern, den ausgequollenen Flocken und der Crème fraîche mi-

schen. Mit durchgepreßtem Knoblauch, Salz und Pfeffer würzen.

5. Den Teig ausrollen und auf ein gefettetes Backblech legen. Mit dem Belag bestreichen. Tomaten in Scheiben schneiden und darauf verteilen.

6. Bei 200 Grad (Gas 3) auf der mittleren Einschubleiste 25 Minuten backen. Mit Basilikumblättern garnieren und servieren.

Vorbereitungszeit: ca. 30 Min., Garzeit: ca. 25 Min.
Umluft: 25 Min. bei 175 Grad
Pro Portion ca. 30 g Eiweiß, 32 g Fett, 60 g Kohlenhydrate = 2774 Joule (662 Kalorien).

GERSTE

Curry-Gemüsesuppe mit Gerste

Für 4–6 Portionen:
150 g Sprießkorngerste
1¾ l Gemüsebrühe
(evtl. Instant)
1 kg Erbsen
500 g Spinat
½ Blumenkohl
(ca. 350 g)
250 g Möhren
1 Bund Frühlingszwiebeln
20 g Butter
1½ El Curry (mild)
¼ l Schlagsahne

1. Die Gerste in der Gemüsebrühe 1 Stunde bei milder Hitze zugedeckt kochen lassen.

2. Inzwischen die Erbsen auspalen, den Spinat verlesen und mehrmals gründlich waschen. Grobe Stengel entfernen.

3. Blumenkohl waschen, die Röschen abschneiden, den Strunk fein würfeln. Die Möhren waschen und in Scheiben schneiden. Die Frühlingszwiebeln putzen, waschen und in Ringe schneiden.

4. Die Butter bei milder Hitze schmelzen, den Curry

darin kurz anschwitzen. Mit der Sahne auffüllen und ohne Deckel auf die Hälfte einkochen lassen.

5. Blumenkohl und Möhren in die Suppe geben, 10 Minuten bei milder Hitze garen, dann Erbsen, Frühlingszwiebeln und Spinat zugeben und weitere 5 Minuten garen.

6. Vor dem Servieren die Currysahne unter die Suppe rühren.

Vorbereitungszeit: ca. 1 Stunde, Garzeit: 1 Stunde und 15 Minuten
Pro Portion (bei 6 Portionen) ca. 13 g Eiweiß, 18 g Fett, 29 g Kohlenhydrate = 1414 Joule (338 Kalorien)

GERSTE

Wenn Sie sich den Bohnensalat genauer ansehen wollen: Das große Foto finden Sie auf Seite 43

Bohnensalat mit Gerste

Für 4 Portionen:
150 g Sprießkorngerste
Vollmeersalz
750 g grüne Bohnen
2 El Olivenöl
1 Glas schwarze Oliven
(85 g EW)
2 Zwiebeln
30 g Pinienkerne
2 El Weißweinessig
½ El Senf
1 Knoblauchzehe
1 Paprikaschote (ca. 180 g)

1. Die Gerste für 1 Stunde in ½ l Wasser einweichen. Dann bei milder Hitze ca. 1 Stunde zugedeckt kochen. Mit Salz würzen.
2. Die Bohnen waschen und putzen, in Stücke brechen. In 1 Eßlöffel Olivenöl bei milder Hitze mit Salz und ½ Tasse Wasser bei geschlossenem Topf 10 Minuten garen. Dann etwas abkühlen lassen.
3. Das Fruchtfleisch der Oliven vom Stein schälen und in 2–3 Stücke schnei-

den. Die Zwiebeln pellen und in dünne Ringe schneiden. Die Pinienkerne ohne Fett hellbraun rösten.
4. Aus Essig, Senf, durchgepreßtem Knoblauch und dem restlichen Olivenöl eine Vinaigrette rühren. Zwiebeln, Bohnen mit ihrem Kochsud und Gerste in die Vinaigrette geben. Das Ganze ziehen und abkühlen lassen.
5. Die Paprikaschote waschen, putzen und in Streifen schneiden. Mit Oliven und Pinienkernen unter den Salat mischen. Servieren.

Vorbereitungszeit:
ca. 45 Minuten
Garzeit: 1 Stunde, Bohnen 10 Minuten
Pro Portion ca. 10 g Eiweiß, 23 g Fett, 43 g Kohlenhydrate = 1730 Joule (413 Kalorien)

Gerste: Aus der Brauerei zurück in die Küche

Die Gerste ist 17 000 Jahre alt und damit das älteste Getreide der Menschheit. Diesen Rang mußte sie sich lange mit dem Weizen teilen, bis dann bei Ausgrabungen in Ägypten Gerstenkörner gefunden wurden, die bewiesen, daß die Menschen schon 8000 Jahre früher als angenommen mit dem Ackerbau begonnen hatten, und daß sie es zuerst mit der Gerste versuchten.

Gerste ist aber nicht nur alt, sie hatte auch stets einen ausgezeichneten Ruf: Im kaiserlichen China zählte sie zu den fünf heiligen Pflanzen, im antiken Griechenland war sie der Erdgöttin Demeter geweiht, und der griechische Philosoph Platon malte sich für seinen idealen Staat Menschen aus, die sich hauptsächlich von Gerste ernähren sollten.

Darauf kam der Philosoph nicht von ungefähr: Gerste galt im Altertum als Kraftnahrung; den römischen Gladiatoren zum Beispiel wurde sie gekocht vorgesetzt. In England kennt man noch heute „Barley Water", einen stärkenden Gerstenaufguß.

Tatsächlich bietet Gerste eine solche Vielzahl von Mineralstoffen und Vitaminen wie kaum ein anderes Getreide (siehe Kasten S. 49) und ist dabei so leicht verdaulich, daß auch Kinder und Kranke sie vertragen. Wer schon als Kind oft Gerste ißt, beugt damit späteren Haltungsschäden und Bandscheibenverschleiß vor — durch Kieselsäure, einen Stoff, der in Gerste besonders stark enthalten ist.

Wie Gerste wächst – und schmeckt

Gerste ist ein ganz anspruchsloses Getreide, das auf der ganzen Welt verbreitet ist und in nur drei bis vier Monaten reift, schneller als alle anderen Getreidesorten.

Die Körner sitzen in den dicht behaarten Ähren der Gerste und sind mit einer

Gerstenfelder gibt es überall auf der Welt. Gerste ist anpassungsfähig und gedeiht deshalb im Norden ebenso gut wie in der Sahara. Bis zur Reife braucht sie 3 bis 4 Monate.

GERSTE

Sprießkorn-, auch Nacktgerste, muß nicht mehr aus der Spelze herausgeschält werden.

Gerstengraupen sind die geschälten Körner der Gerste.

Gerstengrütze ist grob geschrotetes ganzes Gerstenkorn.

Gerstenflocken sind gewalzte Körner der Gerste.

Haut, der Spelze, umgeben, die nicht ins Essen gehört und deswegen entfernt werden muß. Vorsicht ist aber geboten: Der Keimling wird dabei manchmal beschädigt und ist dann nicht mehr keimfähig. Wer sich Schaden und Arbeit sparen will, sollte die spelzenfreie Nacktgerste kaufen, die auch als Sprießkorngerste im Handel angeboten wird.

Was den Gerstenkeim betrifft: Beim Keimen entsteht Malz, jener Stoff, dem die Gerste auch nach ihrer Beinahe-Vertreibung aus unseren Küchen in diesem Jahrhundert ihr Überleben verdankt. Malz und Hefe setzen die Biergärung in Gang. Malz gibt dem Bier auch Würze; in Schottland wird es für

Wohlversorgt mit Gerste

Wer Gerste ißt, dem fehlt es an – beinahe – nichts. Nur Vitamin C ist nicht ihre starke Seite, dafür stecken in Gerste reichlich Vitamin A, B_1, B_2 B_6 und die Vitamine A und E. Außerdem versorgt sie den Körper mit vielen Spurenelementen, mit Kalium, Kalzium, Phosphor, Magnesium, Eisen, Fluor und Jod. Eiweißreich ist sie außerdem: In 100 Gramm Gerste stecken 10 Prozent Eiweiß bei einem Brennwert von 346 Kalorien. Und die Kieselsäure der Gerste tut Haut, Haaren, Sinnesorganen und Bindegewebe gut.

„Malt Whisky" verwendet. Die Industrie bietet es als Malzextrakt an, einen Süßstoff, oder als Malzkaffee.

In der Vollwertküche werden Gerstenkeime durch Malz zu einer mildsüßen Zutat im Müsli oder zu einer Knabberei zwischendurch – auch eine Möglichkeit, vom Mineralienreichtum und den Vitaminen der Gerste zu profitieren.

Gerstenkeime lassen sich übrigens in nur zwei Tagen ziehen, und auch beim Kochen ist Gerste ganz unkompliziert: Eine Stunde Einweichen und eine weitere Stunde Kochzeit genügen.

Gerste schmeckt süß ebenso wie herzhaft, im ganzen Korn, geschrotet und gekeimt, nur ausgerechnet in einer Form nicht: Zum Brotbacken

Die dicht behaarte Ähre ist typisch für die meisten Gerstensorten.

taugt sie höchstens zusammen mit anderen Getreidesorten, zum Beispiel Roggen oder Weizen. Gerstenmehl enthält zu wenig Klebereiweiß, das den Brotteig bindet. Reines Gerstenbrot würde trocken und rissig. Fladenbrot dagegen läßt sich gut aus Gerste backen.

Gerste wird inzwischen wieder in vielen Formen im Handel angeboten; nicht alle entsprechen den Anforderungen an Vollwertkost. Gerstengraupen, zum Beispiel auch als Perl- oder Rollgerste bekannt, sind industriell geschälte und polierte Körner und deswegen weniger wertvoll. Sie lassen sich ohne weiteres durch ganze Körner ersetzen.

Das Mehl der Gerste eignet sich gut für Süßspeisen; es macht sie leicht cremig und harmoniert auch gut mit Früchten, weil Gerste Säure neutralisiert.

Warum also sollte man aus Gerste weiterhin nur Gerstensaft machen?

49

GERSTE

Kocht in seinem Restaurant „Die Frankenstube" in Goldbach Vollwertkost à la carte: Holger Kaiser.

Gerstenknödel auf Broccolirahm

Für 4 Portionen:
500 g Kartoffeln
200 g Sprießkorngerste
3 Eigelb (Gew.-Kl. 2)
1 Zwiebel
80 g Butter
2 Bund Schnittlauch
Vollmeersalz
Muskat
1 kg Broccoli
¼ l Gemüsebrühe
¼ l Schlagsahne
300 g junge Möhren
300 g Navets (kleine weiße Rübchen)

1. Kartoffeln am Vorabend kochen. Pellen und durch die Kartoffelpresse drükken. Gerste nicht zu fein mahlen und mit dem Eigelb zugeben.

2. Zwiebel würfeln. In 50 g Butter dünsten. Schnittlauch in Röllchen schneiden.

3. Zwiebeln, Schnittlauch, Salz und Muskat mit dem Kartoffelteig verkneten. 12 Knödel formen.

4. Knödel in siedendem Salzwasser ca. 12 Minuten garen.

5. Für den Broccolirahm gewaschenen, kleingeschnittenen Broccoli in der Gemüsebrühe 5 Minuten zugedeckt kochen, dann in der Brühe pürieren. Mit Muskat würzen. Sahne unterrühren.

6. Möhren und Navets putzen, dann tropfnaß in 30 g Butter geben und zugedeckt ca. 10 Minuten dünsten, salzen und zu den Knödeln und dem Broccolirahm servieren.

Vorbereitungszeit: ca. 45 Minuten
Garzeit: ca. 12 Minuten (Klöße)
Pro Portion ca. 18 g Eiweiß, 43 g Fett, 53 g Kohlenhydrate = 2897 Joule (692 Kalorien)

ROGGEN

Roggen-Kartoffel-Auflauf mit Créme fraîche und Dill. Rezept auf Seite 56.

Roggen-Kartoffel-Auflauf
Roggenbrot mit Kürbiskernen
Kohlrouladen mit Roggenfüllung
Birnengratin mit Roggenkruste
Zwiebelkuchen
Roggentortillas mit Quarksauce
Alles über Roggen und Sauerteig

ROGGEN

Roggenbrot mit Kürbiskernen

Für 1 Kilo Brot:
750 g Roggenvollkornmehl (bei feinster Einstellung frisch gemahlen)
1 Würfel Hefe (42 g)
1 Tl Honig
1 El Vollmeersalz
1 El Kümmel (gemahlen)
1 Beutel Sauerteig
150 g Kürbiskerne

1. Mehl in eine große Schüssel geben, eine Mulde hineindrücken. Hefe hineinbröckeln und mit Honig und etwas Wasser verrühren.

2. Schüssel abdecken und den Vorteig ca. 15 Minuten gehen lassen.

3. Salz und Kümmel auf den Rand streuen. Den Sauerteig und 1/2 l lauwarmes Wasser zufügen. Alles gründlich 5 bis 10 Minuten durchkneten.

4. Zuletzt die Kürbiskerne unterkneten. Teig abdecken und erneut 20 bis 30 Minuten an einem warmen Platz gehen lassen, bis sich der Teig verdoppelt hat.

5. Teig noch einmal kurz und kräftig durchkneten, einen Brotlaib formen und auf das gefettete Backblech legen. Wieder 10 bis 15 Minuten gehen lassen. Inzwischen den Backofen auf 250 Grad vorheizen.

6. Das Brot in den vorgeheizten Backofen schieben. Eine flache Schale mit Wasser auf den Boden des Backofens stellen.

7. Brot 10 Minuten bei 250 Grad auf der 2. Leiste von unten, dann 40 bis 45 Minuten bei 200 Grad fertig backen.

8. Brot mit heißem Wasser bestreichen, danach noch 5–10 Minuten im ausgeschalteten Backofen ruhen lassen.

Vorbereitungszeit: 30 Min. (ohne Gehen)
Backzeit: 50–55 Minuten
Insgesamt etwa 120 g Eiweiß, 81 g Fett, 330 g Kohlenhydrate = 10 909 Joule (2612 Kalorien)

Auf dem Foto oben sehen Sie neben dem Kürbisbrot ein reines Sauerteigbrot mit Roggenschrot.

Kohlrouladen mit Roggenfüllung

Für 4 Portionen:
100 g Roggen
1 Tüte Steinpilze (ca. 5 g)
2 Zwiebeln, 250 g Möhren
8 Weißkohlblätter (Weißkohl blanchieren, Blätter ablösen)
30 g Butter, 1 El Majoran
Vollmeersalz, Pfeffer
60 g Parmesan (gerieben)
30 g Butterschmalz
500 g Champignons
1/8 l Schlagsahne

1. Roggen über Nacht mit gut 1/4 l Wasser einweichen. Zugedeckt etwa 1 1/2 Std. bei milder Hitze garen.

2. Steinpilze 30 Min. in 1/4 l lauwarmem Wasser einweichen. Zwiebeln würfeln, Möhren grob raffeln.

3. Rippen der Weißkohlblätter flachschneiden.

4. Zwiebeln, Roggen und Möhren in Butter 5 Minuten zugedeckt dünsten, mit gehacktem Majoran, Salz und Pfeffer würzen.

5. Käse untermischen, Masse auf die Blätter verteilen, zu Rouladen aufrollen.

6. In 15 g Fett anbraten, Steinpilze mit Wasser zugeben, zugedeckt 30 Min. schmoren, einmal wenden.

7. Champignons in 15 g Butterschmalz 5 Min. braten, würzen, den Saft zur Sauce gießen.

8. Rouladen und Pilze warm stellen. Saucenfond mit Sahne cremig einkochen, zu den Rouladen servieren.

Vorbereitungszeit: 1 Std. (o. Garzeit f. Roggen)
Garzeit: insg. 40 Min.
Pro Portion ca. 14 g Eiweiß, 28 g Fett, 21 g Kohlenhydrate = 1698 Joule (405 Kalorien)

ROGGEN

Birnengratin mit Roggenkruste

Für 4 Portionen:
4 reife Birnen (ca. 750 g)
4 El Zitronensaft
50 g Butter
1 El Honig
50 g Roggenvollkornschrot
100 g Crème fraîche
4 El Schlagsahne
100 g Haselnußkerne

1. Die Birnen waschen und vierteln, Kerngehäuse herausschneiden. Die Birnenviertel in dicke Spalten schneiden.
2. Birnenspalten mit dem Zitronensaft beträufeln und in eine ausgefettete feuerfeste Form legen.
3. Butter und Honig in einem Topf erwärmen, das Schrot darin unter Rühren andünsten.

4. Crème fraîche und Sahne untermischen, den Topf vom Herd nehmen.
5. 50 g Haselnüsse fein hacken und untermischen. Diese Schrot-Nuß-Masse gleichmäßig auf den Birnen verteilen.
6. Den Gratin bei 200 Grad (Gas 3) auf der mittleren Einschubleiste 15 Minuten backen.
7. Restliche Haselnüsse vierteln oder halbieren, über den Gratin streuen und weitere 5 Minuten backen. Warm servieren. Mit leicht geschlagener und mit Vanille gewürzter Sahne reichen.

Vorbereitungszeit: 15 Min.
Garzeit: 20 Minuten
Umluft: 25 Min. bei 175 Grad.
Pro Portion etwa 7 g Eiweiß, 39 g Fett, 32 g Kohlenhydrate = 2180 Joule (531 Kalorien)

ROGGEN

Zwiebelkuchen

Für 1 Backblech (ca. 20 Stücke):
1,25 kg Zwiebeln
40 g Butterschmalz
200 g Crème fraîche
1/8 l Schlagsahne
6 Eier (Gew.-Kl. 2)
Vollmeersalz
Pfeffer aus der Mühle
1–2 Tl Kümmel
250 g Roggenvollkornschrot
250 g Weizenmehl (Type 1050)
40 g Hefe, 1 Tl Honig
1/8 l Öl (kaltgepreßt)
Fett für das Backblech

1. Die Zwiebeln pellen, längs halbieren und quer in halbe Ringe schneiden. In Butterschmalz 10 Minuten dünsten, abkühlen lassen.
2. Crème fraîche, Sahne und Eier verquirlen, mit den Zwiebeln mischen. Das Ganze herzhaft mit Salz, Pfeffer und Kümmel würzen.
3. Schrot und Mehl mischen, in die Mitte eine Vertiefung hineindrücken. Hefe zerbröckeln und mit dem Honig in 1/4 l lauwarmem Wasser auflösen.
4. Hefemischung in die Mulde gießen, etwas Mehl darüberstäuben, Öl und 2 Tl Salz an den Mehlrand geben. Alles zu einem glatten Teig verkneten.
5. Schüssel abdecken, Teig 20 Minuten gehen lassen. Dann zusammenkneten und ausrollen, ausgefettete Saftpfanne vom Backofen damit auslegen, den Rand hochdrücken.
6. Die Zwiebelmischung hineingießen und glattstreichen. Bei 200 Grad (Gas 3) auf der zweiten Schiene von unten ca. 35 Minuten backen, warm servieren.

Vorbereitungszeit: 45 Min.
Backzeit: 35 Minuten
Umluft: 45 Min. bei 175 Grad.
Pro Stück etwa 7 g Eiweiß, 14 g Fett, 19 g Kohlenhydrate = 994 Joule (237 Kalorien)

ROGGEN

Ein würziger Auflauf aus Roggenkörnern und geraffelten Kartoffeln. Großes Foto auf Seite 51

Roggen-Kartoffel-Auflauf mit Dill-Sahne

Für 4 Portionen:
100 g Roggen
150 g Zwiebeln
40 g Butter
4 Eier (Gew.-Kl. 2)
200 g Crème fraîche
750 g Kartoffeln
Vollmeersalz
Pfeffer aus der Mühle
Dill zum Garnieren

1. Roggen über Nacht in gut ¼ l kaltem Wasser einweichen. Am nächsten Tag im Einweichwasser zugedeckt in ca. 1½ Std. garen, dann ausquellen lassen.
2. Die Zwiebeln pellen und würfeln. In 30 g Butter glasig dünsten, dann den Roggen unterrühren. Zugedeckt 10 Minuten dünsten lassen.
3. Die Eier mit 100 g Crème fraîche verrühren. Die Kartoffeln waschen, schälen und wieder waschen. Dann auf einer groben Raffel direkt in die Eiermischung hineinraffeln, sofort gut

durchmischen, damit sie sich nicht verfärben. Die Masse kräftig mit Salz und Pfeffer würzen.
4. Eine flache, feuerfeste Auflaufform mit der restlichen Butter ausfetten. Nacheinander Kartoffelmasse, Roggen und wieder Kartoffelmasse einschichten.
5. Auflauf auf der mittleren Einschubleiste bei 200 Grad (Gas 3) in etwa 1 Stunde goldbraun backen. Die restliche Crème fraîche mit Dill garnieren und extra dazu servieren. Rote Bete passen gut dazu.

Vorbereitungszeit: 1 Std.
Garzeit: 1 Stunde (ohne Garzeit f. d. Roggen)
Umluft: 45 Minuten bei 200 Grad
Pro Portion etwa 15 g Eiweiß, 32 g Fett, 40 g Kohlenhydrate = 2146 Joule (513 Kalorien)

Roggen braucht Zeit

Von allen Getreidekörnern braucht Roggen beim Garen die längste Zeit. Daß man ihm diese Zeit gibt, ist wichtig, damit das Korn gut aufgeschlossen und gut verdaulich wird. Deshalb müssen Roggenkörner gründlich, am besten über Nacht eingeweicht werden. Nach dem Aufkochen in der Einweichflüssigkeit, evtl. mit einer kleinen Zwiebel, brauchen die Roggenkörner noch eine gute Stunde zum Ausquellen. Dann kann man sie beliebig weiterverarbeiten.

Roggen: Liebe auf den zweiten Blick

Das Brotgetreide der Germanen, Kelten und Slawen war der Roggen. Die Römer konnten diesem Grasgewächs allerdings nichts abgewinnen. Plinius schrieb darüber: „Roggen ist ein minderwertiges Zeug und nur zur Stillung des Hungers gut." Nun, die Römer bauten schon damals den feineren und leichter zu verarbeitenden Weizen an. Im Laufe der letzten 100 Jahre hat der Weizen auch bei uns den Roggen als Brotgetreide immer mehr verdrängt. Noch um 1900 wurden Roggen und Weizen zu etwa gleichen Teilen verbacken, heute beträgt der Anteil an Roggen beim Brotgetreide nur noch 21 Prozent. In der EG wurde Roggen bis vor kurzem nicht einmal als Brotgetreide, sondern nur als Futtergetreide anerkannt.
Roggen, bot. Secale cereale, ist winterhart. Er keimt bei niedrigsten Temperaturen und braucht bis zur Reife 280 bis 300 Tage. Man kann Roggen bis zum Polarkreis und in Höhen bis zu 2000 Metern anbauen.

Im Nährwert unterscheidet sich Roggen kaum vom Weizen. 100 g enthalten 11,6 g Eiweiß, 1,7 g Fett, 69 g Kohlenhydrate = 1449 Joule (358 Kalorien). An Vitaminen enthält Roggen B_1, B_2 und Folsäure, an Mineralstoffen vor allem Kalium und Magnesium.

Qualität, die erschlossen werden will

Roggen ist ein bißchen das Aschenbrödel unter den Getreidekörnern. Mehl und Schrot vom Roggen sind dunkler als vom Weizen und nicht für Feingebäck geeignet. Das Backen mit Roggen verlangt einige Kenntnisse. Hefe genügt nicht zur Lockerung, denn Kleber und Stärke müssen erst durch einen Säuerungsprozeß aufgeschlossen werden. Doch die Mühe lohnt, Roggenbrot schmeckt aromatisch und würzig, es ist saftig und bleibt lange frisch.

Roggen in der Küche

Auch beim Kochen mit ganzen Roggenkörnern

Sauerteig: flüssig oder getrocknet

Sauerteig-Starter sind einfach in der Anwendung und ersparen lange Wartezeiten. Angeboten werden Packungen mit flüssigem Sauerteig oder mit getrock-

netem Sauerteigextrakt. Zwei Beispiele auf dem Foto links. Rechts eine Schrot-Mehl-Mischung, die bereits gefriergetrockneten Sauerteigextrakt enthält. Ein Päckchen mit Trockenhefe gehört zur Packung.

ROGGEN

Die ganzen Roggenkörner sind schlanker als Weizenkörner und von grünlich-grauer Farbe.

Mittelfeiner Roggenschrot aus der Haushaltsmühle. Zum Backen und Kochen geeignet.

Feines Roggenmehl hat eine leicht graue Farbe und wird für Mischbrot und Brötchen verwendet.

Roggen ist winterhart und braucht bis zur Reife 280 bis 300 Tage. Die kräftigen Ähren sitzen auf langen geschmeidigen Halmen.

oder Roggenschrot muß man immer berücksichtigen, daß Roggen sich nicht so leicht wie Weizen erschließt. Er ist nun einmal schwer verdaulich. Doch sollten Sie deshalb nicht auf Roggengerichte verzichten. Mit der richtigen Vorbereitung kann man nämlich einiges vorwegnehmen.
So wird Roggen gekocht: 250 g Roggenkörner über Nacht in Wasser ausquellen lassen (nicht länger als 10 Stunden). Danach mit dem Einweichwasser aufsetzen und zum Kochen bringen, mindestens 1½ Stunden bei milder Hitze garen, danach noch etwa eine Stunde ausquellen lassen.
Schrot braucht zum Garen etwa ½ Stunde.
Durch Darren (leichtes Trocknen bei mäßiger Wärme) wird Roggen (wie anderes Getreide auch) leichter verdaulich: Roggenkörner auf dem Backblech ausbreiten, im Backofen bei 60–80 Grad 30–60 Minuten darren. Auch Schrot (Mehl vorher absieben) oder eingeweichte und abgetropfte Körner lassen sich darren. Sehr viel leichter verdaulich sind Roggenkeimlinge.

Sauerteig

Früher sagte man: Wenn du Brot backen willst, mußt du dir ein Stück Sauerteig von einer alten Frau schenken lassen. Aber es gibt sie nicht mehr, die alten Frauen, die Brot backen. Und es ist nicht einfach, einen Sauerteig selbst anzusetzen. Dafür verraten wir einen einfachen Trick, mit dem Sie schnell zu einem Sauerteigansatz kommen. Damit können Sie ein reines Sauerteigbrot ohne Hefe backen.

Sauerteigansatz in 24 Stunden

Eine Packung flüssigen Natursauerteig mit ca. 300 g feinem Roggenschrot und so viel 40 Grad warmem Wasser verrühren, daß ein dicklicher Brei entsteht. Eine Tasse frische, d. h. unpasteurisierte Buttermilch untermischen. Schüssel abdecken und bei 20–22 Grad 24 Stunden stehenlassen.

Milchsäure für milde Säure

Während sich bei milder Wärme vor allem die Milchsäurebakterien vermehren, lieben es die Essigsäurebakterien kühler. Darum, wer milde Säure im Brot vorzieht, muß unbedingt für die richtige Temperatur sorgen. 1. Möglichkeit: Schüssel auf eine mit heißem Wasser gefüllte Wärmflasche stellen, mit Decken umhüllen. 2. Möglichkeit: Schüssel in den Backofen stellen, Tür schließen, nur das Licht einschalten. Die kleine Birne sorgt für genügend Wärme. Dennoch sollten Sie die Temperatur mit dem Thermometer kontrollieren!
Ein guter Sauerteigansatz wirft Blasen und riecht intensiv, aber angenehm säuerlich.
So geht es weiter: Salz und Gewürze mit ¼ l warmem Wasser auflösen, von 700 g Schrot etwas mit dem Sauerteigansatz unterrühren, nach und nach den restlichen Schrot und bei Bedarf noch etwas Wasser einarbeiten. Brot formen, noch einmal 1 bis 1½ Stunden gehen lassen. 15 Minuten bei 225 Grad, dann 45 bis 50 Minuten bei 200 Grad backen.

Nicht vergessen

Vor dem Formen des Brotlaibes vom fertigen Brotteig ein tennisballgroßes Stück abnehmen, mit etwas Schrot verkneten, in eine kleine Schüssel drücken, mit Folie abdecken und in den Kühlschrank stellen. So hält sich Sauerteig 3 bis 4 Wochen. Man kann ihn auch einfrieren.
Je länger man seinen Sauerteig weiterführt, desto besser wird das Brot.

Mit einem tennisballgroßen Stück Sauerteig, vom letzten Brotteig abgenommen, wird der neue Brotansatz gestartet.

Salz in ¼ l warmem Wasser auflösen, etwas Schrot unterrühren, Sauerteigansatz zugeben, mit Schrot zu Teig verkneten.

ROGGEN

Vincent Klink, Vincent Klink's Postillon in Schwäbisch Gmünd, versteht es, dem Roggen die beste Seite abzugewinnen.

Roggentortillas mit Quarksauce

Für 4 Portionen:
250 g Magerquark
¼ l Milch, Vollmeersalz
1 Bund Schnittlauch
40 g Weizen
(feingemahlen)
2 Eier (Gew.-Kl. 2)
60 g Butter
1 rote Paprikaschote
2 Schalotten
1 Knoblauchzehe
4 El Roggenkeimlinge
2 Thymianzweige
1 Msp. Chili-con-Carne-Gewürz (o. Cayennepfeffer)
2 El Olivenöl

1. Quark mit ⅛ l Milch verrühren, mit Salz und Schnittlauchröllchen von ½ Bund würzen, kühl stellen.
2. Weizenmehl mit ⅛ l Milch verrühren, 20 Minuten quellen lassen. Dann die Eier und 20 g zerlassene Butter unterrühren.
3. Paprika, Schalotten und Knoblauch putzen und fein würfeln. In 20 g Butter andünsten, Roggenkeimlinge zufügen und mit andünsten. (Einige Paprikawürfel und Keimlinge zum Garnieren zurücklassen!)
4. Angedünstete Gemüse unter den Pfannkuchenteig mischen, mit Salz, Thymianblättern und Chiligewürz würzen.
5. Restliche Butter und Öl in zwei großen Pfannen erhitzen. 8 bis 12 kleine Tortillas darin jeweils pro Seite 3 Minuten backen.
6. Mit der Quarksauce anrichten und die restlichen Schnittlauchröllchen, Paprikawürfel und Keimlinge darüberstreuen.

Vorbereitungszeit: 30 Min.
Garzeit: Pro Pfanne ca. 6 Minuten
Pro Portion etwa 19 g Eiweiß, 24 g Fett, 15 g Kohlenhydrate = 1511 Joule (361 Kalorien)

BUCHWEIZEN

Buchweizennudeln auf Blattspinat mit Tomaten und einer Gorgonzola-Sahnesauce. Rezept auf Seite 64.

Buchweizennudeln auf Spinat
Blinis mit Rhabarber
Schnelle Buchweizentarte
Frühlingssalat mit Buchweizen
Buchweizenschnitten
Artischocken mit Buchweizenfüllung
Alles über Buchweizen

BUCHWEIZEN

Blinis mit Rhabarber

Für 4 Portionen:
500 g Rhabarber
¼ l Ahornsirup
150 g Himbeeren (TK)
200 g Crème fraîche
4 El Orangenlikör
100 g Buchweizenmehl
½ Tl Honig
10 g Hefe
2 Eier (Gew.-Kl. 2)
1 Prise Vollmeersalz
40 g Butterschmalz

1. Rhabarber waschen, putzen und in 3 bis 4 Zentimeter lange Stücke schneiden. Mit Ahornsirup übergießen und abgedeckt 30 Min. Saft ziehen lassen.
2. Rhabarber im Sirup 3 bis 5 Minuten leise kochen lassen, die Stücke sollen nicht zerfallen. Mit der Schaumkelle herausnehmen und kalt stellen.
3. Himbeeren im Sud aufkochen, pürieren und durch ein Sieb streichen und kalt stellen.
4. Crème fraîche mit Likör verrühren, kalt stellen.
5. Buchweizenmehl mit ⅛ l lauwarmem Wasser, Honig und fein zerbröckelter Hefe verrühren. Eier und Salz unterschlagen. Teig 15 Minuten abgedeckt an einem warmen Platz gehen lassen, bis er Blasen wirft.
6. In einer Pfanne Butterschmalz erhitzen, 3 kleine Kellen Teig hineingeben, dann die handtellergroßen Pfannkuchen goldbraun backen, auf Küchenpapier abtropfen lassen. Die Masse ergibt 12 Blinis.
7. Die Himbeersauce auf Teller verteilen, Crème fraîche rundherum träufeln. Mit einem Hölzchen abwechselnd nach innen und außen ziehen. Blinis in die Mitte legen, mit Rhabarber belegen, servieren.

Vorbereitungszeit: 30 Min.
Garzeit: Blinis pro Portion 5 bis 6 Minuten
Pro Portion ca. 10 g Eiweiß, 29 g Fett, 71 g Kohlenhydrate = 2694 Joule (643 Kalorien)

BUCHWEIZEN

Schnelle Buchweizentarte

Für 4–6 Stücke:
150 g Buchweizenmehl
150 g Mehl (Type 1050)
1 Prise Vollmeersalz
2 Eigelb (Gew.-Kl. 2)
150 g Butter
3 El Rapshonig
Linsen zum Blindbacken
500 g Erdbeeren
3 El Ahornsirup
250 g Himbeeren
30 g Pinienkerne
¼ l Schlagsahne

1. Aus Buchweizenmehl, Mehl, Salz, Eigelb, Butterflöckchen und 2 El Honig einen Mürbeteig kneten. Auf bemehlter Arbeitsfläche zu einem Kreis von 30 cm Durchmesser ausrollen.
2. Eine Form für einen Obsttortenboden mit 26

cm Durchmesser mit dem Teig auslegen, die Ränder glattschneiden. Den Boden mit einer Gabel mehrfach einstechen. Die Form 20 Minuten kalt stellen.
3. Den Teig dann mit Pergamentpapier abdecken, Trockenlinsen daraufüllen. Tortenboden 15 Minuten bei 200 Grad (Gas 3) auf der mittleren Schiene backen. Linsen und Papier entfernen, den Tortenboden weitere 10 Minuten backen, abkühlen lassen.
4. Erdbeeren waschen und putzen, dann in Ahornsirup wenden. Himbeeren pürieren und durch ein Sieb streichen.
5. Pinienkerne mahlen. Sahne mit 1 El Honig steif schlagen, Pinienkerne und Himbeerpüree unterziehen. Die Masse auf den Tortenboden füllen.
6. Mit Erdbeeren garnieren. Die restlichen Erdbeeren extra reichen.

Vorbereitungszeit: 30 Min.
Backzeit: 25 Minuten
Umluft: 25–30 Minuten bei 175 Grad
Pro Portion (bei 6 Stücken) etwa 12 g Eiweiß, 40 g Fett, 56 g Kohlenhydrate = 2718 Joule (649 Kalorien)

BUCHWEIZEN

Frühlingssalat mit Buchweizen

Für 4 Portionen:
100 g Buchweizen (ganz)
2 Eigelb (Gew.-Kl. 2)
Vollmeersalz
Pfeffer aus der Mühle
4 El Limettensaft
2 Tl Limettenschale (abgerieben)
150 ccm Öl (kalt gepreßt)
1 Becher Sahnejoghurt (150 g)
3 El Orangensaft
2 Äpfel (ca. 400 g)
2 Kohlrabi (ca. 600 g)
2 Möhren (ca. 200 g)
1 Handvoll Kerbel

1. Die Buchweizenkörner 10 Minuten in kaltem Wasser einweichen, danach mehrfach gut abspülen, abtropfen lassen und auf Küchenpapier trocknen.
2. Eigelb mit Salz, Pfeffer, 2 El Limettensaft und der Limettenschale verrühren.
3. Das Öl mit den Quirlen vom Handrührer erst tropfenweise, dann in dünnem Strahl unterschlagen. Die fertige Mayonnaise mit dem Joghurt verrühren.
4. 2 El Limettensaft und den Orangensaft in eine Schüssel geben. Äpfel waschen. Kohlrabiknollen schälen. Möhren waschen und abbürsten oder dünn schälen.
5. Äpfel, Kohlrabi und Möhren stifteln. Den Kerbel von den Stielen zupfen. Alles im Saft wenden, mit Salz und Pfeffer würzen.
6. Die trockenen Buchweizenkörner in einer Pfanne ohne Fett unter Rühren goldbraun rösten, dann

über den Salat streuen. Salat mit der Mayonnaise servieren, erst am Tisch untermischen.

Zubereitungszeit: 35 Min.
Pro Portion: etwa 11 g Eiweiß, 38 g Fett, 41 g Kohlenhydrate = 2365 Joule (566 Kalorien)

BUCHWEIZEN

Buchweizenschnitten

Für 8 Portionen:
300 g Zwiebeln
250 g Möhren
40 g Butterschmalz
1 El Thymian (getr.)
300 g Buchweizen (ganz)
½ l Gemüsebrühe
1 Knoblauchzehe
Vollmeersalz, Pfeffer
4 Eier, ¼ l Sahne
4 El Buchweizengrütze
750 g Champignons
80 g Butter
2 Bund Schnittlauch
300 g Sahnejoghurt

1. Zwiebeln würfeln. Möhren putzen, in dünne Scheiben schneiden. Alles in 30 g Butterschmalz mit Thymian 5 Min. dünsten.

2. Buchweizenkörner unterrühren und anrösten. Gemüsebrühe zugeben.

3. Mit durchgepreßtem Knoblauch, Salz und Pfeffer würzen, 10 Min. zugedeckt ausquellen lassen.

4. Eier und Sahne verquirlen, unter die Masse rühren. Saftpfanne mit 10 g Fett ausstreichen, mit 2 El Grütze ausstreuen.

5. Masse einfüllen, glattstreichen. 10 Min. bei 200 Grad (Gas 3) backen.

6. Halbierte Pilze mit 2 El Grütze in der Butter braten, salzen und pfeffern.

7. Pilze auf der Masse verteilen, noch 20 Min. bakken. Dazu paßt mit Schnittlauch verrührter Joghurt.

Vorbereitungszeit: 40 Min.
Backzeit: 30 Minuten
Umluft: 15 Min. bei 200 Grad, 20 Min. bei 175 Grad
Pro Portion etwa 14 g Eiweiß, 31 g Fett, 42 g Kohlenhydrate = 2128 Joule (509 Kalorien)

BUCHWEIZEN

Gelangt wieder zu Ehren: Kerniger Buchweizen

Schmecken gut: hausgemachte Nudeln aus Buchweizenmehl mit Gemüse. Großes Foto auf Seite 59

Buchweizennudeln auf Spinat und Tomaten mit Gorgonzolasauce

Für 4 Portionen:
100 g Buchweizenmehl
100 g Mehl (Type 1050)
1 Ei (Gew.-Kl. 2)
2 Eigelb (Gew.-Kl. 2)
Vollmeersalz
3 bis 5 El Weißwein
750 g Spinat
500 g Tomaten, 60 g Butter
1 El Buchweizengrütze
¼ l Schlagsahne
100 g Crème fraîche
300 g Gorgonzola
1 Knoblauchzehe
2 El Öl (kaltgepreßt)
8 Salbeiblättchen

1. Buchweizen- und Weizenmehl mit Ei, Eigelb und Salz verkneten, nach und nach den Wein zugeben. Der Teig sollte noch etwas kleben. Teig zu einer Kugel formen, mit Folie abdecken. Eine Stunde bei Raumtemperatur ruhenlassen.
2. Inzwischen den Spinat putzen, gut verlesen und mehrmals waschen, abtropfen lassen. Tomaten einritzen, überbrühen, kalt abschrecken und häuten. Tomaten in Viertel schneiden, Saft und Kerne herausdrücken.
3. 30 g Butter zerlassen, die Grütze dann andünsten, Sahne und Crème fraîche dazugeben, Grütze 5 Minuten leise kochen lassen. Gorgonzola hineinbröckeln. Rühren, bis sich der Käse aufgelöst hat. Die Sauce warm halten.
4. Teigkloß halbieren. Teigstücke nacheinander auf bemehltem Brett dünn

ausrollen, dann in gleichmäßige Streifen schneiden.
5. Reichlich Salzwasser zum Kochen bringen. Nudeln hineingeben, 5 Minuten garen. Herausnehmen und gut abtropfen lassen.
6. Während die Nudeln kochen, den Spinat tropfnaß in einen Topf mit 30 g zerlassener Butter geben. Etwas Salz darüberstreuen. Topf zudecken und Spinat zusammenfallen lassen.
7. Knoblauch pellen, in sehr dünne Scheiben schneiden. Öl in einer Pfanne erhitzen, Tomatenstücke, Knoblauch und die Salbeiblätter in dem Öl erhitzen, mit Salz würzen.
8. Nudeln mit dem Spinat, den Tomaten und der Sahnesauce servieren.

Vorbereitungszeit: 60 Min.
Garzeit: Nudeln 5 Min., Spinat 5 Min., Sauce 5 Min., Tomaten 5 Min.
Pro Portion etwa 32 g Eiweiß, 76 g Fett, 43 g Kohlenhydrate = 4260 Joule (1024 Kalorien)

Buchweizen wird auch Sarazenen- oder Tatarenkorn, schwarzes Welschkorn und Heidenkorn genannt. Das hängt mit seiner Geschichte zusammen. Mit den kriegerischen Eroberungszügen nomadisierender Stämme kam der Buchweizen aus der mongolischen Steppe Asiens nach Europa. Hier wird er erstmalig im 15. Jahrhundert erwähnt. Weil er vor allem auf armen Böden gut gedeiht, wurde er in solchen Gebieten bald ein Grundnahrungsmittel. Später wurde Buchweizen durch ertragreichere Feldfrüchte, besonders durch die Kartoffel, verdrängt. Die Buchweizenpflanze, bot. Fagopyrum esculentum, gehört zu den Knöterichgewächsen wie auch Sauerampfer oder Melde. Die krautigen Pflanzen werden 30 bis 80 Zentimeter hoch und haben herzförmige Blätter. Die weißlichen oder rosafarbenen Blüten sind eine ergiebige Bienenweide. Schon nach drei Monaten Wachstumszeit reifen die dreikantigen harten Samen. Vor Verwendung muß die Samenschale entfernt werden.

Herzhaft im Geschmack

Wer Buchweizen kennt, schätzt seinen kernigen, kräftigen Eigengeschmack, der einen Hauch Bitterkeit haben kann. Allerdings gehört Buchweizen zu den Dingen, die man entweder sehr schätzt oder völlig ablehnt. Buchweizen-Neulinge sind anfänglich durch das Aussehen der grauen Grütze und des grauen Mehls irritiert. Sie sollten zuerst Buchweizen in Form von Pfannkuchen oder Gebäck probieren. Auch geröstete Buchweizenkörner machen es leicht, sich mit Buchweizen zu befreunden.

Pluspunkte für Buchweizen

Buchweizen hat in der Vollwertkost einen festen Platz. Seine Pluspunkte:
- Gute Bekömmlichkeit und leichte Verdaulichkeit.
- Hoher Gehalt an wertvollem Eiweiß. So enthält er dreimal soviel Lysin (ein essentieller Eiweißbaustein) wie Weizen. Lysin ist notwendig für das Knochenwachstum. Weitere wichtige Inhaltsstoffe sind
- Lezithin und rund 70 % essentielle (lebensnotwendige) Fettsäuren im Keim
- reichlich unverdauliche Ballaststoffe
- Kieselsäure, wichtig für die Bildung von Haaren und Nägeln

Buchweizen hat herzförmige Blätter und weiße bis rosafarbene Blüten. Ein Knöterichgewächs, das anspruchslos ist und am besten auf leichten Sand- oder Moorböden gedeiht.

BUCHWEIZEN

Ganzer Buchweizen: für Risotto, Grütze und Aufläufe

Buchweizengrütze: für Grütze, Klöße, Suppen, Aufläufe

Buchweizenflocken: für Müsli, Suppen und Nachspeisen

Buchweizenmehl: für Pfannkuchen, Torten und Saucen

● Rutin, ein Stoff, der den Stoffwechsel anregt und die Durchblutung fördert.
Nicht enthalten in Buchweizen ist Klebereiweiß (Gluten). Wer gegen Klebereiweiß im Weizen allergisch ist, kann Buchweizen ohne Bedenken verzehren.

Buchweizen im Angebot

Hierzulande angebotener Buchweizen kommt vorwiegend aus Brasilien. Geführt wird er in Reformhäusern und Naturkostläden, ferner in den Lebensmittelabteilungen großer Kaufhäuser, soweit diese Vollwertprodukte führen. Gehandelt werden ganze Buchweizenkörner (geschält), Buchweizengrütze von extra grob bis fein, Buchweizenflocken und Buchweizenmehl. Alle Buchweizenprodukte sind teurer als vergleichbare Getreideprodukte.

Vom Umgang mit Buchweizen

Oberstes Gebot: Buchweizen nie zu lange garen, dann schmeckt er pappig. Einweichen der Körner ist nicht nötig, doch sollte man sie vor Verwendung in kaltem Wasser kurz durchrühren, dann abspülen und abtropfen lassen.
Hier das Grundrezept für das Garen ganzer Körner und Grütze:
Auf einen Teil Buchweizen gut die anderthalbfache Menge Flüssigkeit abmessen, mit einer Prise Salz zum Kochen bringen, Körner oder Grütze hineingeben und darin 5 Minuten offen sprudelnd kochen lassen. Danach bei kleinster Hitze zugedeckt ausquellen lassen, evtl. in einer Kochkiste oder in einem Topf mit Styroporummantelung.
Je nach weiterer Verwendung kann man den Buchweizen schon mit Gewürzen garen, für salzige Gerichte z. B. mit Kräutersalz, Gemüsebrühe, Lorbeerblatt, Rosmarin, Zwiebeln, Knoblauch, Trockenpilzen; für süße Gerichte mit Zitronen- oder Orangenschale und Zimt.
Darren (Trocknen bei milder Hitze) vor dem Garen verfeinert den Geschmack: Buchweizenkörner abspülen, abtropfen lassen, dann auf einem Backblech ausbreiten und im Backofen bei 80 Grad 45 bis 60 Minuten trocknen lassen.
Man kann die Körner auch in einem Topf unter ständigem Rühren rösten, bis sie angenehm duften. Die Zubereitung erfolgt danach wie üblich, die Garzeit kann etwas kürzer sein.

So vielseitig ist Buchweizen

Buchweizen kann sehr unterschiedlich zubereitet und kombiniert werden. Ganze Körner und Grütze eignen sich für Suppen, Aufläufe, Füllungen, Risotto und Salate. Buchweizen läßt sich mit Gemüse aller Art, so mit Spinat, Paprika, Porree, Tomaten, Pilzen oder Staudensellerie kombinieren. Käse paßt immer dazu, zum Beispiel als Kruste auf einem Auflauf oder als Beimischung zu einer Füllung. Buchweizenmehl eignet sich, evtl. mit Weizenmehl gemischt, für Pfannkuchen, Waffeln, Nudeln, Saucen und Klöße. Biskuitteig aus Buchweizenmehl sieht zwar dunkel aus, wird aber sehr

> **Nährwert auf einen Blick**
> 100 g Buchweizen enthalten rund:
> 9,8 g Eiweiß, 1,7 g Fett, 72,4 g Kohlenhydrate = 1455 Joule (342 Kalorien)
> Außerdem 4,9 g wasserunlösliche Ballaststoffe, Vitamine der B-Gruppe, Kieselsäure, Kalium, Kalzium, Phosphor und Eisen.

locker und wohlschmeckend. Bestes Beispiel dafür ist die Heidjer-Torte mit Blaubeer-Sahne-Füllung.
Zum Brotbacken eignet sich Buchweizenmehl nicht, weil es kein Klebereiweiß enthält. Man kann jedoch bis zu 10 Prozent Buchweizenmehl an einen Brotteig geben.
Buchweizenflocken und geschroteter Buchweizen eignen sich für das Frühstücksmüsli. Buchweizengrütze zum Frühstück schmeckt ungesüßt mit einem Stück Butter und kalter Milch, mit saurer Sahne, Crème fraîche oder flüssiger Sahne. Süßen kann man Buchweizengrütze und andere Buchweizengerichte mit Honig, Ahornsirup und Apfeldicksaft.

BUCHWEIZEN

Wolfgang Falk, Hotel Römerbad in Kärnten, kocht und entwickelt seit Jahren Vollwertiges. Hier seine Vorspeise mit Buchweizen.

Artischocken mit Buchweizenfüllung

Für 6 Portionen:
Vollmeersalz
2 Zitronen
6 Artischocken
30 g Butter
1 El Schalottenwürfel
40 g Buchweizenmehl
1 El Buchweizengrütze (mittelfein)
⅛ l Gemüsebrühe
50 ccm Schlagsahne
1 El Crème fraîche
2 Eier (Gew.-Kl. 2, getrennt)
Muskat (frisch gemahlen)
weißer Pfeffer a. d. Mühle
Fett für die Folie

1. Salzwasser mit Zitronenvierteln zum Kochen bringen. Artischocken darin ca. 40 Min. kochen. Abtropfen und abkühlen lassen, halbieren. Innere Blätter und Heu herausbrechen.

2. Butter zerlassen, Schalottenwürfel darin glasig dünsten, Buchweizenmehl und -grütze darin anrösten.

3. Gemüsebrühe und Sahne zugeben, 5 Min. ausquellen lassen. Crème fraîche und Eigelb unterrühren, mit Salz, Muskat und Pfeffer würzen.

4. Eiweiß steif schlagen, unter die abgekühlte Masse heben. Artischocken damit füllen, glattstreichen.

5. Einzeln in gefettete Alufolie wickeln, auf der Schnittfläche bei 200 Grad (Gas 3) ca. 35 Min. backen. Folie entfernen.

6. Die Sauce: ½ l Sahne cremig einkochen, 3 Handvoll pürierte Wildkräuter zufügen, 100 g kalte Butterflöckchen einschwenken, einige Tomatenfilets zufügen.

Vorbereitungszeit: 75 Min.
Garzeit: Artischocken 40 Min., Hälften 35 Minuten
Umluft: Hälften 35 Minuten bei 175 Grad
Pro Portion (ohne Sauce) etwa 7 g Eiweiß, 10 g Fett, 18 g Kohlenhydrate = 822 Joule (196 Kalorien)

VOLLREIS

Reiscurry mit Aprikosen und Sonnenblumenkernen. Rezept auf Seite 72.

Reiscurry mit Aprikosen
Thymian-Reisbällchen auf Tomatengemüse
Pilzrisotto mit Morcheln, Steinpilzen und Champignons
Asiatisches Reisgericht
Kräuter-Reis-Salat mit Spargel
Beerenreis auf Champagnersabayon
Dazu eine kleine Vollreis-Warenkunde

VOLLREIS

Thymian-Reisbällchen auf Tomatengemüse

Für 4 Portionen:
200 g Langkorn-Vollreis
Vollmeersalz
2 Bund Frühlingszwiebeln
2 Eier (Gew.-Kl. 2)
80 g Vollkorntoastbrösel
50 g Parmesan (gerieben)
2 Bund Thymian (gehackt)
Pfeffer a. d. Mühle
2 El Olivenöl
500 g Tomaten (gehäutet)
2 Knoblauchzehen
30 g Butterschmalz

1. Den Reis waschen, in knapp ½ l Wasser mit Salz ungefähr 30 Minuten zugedeckt ausquellen lassen.
2. Frühlingszwiebeln putzen und gut waschen. Helle Teile in breite, grüne in schmale Ringe schneiden.
3. Den etwas abgekühlten Reis mit Eiern, Bröseln, Parmesan und der Hälfte vom Thymian verkneten, die Masse mit Salz und Pfeffer würzen.
4. Die Frühlingszwiebeln im mäßig heißen Öl 5 Minuten zugedeckt dünsten. Tomaten hacken und zugeben, mit Salz, Pfeffer und dem durchgepreßten Knoblauch würzen. Weitere 5 Minuten dünsten.
5. Inzwischen aus der Reismasse 12 Bällchen formen. Im heißen Butterschmalz mit dem restlichen Thymian von beiden Seiten goldbraun braten.
6. Auf dem Gemüse anrichten und servieren.

Vorbereitungszeit: 50 Min.
Garzeit: ca. 15 Minuten
Pro Portion ca. 16 g Eiweiß, 20 g Fett, 60 g Kohlenhydrate = 2174 Joule (519 Kalorien)

VOLLREIS

Pilzrisotto

Für 4 Portionen:
10 g Morcheln (getrocknet)
20 g Steinpilze (getrocknet)
150 g Zwiebeln
1 Knoblauchzehe (gehackt)
1 Tl Rosmarin (gehackt)
80 g Butter
1 El Olivenöl
300 g Avorio-Vollreis
Vollmeersalz
250 g Champignons
150 g Pfifferlinge
200 ccm Schlagsahne
100 g Parmesan (gerieben)
1 Bund Petersilie (gehackt)

1. Morcheln und Steinpilze abbrausen, in ¾ l warmem Wasser einweichen.
2. Die Zwiebeln pellen und fein würfeln. Mit Knoblauch und Rosmarin in 40 g Butter und Öl bei milder Hitze andünsten.
3. Den Reis unterrühren. Getrocknete Pilze mit Einweichwasser (ohne sandigen Bodensatz!) zugeben und mit Salz würzen.
4. Zugedeckt bei milder Hitze ungefähr 35 Minuten ausquellen lassen.
5. Champignons und Pfifferlinge putzen, waschen und abtropfen lassen. In der restlichen Butter 5 Minuten bei starker Hitze braten, dann sofort unter den Risotto heben.

6. Die Sahne steif schlagen, den Parmesan unterheben. Mit der Petersilie unter den Risotto ziehen und sofort servieren.

Vorbereitungszeit: 35 Min.
Garzeit: 40 Minuten
Pro Portion ca. 21 g Eiweiß, 44 g Fett, 62 g Kohlenhydrate = 3140 Joule (750 Kalorien)

VOLLREIS

Asiatisches Reisgericht

Für 4 Portionen:
200 g Langkorn-Vollreis
125 g Kokosraspeln
Vollmeersalz
Muskatnuß
1 Tl Minze (gehackt)
1 El Zitronenschale
(gerieben, von einer
unbehandelten Frucht)
600 g Brechbohnen
1 kleine Pfefferschote
1 Knoblauchzehe
2 El Olivenöl
30 g Butterschmalz
evtl. Cayennepfeffer

1. Reis waschen, mit Kokosraspeln und Salz in ¾ l Wasser 30 Minuten zugedeckt quellen lassen.
2. Mit Muskatnuß, Minze und ½ El Zitronenschale würzen.
3. Inzwischen die Bohnen waschen, putzen und dann schräg in 1 cm breite Stücke schneiden.
4. Pfefferschote und Knob-

lauch putzen und hacken, im Öl fein zerstoßen.
5. Bohnen im sehr heißen Butterschmalz 2 Minuten unter Rühren braten. Das Würzöl zugeben, bei milder Hitze weitere 3 Minuten zugedeckt dünsten. Evtl. mit Cayennepfeffer nachwürzen.
6. Reis mit der restlichen Zitronenschale bestreuen. Dazu passen gut Tomatenscheiben mit gehackten Zwiebeln.

Vorbereitungszeit: 60 Min.
Garzeit: ca. 35 Minuten.
Pro Portion ca. 9 g Eiweiß, 26 g Fett, 61 g Kohlenhydrate = 2204 Joule (527 Kalorien)

VOLLREIS

Kräuter-Reis-Salat

Für 4 Portionen:
125 g Langkorn-Vollreis
Vollmeersalz
250 g Spargel
1 Zwiebel (fein gewürfelt)
3 El Obstessig
Pfeffer a. d. Mühle
5 El Öl (kaltgepreßt)
50 g Kürbiskerne
2 Handvoll gemischte Gartenkräuter
250 g rosa Champignons
3 Eier (hartgekocht)

1. Den Reis waschen, in reichlich ¼ l Wasser mit Salz ca. 30 Minuten zugedeckt ausquellen lassen.
2. Inzwischen den Spargel schälen und roh in dünne Scheiben schneiden, die Köpfe ganz lassen (oder schon gekochten Spargel in Stücke schneiden).
3. Aus Zwiebel, Essig, Salz, Pfeffer und Öl eine Salatsauce rühren.
4. Reis, Spargel und die Kürbiskerne in der Sauce wenden und zugedeckt durchziehen lassen, bis der Reis abgekühlt ist.
5. Die Kräuter hacken. Die Champignons putzen, abreiben und in Scheiben

schneiden. Unter den Salat mischen.
6. 5 Minuten durchziehen lassen, dann mit Eispalten garniert servieren.
Tip: Besonders herzhaft wird die Sauce, wenn man 1 El Öl durch Kürbiskernöl ersetzt.

Vorbereitungszeit: 40 Min.
Garzeit: ca. 30 Minuten
Pro Portion ca. 16 g Eiweiß, 27 g Fett, 26 g Kohlenhydrate = 1749 Joule (418 Kalorien)

VOLLREIS

Eine Kombination, wie man sie in Indien liebt: Reis, Curry und Aprikosen, das Ganze gemischt mit geröstetem Sesam. (Rezept zum Foto Seite 67)

Reiscurry mit Aprikosen

Für 4 Portionen:
250 g Langkorn-Vollreis
Vollmeersalz
200 g Zwiebeln
80 g Butter
400 g Aprikosen
1 bis 2 El Curry (mild)
3 El Apfeldicksaft
40 g Sonnenblumenkerne
20 g Sesamsaat
1 El Zitronenmelisse

1. Den Reis waschen, in gut ½ l gesalzenem Wasser 30 Minuten zugedeckt ausquellen lassen.
2. Inzwischen die Zwiebeln pellen und in Längsspalten schneiden. In der Butter zugedeckt ungefähr 10 Minuten dünsten.
3. Aprikosen waschen, entsteinen und in Stücke schneiden. Zu den Zwiebeln geben, alles weitere 5 Minuten dünsten.
4. Curry über Zwiebeln und Aprikosen stäuben und un-

termischen, mit Apfeldicksaft würzen.
5. Den Reis unterheben, mit Curry abschmecken und 5 Minuten zugedeckt ziehen lassen.
6. Die Sonnenblumenkerne und Sesam ohne Fett hellbraun rösten und über den Curry streuen.
7. Mit Melisseblättchen garnieren und servieren.

Vorbereitungszeit: 30 Min.
Garzeit: 20 Minuten
Pro Portion ca. 11 g Eiweiß, 28 g Fett, 68 g Kohlenhydrate = 2468 Joule (590 Kalorien)

Reis: Mit Silberhäutchen am gesündesten

„Zum Frühlingsfest säte Kaiser Shen-nung mit eigener Hand Reis aus." So heißt es in dem ältesten schriftlichen Dokument, in dem die Graspflanze mit dem lateinischen Namen Oryza sativa erwähnt wird. Die Chronik stammt aus China und wurde um das Jahr 2800 vor Christus geschrieben. Reis ist eine der ältesten Kulturpflanzen der Erde.

Heute wird Reis überall da angebaut, wo er heißes Klima und genügend Wasser vorfindet. Zur Blütezeit braucht die Reispflanze nämlich rund 30 Grad Celsius. Und um 1 kg Reis zu ernten, benötigt man 3000 bis 10 000 l Wasser. Seine Hauptanbaugebiete liegen wie zu Kaiser Shen-nungs Zeiten im asiatischen Raum, wo 95 Prozent der Welternte wächst. Die restlichen Prozente teilen sich die USA, Brasilien, ein paar arabische und afrikanische Staaten, Spanien und Italien. Trotzdem sind die USA der größte und wichtigste Exporteur. Der Grund: In den asiatischen Ländern ist Reis Hauptnahrungsmittel, die Menschen verbrauchen ihren Reis selbst. In den westlichen Ländern ist er dagegen ein Nahrungsmittel unter vielen.

Reis: Die wichtigsten Sorten

Es gibt mindestens 4000 Reissorten. Für den Verbraucher sind allerdings nur drei Hauptgruppen wichtig: Langkorn, Mittelkorn und Rundkorn. Diese Sorten unterscheiden sich nach Form und nach Kocheigenschaften.
Langkornreis ist 6–8 mm lang und etwa 1,5 mm dick. Er wird durchs Kochen trocken und körnig.
Rundkornreis ist 4–6 mm lang und 2–3 mm dick. Durchs Kochen wird er weich und klebrig. Ihn nimmt man hauptsächlich für Süßspeisen.
Mittelkorn ist genauso lang wie Langkornreis, aber wesentlich dicker. In seiner Kocheigenschaft nimmt er eine Mittelstellung zwischen Rundkorn-

Bis zur Reife müssen die Reispflanzen im Wasser stehen.

Das alles steckt in Reis

	Natur- oder Vollreis	Geschälter Reis	Parboiled-Reis	Täglicher Bedarf
Kohlenhydrate	77,0 g	80,0 g	80,0 g	500 g
Eiweiß	8,0 g	7,0 g	7,0 g	85 g
Fett	2,0 g	0,4 g	0,3 g	60 g
Ballaststoffe	0,9 g	0,3 g	0,2 g	–
Vitamin B₁	0,350 mg	0,06 mg	0,34 mg	1,5 mg
Vitamin B₂	0,006 mg	0,03 mg	0,05 mg	2,5 mg
Vitamin PP	6,000 mg	1,90 mg	4,90 mg	16,0 mg
Phosphor	221,000 mg	94,00 mg	200,00 mg	1400,0 mg
Kalium	214,000 mg	92,00 mg	150,00 mg	3900,0 mg
Calcium	32,000 mg	24,00 mg	30,00 mg	900,0 mg
Kalorien	360	363	369	

(Alle Werte sind auf 100 g rohen Reis gerechnet).

VOLLREIS

Natur- und Vollreis, der noch vom Silberhäutchen umgeben ist, sieht nicht etwa silbrig, sondern bräunlich aus. Es gibt ihn als Rundkorn (oben) und als Langkorn (unten).

Das Häutchen, das den ungeschälten Reis umgibt, ist ölhaltig, darum sollten Sie ihn trocken und im verschlossenen Gefäß aufbewahren und nicht zu lange lagern.

Die Reispflanze gehört zur Familie der Gräser. Sie wird bis 1,20 m hoch und entwickelt einen schlanken Halm, der lange Rispen mit zahlreichen Körnern trägt. Reis gedeiht vorwiegend in tropischen und subtropischen Gebieten.

und Langkornreis ein. Sein bei uns wichtigster Vertreter: der italienische Avorio, der besonders für Risotto geeignet ist.

Reis: Darum schält man ihn

Weißreis. Wie alle anderen Getreidearten auch ist Reis ein hochwertiges Produkt der Vollwertküche. Das heißt, er wäre es, wenn nicht irgendwann einmal jemand auf die Idee gekommen wäre, ihn zu schälen und ihn damit von Keim und der ihn umgebenden Silberhaut zu befreien. Zugegeben, der zuerst geschälte und dann polierte Reis hat Vorzüge: Er sieht ansehnlich aus. Vor allem aber, er ist unbegrenzt haltbar. Dafür aber schmeckt er fade, und er hat kaum noch Vitamine und Mineralstoffe – die sitzen nämlich alle in Silberhaut und Keim. Darum erkranken auch heute noch in den asiatischen Ländern viele Menschen an der Vitamin-B-Mangelkrankheit Beri-Beri, weil sie sich in der Hauptsache von geschältem Reis ernähren.

Vollreis, Braunreis oder **Naturreis** dagegen ist noch von Silberhäutchen und Keim umgeben. Er besitzt alle Vitamine, Mineralstoffe und Ballaststoffe. Und er schmeckt viel würziger als der geschälte Reis. Allerdings: Er hat eine wesentlich längere Garzeit als polierter Reis oder Weißreis. Vor allem aber: Da das Silberhäutchen fetthaltig ist, wird er relativ schnell ranzig und verdirbt. Darum sollten Sie nur hochwertige Markenprodukte kaufen, bei denen Sie davon ausgehen können, daß Sie frische Ware aus der letzten Ernte bekommen.

Der Parboiled-Reis stellt so eine Art Mittelding dar. Er ist zwar kein waschechtes Produkt der Vollwertküche, weil er wie der weiße Reis geschält ist. Er enthält aber noch einen Großteil der Vitamine und Mineralstoffe des Vollreis, sie wurden vor dem Schälen durch ein besonderes Verfahren in den Kern hineingepreßt.

So gesund ist Vollreis

Reis besteht in der Hauptsache aus Kohlenhydraten, und zwar in der Form von Reisstärke, die besonders leicht verdaulich ist. Darum ist er eine Grundlage vieler Diäten, vor allem für Erkrankungen der Verdauungsorgane. Besonders günstig für die Ernährung ist aber sein hoher Anteil an Mineralstoffen, vor allem an Kalium, das ja einen entscheidenden Anteil am Funktionieren unseres gesamten Stoffwechsels hat.

Schlank durch Reis

Reis enthält nur einen geringen Anteil an Natrium, dafür aber reichlich Kalium. Kalium fördert den Stoffwechsel und schwemmt Wasser aus. Mit einer Reisdiät können Sie schnell abnehmen: Zwei Tage lang je 250 g Vollreis ohne Salz gekocht, dazu ungesüßte Säfte, Obst o. Kräuter u. gedünstetes Gemüse.

VOLLREIS

Doris-Katharina Hessler vom Restaurant Hessler in Maintal-Dörningheim kreierte dieses Reis-Dessert.

Beerenreis auf Champagnersabayon

*Für 6 Portionen:
250 g Rundkorn-Vollreis
Vollmeersalz, ½ l Milch
1 Vanilleschote
Schale von 1 Orange
(unbehandelte Frucht)
150 g Waldhonig
4 Eigelb (Gew.-Kl. 2)
8 cl Himbeergeist
200 ccm Champagner
150 g Himbeeren
100 g Heidelbeeren
350 g Erdbeeren
50 g Pinienkerne
50 g Pistazienkerne (ganz)
30 g Pistazienkerne
(gehackt)*

1. Den Reis kurz waschen, in ½ l Salzwasser 20 Minuten kochen.
2. Die Milch erhitzen, die aufgeschlitzte Vanilleschote und die Orangenschale darin 20 Minuten ziehen lassen.
3. Abgetropften Reis zugeben, zugedeckt 25 Minuten ausquellen lassen.
4. Schote und Schale entfernen. Reis mit 50 g Honig süßen.
5. Eigelb mit restlichem Honig, Himbeergeist und Champagner über einem warmen Wasserbad zu einer dicklich-schaumigen Creme aufschlagen.
6. Sabayon im Eiswasserbad kaltschlagen, auf Teller verteilen.
7. Reis mit gewaschenen, geputzten Beeren, Pinien- und Pistazienkernen mischen, auf dem Sabayon verteilen.
8. Mit gehackten Pistazien bestreuen und servieren.

Vorbereitungszeit: 20 Min.
Garzeit: 45 Minuten
Pro Portion ca. 13 g Eiweiß, 19 g Fett, 67 g Kohlenhydrate = 2277 Joule (544 Kalorien)

HIRSE

Zur Hirse-Möhren-Pfanne gibt es wachsweich gekochte Eier und eine Petersiliensauce. Das Rezept finden Sie auf Seite 80.

Hirse-Möhren-Pfanne mit Petersiliensauce
Hirse-Brei mit Obst und Mandeln
Hirse-Soufflé mit Quarksauce
Zuckerschoten-Hirse-Salat
Hirse-Quark-Klöße mit Wirsinggemüse
Hirse-Blinis mit Spargel und Sprossen
Kleine Hirse-Warenkunde

HIRSE

Hirse-Brei mit Obst und Mandeln

Für 4 Portionen:
100 g Hirse
80 g Rosinen
4 El Orangensaft
1 El Zitronensaft
¼ l Milch
1 Prise Vollmeersalz
1 Tl Honig
40 g gehackte Mandeln
1 El Hirseflocken
¼ l Schlagsahne
2 Äpfel
2 Bananen
40 g Sonnenblumenkerne
evtl. 4 Erdbeeren
zum Garnieren

1. Hirse und Rosinen heiß abwaschen. Orangensaft und Zitronensaft in einer Schüssel mischen. 2 El Rosinen darin einweichen.

2. Restliche Rosinen und die Hirse in der Milch mit einer Prise Salz und dem Honig zugedeckt bei milder Hitze ca. 20–25 Minuten ausquellen lassen, bis die Milch fast aufgenommen worden ist.

3. Abkühlen lassen, dann Mandeln und Hirseflocken unterrühren. Die Sahne halbsteif schlagen und unterheben.

4. Die Äpfel waschen und fein würfeln (oder grob raffeln). Die Bananen schälen und in Scheiben schneiden. Die Früchte in der Saftmischung wenden.

5. Das Müsli auf Teller geben, die Früchte rundherum verteilen. Mit Sonnenblumenkernen bestreuen, evtl. mit einer Erdbeere garnieren.

Vorbereitung: ca. 15 Min.
Garzeit: ca. 20–25 Minuten
Pro Portion ca. 13 g Eiweiß, 34 g Fett, 57 g Kohlenhydrate = 2527 Joule (604 Kalorien)

HIRSE

Hirse-Soufflé mit Quarksauce

Für 4 Portionen:
150 g Hirse
½ Tl Vollmeersalz
2 Eier (Gewichtskl. 2)
2 El Honig
100 g gehackte Mandeln
Butter für die Form
250 g Sahnequark
⅛ l Schlagsahne
2 Vanilleschoten
500 g Erdbeeren
4 El Ahornsirup

1. Die Hirse heiß abwaschen und in ½ l Wasser mit dem Salz zugedeckt bei milder Hitze 20–25 Minuten ausquellen lassen. Dann etwas abkühlen lassen.

2. Eier trennen. Eigelb und Honig unter die Hirse rühren. Mandeln anrösten und zugeben.

3. Das Eiweiß sehr steif schlagen. Ein Drittel davon mit einem Schneebesen unter die Masse rühren.

Restlichen Eischnee mit einem Spatel unterheben.

4. Eine flache, ofenfeste Form mit Butter ausfetten, die Masse einfüllen. Bei 175 Grad (Gas 2) auf der mittleren Einschubleiste ca. 30 Min. backen.

5. Quark mit der Sahne und dem ausgekratzten Mark der Vanille mischen.

6. Die Erdbeeren waschen, putzen und vierteln und im Ahornsirup wenden. Mit der Quarksauce zum heißen Soufflé servieren.

Vorbereitung: ca. 45 Min.
Garzeit: 30 Minuten
Umluft: 35 Minuten bei 175 Grad
Pro Portion ca. 23 g Eiweiß, 36 g Fett, 56 g Kohlenhydrate = 2751 Joule (657 Kalorien)

HIRSE

Zuckerschoten-Hirse-Salat

Für 4 Portionen:
150 g Hirse
Vollmeersalz
250 g Zuckerschoten
1 Bund Frühlingszwiebeln
4 El Weißweinessig
weißer Pfeffer aus
der Mühle
200 ccm Öl (kaltgepreßt)
2 Eigelb (Gewichtskl. 2)
1 El Zitronensaft
1 Tl Senf
1/8 l Schlagsahne
2 Beete Kresse
300 g junge Erbsen (aus
1 kg brutto oder TK)

1. Die Hirse heiß abbrausen und in 1/2 l Wasser mit 1/2 Tl Salz mit geschlossenem Deckel 20 bis 25 Minuten bei milder Hitze ausquellen lassen. Dann kalt werden lassen.

2. Inzwischen die Zuckerschoten waschen und abfädeln. Die Frühlingszwiebeln putzen, waschen und in Ringe schneiden. Dabei etwa 1/3 vom Grün mitverwenden.

3. Aus Essig, Salz, Pfeffer und 7 El Öl eine Vinaigrette rühren. Frühlingszwiebeln und Hirse in der Sauce wenden.

4. Aus Eigelb, Salz, Pfeffer, Zitronensaft, dem Senf und dem restlichen Öl eine Mayonnaise rühren. Mit der Sahne glattrühren.

5. Die Kresse vom Beet schneiden. Zuckerschoten und Erbsen mit der Kresse zur Hirse geben. Alles gut mischen. Die Mayonnaise extra servieren.

Vorbereitungszeit: 55 Min.
Garzeit: 20–25 Minuten
Pro Portion ca. 14 g Eiweiß, 55 g Fett, 42 g Kohlenhydrate = 3102 Joule (742 Kalorien)

HIRSE

Hirse-Klöße mit Wirsing

Für 4 Portionen:
150 g Butter
250 g Magerquark
3 Eier (Gewichtskl. 2)
1 Eigelb (Gewichtskl. 2)
170 g Hirseflocken
750 g Wirsing (oder Spitzkohl)
Vollmeersalz
Muskatnuß (frisch gerieben)
120 g Gouda (mittelalt)

1. 60 g weiche Butter in Flöckchen teilen und mit dem Quark verrühren.
2. 2 Eier trennen. 1 ganzes Ei und 3 Eigelb zur Quarkmasse geben. 150 g Hirseflocken unterrühren. 30 Minuten quellen lassen.
3. Den Kohl putzen, waschen und in feine Streifen schneiden. In 30 g Butter und wenig Wasser zugedeckt ca. 30 Minuten dünsten. Mit Salz und Muskatnuß würzen.
4. Den Käse fein raffeln. Das Eiweiß steif schlagen. 50 g Käse und den Eischnee unter die Hirse-Quarkmasse rühren. Mit Salz und Muskat abschmecken.
5. Mit 2 nassen Eßlöffeln Klöße formen. In sieden-

dem Salzwasser 20 Minuten ziehen lassen.
6. 20 g Hirseflocken in 60 g Butter goldbraun braten und über die Klöße geben. Mit Wirsing servieren. Den restlichen Gouda dazureichen.

Vorbereitung: ca. 30 Min.
Garzeit: Klöße 20 Minuten, Kohl 30 Minuten
Pro Portion ca. 33 g Eiweiß, 48 g Fett, 33 g Kohlenhydrate = 3028 Joule (723 Kalorien)

Unser Tip: Wenn Sie anstatt Wirsing jungen Spitzkohl nehmen, verringert sich die Garzeit um 10–15 Minuten.

HIRSE

Wenn Sie genau sehen wollen, wie die Hirse-Möhren-Pfanne aussieht: Das große Foto steht auf Seite 75

Hirse-Möhren-Pfanne mit Petersiliensauce

Für 4 Portionen:
250 g Zwiebeln
500 g Möhren
2 Frühlingszwiebeln
300 g Hirse
4 El Öl (kalt gepreßt)
¾ l Gemüsebrühe (Instant a. d. Reformhaus)
Vollmeersalz
60 g Butter
30 g Hirsemehl (selbstgemahlen)
⅛ l Schlagsahne
2 Bund glatte Petersilie
Muskatnuß (frisch gerieben)
Zitronensaft

1. Zwiebeln pellen und fein würfeln. Möhren unter fließendem Wasser abbürsten und würfeln. Frühlingszwiebeln putzen, waschen und in Ringe schneiden. Hirse heiß abbrausen.

2. Das Öl mäßig heiß werden lassen. Das ganze Gemüse darin andünsten.

3. Hirse unterrühren. Mit ½ l Gemüsebrühe auffüllen und zugedeckt 20 bis 25 Minuten bei milder Hitze garen. Mit Salz abschmecken.

4. Für die Sauce die Butter aufschäumen lassen. Das Hirsemehl unter Rühren

darin anschwitzen. Mit ¼ l Brühe und Sahne aufgießen und 10 Minuten zugedeckt bei milder Hitze kochen lassen.

5. Die Petersilie sehr fein hacken und unterziehen. Mit Salz, Muskat und etwas Zitronensaft würzen. Dazu schmecken wachsweiche Eier im Kerbel- oder Kressebett.

Vorbereitung: ca. 30 Min.
Garzeit: 25–30 Minuten
Sauce: 10 Minuten
Pro Portion ca. 13 g Eiweiß, 38 g Fett, 59 g Kohlenhydrate = 2731 Joule (653 Kalorien)

Hirse: Das Getreide mit den meisten Mineralstoffen

Die kugeligen Hirsekörner sind die kleinsten und wahrscheinlich auch die ältesten unter den sieben Getreidesorten. Ihre Urheimat ist vermutlich Indien, aber schon in vorgeschichtlicher Zeit wurden sie überall in der alten Welt kultiviert. Im Jahre 2800 vor Christus beispielsweise ließ der chinesische Kaiser Shen-Nung sie in die Liste der fünf heiligen Nahrungspflanzen aufnehmen, die bei den Frühlingsfeiern verehrt wurden. Und Samenkörner, die man bei Ausgrabungen in italienischen und schweizerischen Pfahlbauten fand, beweisen, daß auch bei uns die Menschen in der Jungsteinzeit Hirse angebaut haben müssen. Hirsefladen und Hirsebrei gehörten später zur täglichen Kost der Germanen und der Gallier. Und noch bis in die Neuzeit hinein war Hirse ein Grundnahrungsmittel vor allem der ärmeren Schichten, die sich den teureren Weizen nicht leisten konnten. Wie beliebt und verbreitet sie war, das zeigen unter anderem auch Ortsnamen wie „Hirsau", die man vor allem in Süddeutschland findet. Dann aber kamen die Entdeckungen aus der Neuen Welt, Kartoffel und Mais, in Mode, und Weizen wurde außerdem billiger. Dadurch wurde die Hirse mehr und mehr von ihrem Platz auf dem Speiseplan verdrängt. Heute kennen die meisten Leute sie nur noch aus Grimms Märchen oder als Vogelfutter. Das heißt, so ist es nur bei uns. In den trockeneren, wärmeren und armen Regionen der Erde wird Hirse im-

Hirse: Getreide der armen Regionen
Hirse ist eine genügsame Pflanze, die auch lange Trockenperioden durchhalten kann. Deshalb baut man sie vorwiegend in trockenen, armen Regionen in Afrika und Asien an.

HIRSE

An keinem anderen Getreide reifen so viele Körner wie an dem Fruchtstand einer Hirsepflanze.

Hirsekörner werden in der Regel geschält angeboten, weil die harte Fruchtschale nicht verdaulich ist.

Hirseflocken kann man ebenso verwenden wie Haferflocken – und sie schmecken auch ebenso gut.

mer noch in großen Mengen angebaut. Was die Anbaufläche anbelangt, nimmt Hirse weltweit nach Weizen und Reis immer noch die dritte Stelle ein.

Hirse: ein Sammelbegriff für viele Getreidearten

Wie die anderen Getreidesorten auch, gehört Hirse zu der großen Familie der Gräser. Wobei es streng genommen besser wäre, nicht von „der Hirse" in der Einzahl, sondern von „den Hirsen" in der Mehrzahl zu sprechen. Denn mit dem Begriff „Hirse" bezeichnen wir eine Vielzahl unterschiedlicher Getreidepflanzen. Manche Hirsepflanzen sind so zart wie Gräser, andere können bis zu vier Meter hoch werden und sehen dem Mais zum Verwechseln ähnlich. Die Blütenstände können wie lockere Rispen aussehen oder aber wie kompakte Kolben. Wie unterschiedlich die Pflanzen auch aussehen mögen: Ihre Körner sind in Form und innerer Struktur immer gleich.

Hirse: das kleinste und mineralstoffreichste Korn

Wie schon gesagt, das Hirsekorn ist das kleinste unter den Körnern. Und zugleich auch mit das gesündeste. Hirse enthält mehr Fett als die anderen Getreide (und zwar 5 Prozent, in der Mehrzahl mehrfach ungesättigte Fettsäuren) und mehr Mineralstoffe als alle anderen Getreidesorten. Das sind in der Hauptsache Magnesium, Kalzium, Phosphor, Fluor und Eisen. Mit 50 g Hirse können Sie Ihren täglichen Bedarf an Eisen, mit 100 g Ihren Tagesbedarf an Fluor decken (Fluor ist wichtig für Wachstum und Gesunderhaltung der Zähne). Außerdem stecken in ihr reichlich Lezithin und Vitamin A, B_1, B_2 und E. Und nicht zu vergessen: ihr hoher Gehalt an Kieselsäure, die bei der Gesunderhaltung von Augen und Haut eine so wichtige Rolle spielt. Wer „Schönheitspflege von innen" betreiben will, sollte darum regelmäßig Hirse essen. Und da sie darüber hinaus noch so leicht verdaulich ist, und ausgezeichnet schmeckt, ist sie besonders allen Anfängern in Sachen Vollwertkost zu empfehlen.

Hirse: So kann man sie kaufen

Die meiste Hirse, die es bei uns zu kaufen gibt, wird als Vogelfutter gebraucht. Es sind in der Regel die Körner der Borsten- oder Kolbenhirse. Die hellgelben Hirsekörner, die wir als Speisehirse kaufen, sind hauptsächlich Samen der Rispenhirse (lat. Panicummiliaceum), die in den Donauländern, im Mittelmeerraum und in China angebaut wird, aber auch Körner aus anderen Sorten, zum Beispiel aus der Gruppe der Sorghum-Hirsen. Die Körner sind immer geschält, also ohne Fruchtschale, weil die Schale nicht genießbar ist. Daß die geschälten Körner aber trotzdem zur Vollwertkost zählen, läßt sich ganz einfach beweisen: Man kann geschälte Hirse zum Keimen bringen, genau wie ungeschälten Samen. Neben den ganzen Hirsekörnern gibt es auch Hirseflocken zu kaufen, die Sie ähnlich wie Haferflocken verwenden können, zum Beispiel für Brei, Müsli, für Pfannkuchen oder Aufläufe.

Ganz einfach: der Umgang mit Hirse

Ähnlich wie zum Beispiel Reis enthält auch die Hirse kein Gluten. Das ist das kleberhaltige Eiweiß, das Weizenmehl beim Backen die Bindung gibt. Mit Hirse allein kann man darum kein lockeres Brot backen, nur festes Fladenbrot oder

> **Ebenso köstlich wie Risotto: Hirsotto**
> *Einen Hirsotto macht man genauso wie Risotto: Zwiebeln in Fett andünsten, Hirse zugeben, mit andünsten. Dann die doppelte Menge Brühe auffüllen und ca. 30 Minuten garen. Mit Erbsen oder Pilzen, Kräutern und frisch geriebenem Käse servieren.*

Pfannkuchen. Die Hirse schmeckt aber mit ihrem kräftigen, nussigen Aroma ausgezeichnet im Brot, wenn ihr Weizen- und Roggenmehl beigemischt sind. Ansonsten können Sie mit Hirse ungefähr dieselben süßen und pikanten Gerichte machen wie mit Reis. Sie schmeckt als Beilage zu Gemüse ebenso wie in Aufläufen oder as Salaten. Und man handhabt sie auch genau wie Reis. Nur: Man sollte sie vor dem Gebrauch mit heißem Wasser abwaschen, um alle eventuell vorhandenen Staubpartikelchen zu entfernen.

HIRSE

Hirse-Blinis mit Spargel und Sprossen

Für 4 Portionen:
4 El Hirsemehl (selbstgemahlen)
100 ccm Milch,
Vollmeersalz, 1/2 Tl Honig
2 Eier, 3 El Hirse (gekocht)
60 g Butterschmalz
2 El grüner Pfeffer
2 El Schnittlauchröllchen
4 El Zitronensaft
Pfeffer, 2 El Olivenöl
5 El Sonnenblumenöl
je 4 El Alfalfasprossen, Radieschensprossen, Linsenkeime, Kichererbsen-, Azukibohnenkeime
20 Spargelspitzen (gedünstet)

1. Das Hirsemehl mit der Milch, einer Prise Salz und dem Honig gut verrühren. Kurz erhitzen und bei Zimmertemperatur ca. 3 Stunden ausquellen lassen.
2. Die Eier trennen. Eigelb und die gekochte Hirse unter die Hirsemilch rühren. Das Eiweiß steif schlagen und unterheben.
3. Etwas Butterschmalz in einer Pfanne erhitzen. Nacheinander darin viermal je 5 Blinis von ca. 6 cm Durchmesser backen. Jeweils auf die noch feuchte Oberfläche vor dem Wenden etwas grünen Pfeffer und Schnittlauchröllchen verteilen. Warm halten.
4. Aus Zitronensaft, Salz, Pfeffer und dem Öl eine Vinaigrette rühren. Sprossen, Keime und Spargelspitzen nacheinander darin wenden und abtropfen lassen. Dann mit den Blinis auf einem Teller anrichten und sofort servieren.

Vorbereitung: ca. 20 Min.
Garzeit: ca. 5 Minuten pro Pfanne
Pro Portion ca. 10g Eiweiß, 41 g Fett, 22 g Kohlenhydrate = 2153 Joule (515 Kalorien)

Zeigt, wie nobel Hirse schmecken kann: Günter Scherrer vom „Victorian" in Düsseldorf.

MAIS

Ebenso wohlschmeckend wie gesund: Salat aus Mais, Palbohnen, Schafskäse und Oliven. Rezept auf Seite 88.

Maissalat mit Schafskäse

Maisrahmsuppe mit Pfifferlingen

Maiskolben mit Bohnenpüree

Polenta mit Mandelkruste

Polenta-Fladen mit Joghurtdip

Mais mit Mungokeimen

Warenkunde

MAIS

Maisrahmsuppe mit Pfifferlingen

Für 4 Portionen:
2 Maiskolben (ca. 400 g)
250 g Pfifferlinge
1 Bund Frühlingszwiebeln
100 g Butter
50 g Polenta
(feiner Maisgrieß)
3/4 l Gemüsebrühe
(Reformhaus)
1/8 l Schlagsahne
Vollmeersalz
weißer Pfeffer aus der Mühle
1 Knoblauchzehe
4 Eigelb

1. Die Maiskolben putzen, 5 Minuten in kochendem Wasser garen und abkühlen lassen. Die Körner von den Kolben streifen.

2. Die Pfifferlinge putzen und waschen.

3. Die Frühlingszwiebeln putzen, waschen und schräg in dünne Ringe schneiden.

4. 50 g Butter in einem Topf aufschäumen lassen, den

Maisgrieß darin unter Rühren anschwitzen.

5. Die Gemüsebrühe zugießen. Zugedeckt bei milder Hitze 10 bis 15 Minuten kochen.

6. Sahne zugeben, mit Salz, Pfeffer und durchgepreßtem Knoblauch würzen.

7. Mais, Pfifferlinge und Frühlingszwiebeln in der restlichen Butter zugedeckt 5 Min. dünsten, mit Salz und Pfeffer würzen.

8. Suppe auf vorgewärmte Teller geben. Gemüse darauf verteilen. Auf jede Portion 1 Eigelb gleiten lassen und sofort servieren.

Vorbereitungszeit: ca. 30 Minuten
Garzeit: ca. 20 Minuten
Pro Portion ca. 9 g Eiweiß, 38 g Fett, 19 g Kohlenhydrate = 1984 Joule (475 Kalorien)

MAIS

Maiskolben mit Bohnenpüree

Für 4 Portionen:
1 Dose rote Bohnen
(EW ca. 500 g)
6 El Olivenöl
1 El Paprikapulver
(edelsüß)
⅛ l Gemüsebrühe
(Reformhaus)
2 Knoblauchzehen
Vollmeersalz
Cayennepfeffer
1 rote Paprikaschote
1 Bund Schnittlauch
8 Maiskolben
½ El Honig
30 g Butter

1. Die roten Bohnen durch die mittlere Scheibe des Fleischwolfs drehen.

2. 3 El Olivenöl in einer kleinen Pfanne mäßig warm werden lassen.

3. Paprikapulver unter Rühren vorsichtig anschwitzen, bis es Farbe abgibt.

4. Die Brühe zugießen und alles zugedeckt ca. 5 Minuten leise kochen lassen.

5. Die Bohnen mit der Paprikabrühe und dem restlichen Olivenöl verrühren.

6. Mit gepelltem, durchgepreßtem Knoblauch, mit Salz und Cayennepfeffer abschmecken.

7. Paprikaschote putzen, waschen und fein würfeln, Schnittlauch in Röllchen schneiden. Je ½ El zum Garnieren beiseite legen.

8. Den Rest mit dem Bohnenpüree verrühren. Das Püree anrichten und mit Paprika und Schnittlauch bestreuen.

9. Die Maiskolben putzen und in kochendem Wasser 5 Minuten garen. Abtropfen lassen. Mit Salz bestreuen, mit Honig und Butter bepinseln, in Alufolie wickeln und im Backofen bei 225 Grad (Gas 4) 10 Minuten backen. Mit Blattsalat zum kalten Bohnenpüree servieren.

Vorbereitungszeit:
ca. 30 Minuten
Garzeit: ca. 15 Min.
Umluft: 15 Min. b. 225 Grad
Pro Protion ca. 20 g Eiweiß,
27 g Fett, 63 g Kohlenhydrate = 2493 Joule
(595 Kalorien)

MAIS

Polenta mit Mandelkruste

Für 4–6 Portionen:
Vollmeersalz
5 EL Honig
250 g Kukuruz
(grober Maisgrieß)
60 g Butter
100 g Mandelblättchen
750 g Pflaumen
1 Tl Zimtpulver
4 El trockener Sherry

1. 1 l Wasser mit ½ Tl Salz und 1 El Honig aufkochen, den Maisgrieß unter Rühren einrieseln lassen.
2. Bei milder Hitze 5 Minuten unter Rühren kochen.
3. Ein Sieb über den Topf legen (Spritzgefahr) und die Polenta 15 Minuten ausquellen lassen. Dabei ab und zu umrühren.
4. Eine flache Auflaufform dünn ausbuttern, die Polentamasse einfüllen und glattstreichen.
5. Mit dem Holzlöffel Ver-

tiefungen in die Oberfläche drücken.
6. Die Mandelblättchen in der restlichen Butter mit 2 El Honig kurz andünsten und auf der Polentaoberfläche verteilen.
7. Bei 200 Grad (Gas 3) auf mittlerer Einschubleiste 20–25 Minuten goldbraun backen.
8. In der Zwischenzeit die Pflaumen waschen und entsteinen. Mit dem restlichen Honig, Zimt und Sherry verrühren und Saft ziehen lassen. Kalt zum heißen Polentaauflauf servieren. Eventuell Schlagsahne dazu reichen.

Vorbereitungszeit: ca. 40 Minuten (mit Ausquellen)
Garzeit: 20–25 Minuten
Umluft: 25–30 Minuten bei 175 Grad
Pro Portion (bei 4 Portionen) ca. 8 g Eiweiß, 19 g Fett, 54 g Kohlenhydrate = 1851 Joule (443 Kalorien)

MAIS

Polenta-Fladen mit Joghurtdip

Für 4 Portionen:
200 g Polenta (Maisgrieß)
200 g Weizenkörner
1 Tl Honig, 40 g Hefe
10 El Olivenöl, Salz
8 El Maiskörner (vorgegart)
4 Tomaten (gehäutet)
2 Bund Thymian (gehackt)
2 Knoblauchzehen (durchgepreßt)
2 Becher Sahnejoghurt (à 150 g), 1/8 l Schlagsahne
30 g Pistazien (gehackt)
1 Bund Basilikum

1. Polenta und Weizen fein mahlen (Getreidemühle).
2. Honig und Hefe in 1/4 l lauwarmem Wasser auflösen, mit Mehl mischen.
3. Mit 2–3 El Öl und etwas Salz verkneten, zugedeckt 20 Minuten gehen lassen.
4. Durchkneten und in zwei Teile teilen. Jedes Teil zu einem Fladen ausrollen.
5. Auf jeden Fladen 4 Eßlöffel Mais streuen, mit der Kuchenrolle einrollen. To-

maten grob hacken, auf den beiden Fladen verteilen.
6. 5 El Öl mit Thymian und Knoblauch verrühren und über die Fladen träufeln.
7. Fladen bei 175 Grad (Gas 2) auf der mittleren Einschubleiste backen.
8. Joghurt mit Sahne, Pistazien, zerrupftem Basilikum und dem restlichen Öl verrühren. Mit Salz würzen. Extra dazu servieren.

Vorbereitung: ca. 30 Min.
Backzeit: 25–30 Minuten
Uml.: 30–35 Min. bei 150°
Pro Portion ca. 25 g Eiweiß, 54 g Fett, 83 g Kohlenhydrate = 3971 Joule (948 Kalorien)

MAIS

Mais: Das Getreide aus der Neuen Welt

Köstlicher Abendimbiß aus Mais, Palbohnen, Schafskäse und Oliven. Rezept zum Foto Seite 83

Mais ist das Getreide der Neuen Welt. Er spielt für die Entwicklung der indianischen Hochkulturen eine ähnlich wichtige Rolle wie Gerste und Weizen für die Entstehung unserer Zivilisation. Mais wurde schon 4000 Jahre vor Christi Geburt angebaut, das beweisen Gräberfunde aus Mexiko. Als Kolumbus in der Neuen Welt landete, da fand er schon überall ausgedehnte Plantagen mit „einer Art Weizen, Mahiz genannt, der sehr schmackhaft ist", wie sein Sohn in seinem Tagebuch notiert.
Wie Kartoffeln und Tomaten brachten die Spanier auch den Mais mit nach Europa, wo er schnell populär wurde. Vor allem auf dem Balkan und in der Türkei. Weshalb Mais denn auch bald schon Türkenkorn oder Kukuruz genannt wurde.

Kleine Mais-Botanik

Mais gehört zu der großen Familie der Gräser. Die Pflanze, die bis zu 3 m hoch werden kann, ist einjährig und entwickelt männliche und weibliche Blütenstände. Der männliche Blütenstand in Form einer reichverzweigten Rispe sitzt an der Stengelspitze, der weibliche in Form eines Blütenkolbens sitzt in den Blattachsen. Aus ihm entwickelt sich später der Maiskolben. Der weibliche Blütenkolben ist von zahlreichen Blättern, den Lieschen, eingehüllt. Damit die Blüten befruchtet werden können, verlängern sich ihre Blütennar-

Maissalat mit Schafskäse

Für 4 Portionen:
150 g Palbohnen
(oder über Nacht eingeweichte weiße, getrocknete Bohnen)
4 Maiskolben (ca. 800 g)
Zucker
Vollmeersalz
2 rote Zwiebeln
6 El Obstessig
Pfeffer aus der Mühle
6 El Olivenöl
1 Bund glatte Petersilie
1 Bund Bohnenkraut
300 g Schafskäse
100 g schwarze Oliven

1. Palbohnen in 1/4 l Wasser zugedeckt bei milder Hitze ca. 30 Minuten garen (eingeweichte Trockenbohnen mit 1/2 l Wasser 1 1/2 Stunden garen).
2. Die Maiskolben putzen und in kochendem Wasser mit einer Prise Zucker ca. 8 Minuten garen. Bohnen und Mais erst zu Ende der Kochzeit salzen, sonst werden sie nicht weich.
3. Die Zwiebeln pellen und würfeln.
4. Essig, Salz, Pfeffer und Öl verrühren, Zwiebelwürfel hineingeben.
5. Die lauwarmen Bohnen samt Bohnenbrühe zugeben und 15 Minuten darin ziehen lassen.
6. Inzwischen die Kräuter waschen und trockenschütteln, die Blätter von den groben Stielen zupfen. Die Maiskörner von den Kolben streifen.
7. Kräuter und Mais zu den Bohnen geben. Alles mischen und mit Salz und evtl. Essig abschmecken.
8. Den Schafskäse würfeln. Den Salat abwechselnd mit Käse und Oliven einschichten. Dazu paßt geröstetes Knoblauchbrot.

Vorbereitungszeit:
ca. 45 Minuten
Garzeit: Bohnen 30 Min.,
Mais 8 Minuten
Pro Portion ca. 23 g Eiweiß, 44 g Fett, 31 g Kohlenhydrate = 2677 Joule (640 Kalorien)

Mais hat männliche und weibliche Blüten. Die männlichen bilden an der Stengelspitze eine Rispe, die weiblichen weiter unten einen Kolben, den späteren Maiskolben.

MAIS

Kukuruz: Feines, griffiges Mehl und grobe Maisbestandteile

Polenta: Grieß, der aus dem ganzen Maiskorn gewonnen wird

ben zu langen Fäden, die wie ein seidiger Pinsel aus der Blatthülle hängen.

Das Wichtigste über die Sorten

Die für den Verbraucher wichtigsten Unterscheidungen: Körner- oder Feldmais (bot. Zea mays), aus dem Maismehl und -stärke gewonnen wird, Gemüse- oder Zuckermais (bot. Zea mays saccharata) und Puffmais (Zea mays everta), aus dem man Popcorn macht.

Der meiste Mais, der weltweit geerntet wird, ist übrigens der Feld- oder Körnermais. Er wird geerntet, wenn die Körner vollreif und hart sind. Dasselbe gilt auch für den Puffmais.

Eine Sonderstellung nimmt der Gemüse- oder Zuckermais ein. Er sieht zwar ganz wie der Feldmais aus, unterscheidet sich aber von ihm in einem winzigen, aber entscheidenden Detail: Infolge einer Gen-Veränderung kann sich der im Korn befindliche Zucker nicht mehr so schnell in Stärke verwandeln, wie das beim Feldmais der Fall ist. Dadurch kommt es zu einer Art Zuckerstau, wenn das Korn sich im Stadium der Milchreife befindet. Folge: Milchreifer Zuckermais schmeckt angenehm süß, während Feldmais im selben Reifestadium schon nach Getreide schmeckt.

Zuckermais: Wie man ihn behandelt

Zuckermais wird im Stadium der Milchreife geerntet. Dann sind seine Körner ungefähr 3 cm an der Kolbenspitze noch cremefarben und unreif, der Rest sieht glänzend gelb aus. Wenn man ein Korn mit dem Nagel eindrückt, spritzt ein milchiger Saft heraus. Wenn die Kolben mit ihren Deckblättern angeboten werden, müssen die Blätter noch frisch aussehen und die Narbenfäden dürfen noch nicht gänzlich trocken sein.

Verbrauchen Sie die Maiskolben so bald wie möglich. Die Umwandlung von Zucker in Stärke ist zwar gebremst, schreitet aber trotzdem fort.

Milchreifer Mais schmeckt sowohl roh wie gekocht oder gebacken beziehungsweise gegrillt. Wenn Sie ihn kochen, dann nie in Salzwasser! Salz macht die Körner nämlich hart. Tun Sie dafür einen Teelöffel Zucker ins Wasser. Das intensiviert das Maisaroma. Gesalzen wird erst ganz zum Schluß.

Besonders delikat: gekochte oder gegrillte Maiskolben, mit Salzbutter serviert.

Mais läßt sich ausgezeichnet mit anderen Gemüsen kombinieren, zum Beispiel mit Tomaten, mit Erbsen

So macht man Popcorn

Auch Popcorn ist Vollwertkost. Die Körner bekommen Sie in Lebensmittelgeschäften. Und so wird es gemacht: In einem Topf Öl stark erhitzen, dann Hitze reduzieren und Maiskörner hineingeben, daß sie den Boden bedecken. Deckel schließen. Die fertigen Körner mit Salz oder etwas Zucker würzen.

oder mit Pilzen. Ernährungsphysiologisch besonders wertvoll: die Kombination von Mais mit Bohnenkernen. Ihr Eiweiß ergänzt sich nämlich ausgesprochen gut.

Körnermais: Wozu man ihn braucht

Der größte Teil des Körner- oder Feldmais, der weltweit angebaut wird, dient als Tierfutter.

Die Industrie braucht Maismehl, Maisstärke und Maisgrieß unter anderem bei der Herstellung von Fertignahrung von Suppen bis zu Babykost, von Snacks und Corn-flakes. Sie verwendet aber nur den geschälten, vom Keim befreiten Kern des Maiskorns.

Aus den Maiskeimen wird ein hochwertiges Öl hergestellt, das Maiskeimöl. Vollwertprodukte aus Mais bekommen Sie im Reformhaus: Maismehl (Kukuruz) und Maisgrieß (Polenta). Beide sind aus dem ganzen Korn gemahlen.

Maismehl und Maisgrieß sind kräftig nussig im Geschmack und lassen sich ausgezeichnet zu Aufläufen, Brei (Polenta) oder Klößen verarbeiten. Da Mais keinen Kleber enthält, kann man mit seinem Mehl nur backen, wenn man es zum Beispiel mit Weizenmehl mischt. Der Vorzug dieses Kleber-Mangels: Dadurch wird Mais besonders gut verdaulich.

So behandeln Sie die Maiskolben: Als erstes wird die Spitze mit den unreifen, blassen Körnern mit einem scharfen Messer abgeschnitten.

Dann faßt man den Kolben am Stielansatz an und streift mit dem Messer die Körner rundherum ab.

So gesund ist Mais

Was die Inhaltsstoffe angeht, ist der frische Zuckermais in etwa mit den Zuckererbsen zu vergleichen. Pro 100 g enthält er 2,3 g hochwertiges Eiweiß, 1,2 g Fett, 19,2 g Kohlenhydrate. Er ist reich an Vitaminen der B-Gruppe, Vitamin C, an Phosphor und Magnesium. Sein Kaloriengehalt: 107 Kalorien in 100 g. Beim geernteten, getrockneten Mais sind es ungefähr die dreieinhalbfache Menge an Inhaltsstoffen und auch an Kalorien.

MAIS

Heinz Wehmann vom Landhaus Scherrer in Hamburg kochte Mais mit Mungokeimen auf Tomaten-Concassée.

Mais mit Mungokeimen

Für 4 Portionen:
2 Maiskolben (ca. 400 g)
80 g Butter
Vollmeersalz
weißer Pfeffer a. d. Mühle
½ El Honig
1 Schalotte
250 g Fleischtomaten (gehäutet und gewürfelt)
1 Bund Basilikum
200 g Mungokeimlinge
4 große rosa Champignons (ca. 150 g)

1. Die Maiskolben putzen und in kochendem Wasser 5 Minuten vorgaren.

2. Kolben mit 20 g flüssiger Butter bepinseln, mit Salz und Pfeffer würzen. In Alufolie wickeln, bei 200 Grad (Gas 3) auf der mittleren Schiene 10 Min. backen.

3. Folie öffnen, Kolben rundum mit Honig bepinseln, 5 Minuten offen glasieren, zwischendurch wenden.

4. Kolben mit einem scharfen Messer längs halbieren und jeweils schräg in 6 Stücke schneiden.

5. Während die Maiskolben backen, die Schalotte pellen und würfeln. In 20 g Butter glasig dünsten. Tomatenwürfel zugeben. Zugedeckt 5 Minuten garen. Mit Salz, Pfeffer und zerrupften Basilikumblättern würzen.

6. Keimlinge abbrausen und abtropfen lassen. Pilze putzen und abreiben, in Scheiben schneiden.

7. Beides getrennt in je 20 g Butter braten. Mit Salz und Pfeffer würzen.

8. Mais auf einem Tomatenkranz anrichten. Mungokeimlinge und Pilze in die Mitte geben.

Vorbereitungszeit: 20 Min.
Garzeit: ca. 20 Minuten
Umluft: 15 Min. b. 200 Grad
Pro Portion ca. 6 g Eiweiß, 18 g Fett, 21 g Kohlenhydrate = 1125 Joule (269 Kalorien)

VOLLKORNNUDELN

Tagliatelle mit Buchweizenbutter und Käse. Rezept auf Seite 96.

Tagliatelle mit Buchweizenbutter
Vollkornspaghetti mit Pesto
Lasagne mit Spinat und Kräutersauce
Roggenspätzle mit Gemüse
Cannelloni mit Tomaten- und Käsesauce
Roggennudeln in Pilzrahm
Vollkornnudeln selbstgemacht

VOLLKORNNUDELN

Vollkornspaghetti mit Pesto

Für 4 Portionen:
400 g Vollkornspaghetti (oder selbstgemachte Grünkernspaghetti, Rezept siehe Seite 96)
Vollmeersalz
5 El Olivenöl
1 Bund glatte Petersilie
4 Bund Basilikum
50 g Parmesan
30 g Pinienkerne
1 Knoblauchzehe
schwarzer Pfeffer aus der Mühle

1. Die Spaghetti nach Anweisung in siedendem Salzwasser mit 1 El Olivenöl garen und in einem Durchschlag abtropfen lassen. Die selbstgemachten Grünkernspaghetti haben, vor allem wenn sie noch frisch sind, eine etwas kürzere Garzeit. Bitte nur so lange garen, bis sie bißfest sind.

2. Die Kräuter verlesen. Kurz waschen und trockenschütteln, dann fein hacken.

3. Parmesankäse fein reiben, Pinienkerne mahlen.

4. Die Knoblauchzehe pellen und durchpressen.

5. Die vorbereiteten Kräuter, 2 El Parmesan, Pinienkerne und Knoblauch mit

dem restlichen Olivenöl im Mörser fein zerstoßen oder alles sehr fein hacken und verrühren.

6. Pesto mit Salz und Pfeffer würzen und die Nudeln darin wenden. Den restlichen Parmesan über die Spaghetti streuen.

Vorbereitungszeit: 20 Min.
Garzeit: nach Anweisung
Pro Portion etwa 22 g Eiweiß, 22 g Fett, 66 g Kohlenhydrate = 2339 Joule (560 Kalorien)

VOLLKORNNUDELN

Lasagne mit Spinat und Kräutersauce

Für 4–6 Portionen:
350 g Lasagneblätter
(oder selbstgemachte
Vollkornlasagne, siehe
Rezept Seite 97)
Vollmeersalz, 4 El Olivenöl
1 Ds. Tomaten (800 g EW)
1 El Honig
Cayennepfeffer
1 kg Wurzelspinat
50 g Butter
40 g Weizenvollkornmehl
1/8 l Milch
1/4 l Schlagsahne
8 El gehackte Kräuter
150 g Gruyère (geraffelt)

1. Nudeln nach Anweisung in siedendem Salzwasser mit 1 El Öl garen, zum Abtropfen nebeneinander auf ein Tuch legen.
2. Restliches Öl erwärmen, abgetropfte, grob gehackte Tomaten zugeben.
3. Mit Salz, Honig, Cayenne würzen, 10 Min. einkochen, in flache, feuerfeste Auflaufform gießen.
4. Spinat putzen, waschen, 1 Min. in kochendem Salzwasser blanchieren, abtropfen lassen.
5. Butter zerlassen, Mehl darin anschwitzen. Mit Milch und Sahne zum Kochen bringen.

6. Sauce 10 Minuten leise kochen lassen, mit Salz und Kräutern würzen, die Hälfte vom Käse darin schmelzen.
7. Die Hälfte der Nudelblätter auf die Tomaten legen, Spinat darüber verteilen,

mit Nudeln bedecken, mit Kräutersauce begießen.
8. Restlichen Käse darüberstreuen. Bei 200 Grad (Gas 3) auf mittlerer Schiene 35–40 Min. backen.

Vorbereitungszeit: 60 Min.
Garzeit: 35 bis 40 Min.
Umluft: 50 Min. bei 175°
Pro Portion (bei 6 Portionen) ca. 24 g Eiweiß, 37 g Fett, 50 g Kohlenhydrate = 2709 Joule (647 Kal.)

VOLLKORNNUDELN

Roggenspätzle mit Gemüsen

Für 4 Portionen:
500 g Kartoffeln
300 g Wirsing
300 g Mangold
Vollmeersalz
1 El Olivenöl
200 g Roggenspätzle
(siehe Rezept Seite 97)
150 g Mozzarella
4 El Parmesan (gerieben)
80 g Butter
5 Salbeiblätter
2 Knoblauchzehen
schwarzer Pfeffer
aus der Mühle

1. Kartoffeln schälen, waschen und in Längsspalten schneiden. Wirsing putzen, in Streifen schneiden. Vom Mangold Blätter abstreifen, Blattgrün in Streifen, die Stiele in gleichmäßige Stücke schneiden.

2. Kartoffeln in reichlich Salzwasser mit Olivenöl 20 Minuten leise kochen lassen. Nach 10 Minuten Wirsing und Mangoldstiele zugeben.

3. Die abgestreiften Mangoldblätter in den letzten 5 Minuten mitgaren.

4. Roggenspätzle getrennt in Salzwasser garen, lauwarm abspülen und abtropfen lassen. Den Mozzarella würfeln.

5. Gemüse aus dem Sud heben, mit Spätzle, Mozzarella und Parmesan mischen und warm stellen.

6. Die Butter aufschäumen lassen. Salbei und den gepellten und in Scheiben geschnittenen Knoblauch zugeben.

7. $1/8$ l von dem Gemüsesud mit der Salbeibutter mischen, mit Pfeffer würzen und über die Spätzle gießen. Roggenspätzle sofort servieren.

Vorbereitungszeit: 50 Min.
Garzeit: 25 Minuten
Pro Portion etwa 21 g Eiweiß, 28 g Fett, 30 g Kohlenhydrate = 1958 Joule (469 Kalorien)

VOLLKORNNUDELN

Cannelloni mit zwei Saucen

Für 4 Portionen:
250 g Cannelloni
(Rezept für Buchweizencannelloni siehe Seite 97)
Vollmeersalz
3 El Olivenöl
200 g Zwiebeln
1 Ds. Tomaten (800 g EW)
2 Lorbeerblätter, Honig
Cayennepfeffer
70 g Butter
30 g Weizenvollkornmehl
1/4 l Schlagsahne
2 El Weißwein
100 g Parmesan (gerieben)
500 g rosa Champignons
3 El Petersilie (gehackt)

1. Cannelloni in Salzwasser mit 1 El Öl 5 Minuten kochen, zum Abtropfen nebeneinander auf ein Tuch legen.
2. Zwiebeln pellen und würfeln, in dem restlichen Öl glasig dünsten.
3. Tomaten grob hacken, mit Flüssigkeit und Lorbeerblättern dazugeben. Mit Salz, Honig und Cayenne würzen, offen 30 Min. einkochen.
4. 40 g Butter zerlassen, Mehl darin anschwitzen, mit Sahne ablöschen und 10 Minuten leise kochen lassen. Mit Salz, Wein und Parmesan würzen.
5. Pilze putzen und würfeln. In 30 g Butter kurz braten, dann salzen und abtropfen lassen. Pilzsaft unter die Sauce rühren.
6. Pilze, restlichen Käse und Petersilie mischen, in die Cannelloni füllen.
7. 3/4 der Tomatensauce in eine Gratinform füllen, Cannelloni darauflegen, mit Käsesauce bedecken.
8. Restliche Tomatensauce darüber verteilen. Bei 200 Grad (Gas 3) auf der mittleren Einschubleiste 20 Minuten überbacken.

Vorbereitungszeit: 60 Min.
Garzeit: 20 Min., Umluft: ca. 30 Min. b. 175 Grad
Pro Portion etwa 28 g Eiweiß, 52 g Fett, 50 g Kohlenhydrate = 3408 Joule (814 Kalorien)

VOLLKORNNUDELN

Zu den Vollkornnudeln gibt es in Butter geröstete Buchweizenkörner, die mit Petersilie und Knoblauch gewürzt sind, und frisch geriebenen Käse. (Das Foto finden Sie auf Seite 91)

Tagliatelle mit Buchweizenbutter

Für 4 Portionen:
300 g Vollkorn-Bandnudeln
(oder selbstgemachte Tagliatelle, Rezept rechts)
Vollmeersalz
1 El Olivenöl
100 g Butter
100 g Buchweizen (ganz)
1 Bund glatte Petersilie
1 Knoblauchzehe
100 g junger Gouda (grob gerafelt)

1. Nudeln in siedendem Salzwasser mit dem Öl nach Anweisung garen, dann abtropfen lassen, in einer Schüssel warm halten.
2. Die Butter aufschäumen lassen, den Buchweizen darin hellbraun rösten. Petersilie hacken und untermischen.
3. Buchweizen mit Salz und dem durchgepreßten Knoblauch würzen, unter die Nudeln mischen. Anrichten und mit geraffeltem Käse bestreuen.

Vorbereitungszeit: 20 Min.
Garzeit: nach Anweisung
Pro Portion etwa 21 g Eiweiß, 30 g Fett, 66 g Kohlenhydrate = 2682 Joule (641 Kalorien)

Wichtige Tips für Nudelmacher

Sie brauchen eine glatte Arbeitsfläche, ein Nudelholz, ein Messer und, wenn möglich, eine Nudelmaschine. Dazu Mehl und Geschirrtücher.

Für alle Rezepte gilt:
1. Mehl auf die Arbeitsfläche schütten, eine Mulde hineindrücken.
2. Eier und Salz in die Mulde geben. Eier mit einer Gabel verrühren, dabei ständig Mehl vom Rand her unterarbeiten.
3. Sobald der Teig kein Mehl mehr aufnimmt, die angegebene Flüssigkeit nach und nach eßlöffelweise unterarbeiten.
Achtung: Die Flüssigkeit wirklich nur eßlöffelweise zufügen. Selbstgemahlenes Mehl nimmt etwas mehr Flüssigkeit auf.
4. Teig gut durchkneten, bis er warm und geschmeidig ist. In Folie wickeln, bei Raumtemperatur (nicht im Kühlschrank!) mindestens 1 Stunde ruhen lassen.
5. Teig portionsweise so dünn wie möglich ausrollen, dabei immer wieder leicht mit Mehl bestäuben und mit einer Palette von der Arbeitsfläche lösen.
6. Teig dann, wie in den Nudelrezepten beschrieben, weiterverarbeiten.
7. Die Nudeln bis zum Garen auf Küchentüchern ausbreiten. Getrocknet und in Cellophan verpackt, halten sie sich einige Wochen.
8. Beim Garen daran denken, daß frische Nudeln kürzere Garzeiten haben.

Tagliatelle

(breite Bandnudeln)
Für 400 g Nudeln:
250 g Weizenvollkornmehl
(fein gemahlen o. Type 1050),
2 Eier (Gew.-Kl. 2),
1 Eigelb (Gew.-Kl. 2),
Vollmeersalz,
Weißwein (2–5 El)

1. Nudelteig nach Anweisung im Kasten links zubereiten.
2. Teig portionsweise sehr dünn ausrollen, dabei immer wieder mit Mehl bestäuben.
3. Aus der Teigplatte mit Lineal und Küchenmesser breite Bandnudeln schneiden.
4. Tagliatelle ca. 5–8 Minuten in siedendem Salzwasser garen.

Vorbereitungszeit: 30 Minuten
Garzeit: 5–8 Min.

Grünkernspaghetti

Für 400 g Nudeln:
100 g Grünkernmehl (sehr fein gemahlen),
100 g Weizenmehl (Type 1050),
50 g Roggenmehl (Type 1370),
2 Eier (Gew.-Kl. 2),
Vollmeersalz,
4–5 El Weißwein

1. Mehlsorten mischen, mit den übrigen Zutaten zu einem Teig verarbeiten (s. Kasten links).
2. Teig für die Nudelmaschine ca. 5 mm dick ausrollen. In Streifen von ca. ¾ der Walzenbreiten schneiden.
3. Auf die gewünschte Teigstärke auswalzen, dann bei Einstellung Spaghetti durchlaufen lassen.

Vorbereitungszeit: 45 Minuten
Garzeit: ca. 5 Min.

VOLLKORNNUDELN

Lasagne

*Für ca. 300 g Nudeln:
250 g Weizen,
2 Eier (Gew.-Kl. 2),
4–5 El Weißwein,
Vollmeersalz*

1. Weizen fein mahlen, 200 g davon mit den übrigen Zutaten (siehe Kasten S. 96) zu einem Nudelteig verkneten.
2. Teig in zwei Portionen ausrollen, dabei immer wieder leicht mit den restlichen 50 g Mehl bestäuben.
3. Lasagneblätter (für die Form passend) schneiden und in siedendem Salzwasser bißfest garen, nebeneinandergelegt auf Tüchern abtropfen lassen. Weiter wie im Rezept auf Seite 63

Vorbereitungszeit:
50 Minuten
Garzeit: 5–8 Min.

Buchweizen-Cannelloni

*Für 8–12 Stück:
1 Handvoll Spinat,
3 El Weißwein,
100 g Buchweizenmehl, 100 g Weizenvollkornmehl (fein gemahlen o. Type 1050),
1 Ei (Gew.-Kl. 2),
1 Eigelb (Gew.-Kl. 2),
Vollmeersalz*

1. Spinat putzen, waschen, hacken, in Wein pürieren.
2. Nudelteig zubereiten (s. Kasten S. 96). Spinatpüree nach und nach einarbeiten, bis der Teig elastisch ist.
3. In zwei Portionen dünn ausrollen. Teigplatten in je 4–6 Stücke schneiden. 3 Minuten vorgaren, nebeneinander auf feuchte Tücher legen.

Vorbereitungszeit:
1 Stunde
Garzeit: 3 Minuten

Roggenspätzle

*Für ca. 400 g:
125 g Roggenmehl (Type 1370 oder fein gem. Roggen),
2 Eier (Gew.-Kl. 2),
1/8 l Milch,
Vollmeersalz*

1. Mehl mit Eiern, Milch und Salz glattrühren.
2. Zugedeckt bei Raumtemperatur 1 Stunde ausquellen lassen, mehrmals kräftig durchschlagen. Der Teig soll schwer vom Löffel fallen.
3. Teig mit einem Spätzlehobel portionsweise in leicht kochendes Salzwasser schaben. Die Spätzle mit der Schaumkelle herausnehmen, sobald sie oben schwimmen. In Butter schwenken.

Vorbereitungszeit:
5 Minuten
Garzeit: Pro Portion ca. 1–2 Min.

Fertig kaufen oder selber machen

Teigwaren aus Vollkornmehl in den unterschiedlichsten Formen werden heute bereits überall im Lebensmittelhandel angeboten. Sie sehen fast immer etwas dunkler aus als selbstgemachte Nudeln, das liegt an den verwendeten Getreidesorten.

Für alle, die weder Zeit noch Mühe scheuen, die Nudeln selbst zu machen, ist eine handbetriebene Nudelmaschine eine große Hilfe. Sie wird für die verschiedenen Nudelsorten entsprechend eingestellt.

VOLLKORNNUDELN

Roggennudeln in Pilzrahm

Für 4 Portionen:
200 g Roggenmehl (Type 1370 oder 200 g sehr fein gemahlener Roggen)
2 Eier (Gew.-Kl. 2)
2 Eigelb (Gew.-Kl. 2)
3 El Olivenöl
Vollmeersalz
20 g Morcheln
100 g rosa Champignons
1 El Schalotten (gehackt)
1 Knoblauchzehe
50 g Butter
¼ l Schlagsahne
Muskatnuß
Pfeffer aus der Mühle
4 El Gruyère (gerieben)

1. Roggenmehl mit Eiern, Eigelb, 1 El Öl und Salz verkneten (Anleitung s. Seite 96). In Folie 1 Stunde ruhenlassen.
2. Mit der Nudelmaschine zu schmalen Bandnudeln verarbeiten. Auf Küchentüchern trocknen.
3. Morcheln abspülen, in lauwarmem Wasser einweichen, die Champignons putzen und vierteln.
4. Schalotten und durchgepreßten Knoblauch im restlichen Öl und 20 g Butter andünsten. Abgetropfte und geviertelte Morcheln und Champignons zugeben, zugedeckt ca. 10 Minuten dünsten.
5. Sahne cremig einkochen, restliche Butter in Flöckchen unterschlagen.
6. Sahne und Pilze mischen, mit Salz, Muskat und Pfeffer würzen.
7. Nudeln in reichlich Salzwasser ca. 7 Minuten garen, abgetropft mit dem Pilzrahm mischen. Anrichten und mit Käse bestreuen.

Vorbereitungszeit: 60 Min.
Garzeit: ca. 15 Min.
Pro Portion etwa 17 g Eiweiß, 50 g Fett, 34 g Kohlenhydrate = 2818 Joule (673 Kalorien)

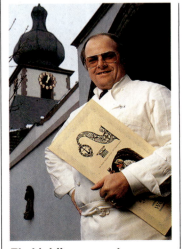

Ein Lieblingsrezept von Hermann Kerscher, Restaurant Weinhaus Anker in Marktheidenfeld.

ERBSEN

Erbsenpfannkuchen mit Curryzwiebeln. Das Rezept zu diesem Foto finden Sie auf Seite 104.

Erbsenpfannkuchen mit Curryzwiebeln
Erbsenschaumsuppe
Gefüllte Zwiebeln
Wintersalat mit Erbsenkeimen
Gratinierte Erbsenklöße
Erbspüree mit Pistazienbutter
Kleine Trockenerbsen-Warenkunde

ERBSEN

Erbsenschaumsuppe

Für 4–6 Portionen:
200 g gelbe Erbsen (geschält)
2 Tl Gemüsebrühe (Instant, aus dem Reformhaus)
Vollmeersalz
Muskatnuß (frisch gerieben)
150 g Möhren
1 Bund Frühlingszwiebeln
80 g Butter
2 Scheiben Vollkorntoast
1 Bund Schnittlauch
100 g Crème fraîche

1. Die Erbsen mit ¾ l Wasser zum Kochen bringen. Zugedeckt 1½ Stunden bei milder Hitze kochen.

2. Gemüsebrühenpaste zugeben und weitere 30 Minuten garen, bis die Erbsen zerfallen. Dann mit Salz und Muskat herzhaft würzen.

3. Inzwischen die Möhren putzen, waschen und schälen. In dünne Scheiben schneiden. Die Frühlingszwiebeln putzen, waschen und schräg in Scheiben schneiden.

4. Gemüse in 20 g Butter und ganz wenig Wasser

zugedeckt 5–8 Minuten dünsten.

5. Den Toast würfeln und in 20 g Butter goldbraun rösten. Schnittlauch in Röllchen schneiden.

6. Die Suppe zusammen mit der restlichen Butter und der Crème fraîche mit dem Schneidstab pürieren und schaumig aufschlagen.

7. Auf vorgewärmte Teller geben. Das Gemüse darauf verteilen. Mit Brotwürfeln und Schnittlauch bestreuen und sofort servieren.

Vorbereitungszeit: ca. 35 Minuten
Garzeit: insgesamt ca. 2 Stunden
Pro Portion (bei 6 Portionen) ca. 10 g Eiweiß, 17 g Fett, 28 g Kohlenhydrate = 1319 Joule (315 Kalorien)

ERBSEN

Gefüllte Zwiebeln mit Tomatensauce

Für 4 Portionen:
250 g grüne Erbsen
60 g Butter
1 Knoblauchzehe (gepreßt)
3 El Petersilie (gehackt)
100 g Parmesan (geraffelt)
Vollmeersalz
Pfeffer aus der Mühle
2 Gemüsezwiebeln (ca. 750 g)
2 El Sonnenblumenöl
1 El Rosmarinnadeln
1 Dose Tomaten (800 g EW)
1/8 l Schlagsahne
1/2 El Honig
Cayennepfeffer

1. Die Erbsen mit ¾ l Wasser zugedeckt 2 Stunden kochen. Pürieren und abkühlen lassen.

2. Das Püree mit 30 g geschmolzener Butter, Knoblauch, Petersilie und 60 g Parmesan verrühren. Herzhaft mit Salz und Pfeffer würzen.

3. Die Zwiebeln pellen, bis zur Mitte längs einschneiden und 40 Minuten in Salzwasser garen. Abkühlen lassen, in Schichten zerlegen und jede Schicht (bis auf das Innere) mit Püree füllen.

4. Die Zwiebelrollen in eine flache Form geben. Mit 40 g Parmesan und Butterflöckchen belegen (aus 30 g Butter). Bei 200 Grad (Gas 3) auf mittlerer Schiene 20 Minuten backen.

5. Das Zwiebelinnere würfeln und im Öl 10 Minuten dünsten. Rosmarin, gehackte Tomaten (ohne Saft) und Sahne zugeben, 5 Minuten bei milder Hitze kochen. Mit Salz, Honig und Cayenne würzen. Mit den Zwiebeln servieren.

Vorbereitungszeit: ca. 3 Stunden (mit Garzeit für Erbsen und Zwiebeln)
Garzeit: Zwiebeln im Ofen backen 20 Minuten, Sauce kochen 10 Minuten
Umluft: 30 Minuten bei 200 Grad
Pro Person ca. 29 g Eiweiß, 36 g Fett, 52 g Kohlenhydrate = 2795 Joule (668 Kalorien)

ERBSEN

Wintersalat mit Erbsenkeimen

*Für 4 Portionen:
100 g gelbe Erbsen
(ungeschält)
1 Bund Brunnenkresse
3 Orangen
2 Kolben Chicoree
1 reife Birne
3 El Sonnenblumenöl
2 El Meerrettich
(frisch gerieben)*

1. Die Erbsen über Nacht einweichen. Im Keimapparat (oder im Weckglas, mit Gaze bedeckt) 3 Tage keimen lassen, dabei zwei- bis dreimal täglich spülen.

2. Die Brunnenkresse verlesen, Blätter von den Stielen zupfen. Waschen und trockenschleudern.

3. Die Orangen wie Äpfel schälen. Die Filets zwischen den Trennhäuten herausschneiden. Die Fruchtrückstände gut auspressen. Saft auffangen.

4. Chicoree putzen und waschen, den bitteren

Kern keilförmig herausschneiden. Chicoree quer in Streifen schneiden, im Orangensaft wenden.

5. Birne gut waschen und vierteln. Kernhaus entfernen. Fruchtfleisch in dünne Spalten schneiden. Im Saft wenden.

6. Kresse und Keimlinge im Öl wenden. Vorsichtig unter das Obst mischen. Mit Meerrettich bestreuen und servieren. Der Wintersalat ist eine ausgezeichnete Vorspeise.

Zubereitungszeit: ca. 45 Minuten
Pro Portion ca. 8 g Eiweiß, 10 g Fett, 28 g Kohlenhydrate = 1008 Joule (241 Kalorien)

ERBSEN

Gratinierte Erbsenklöße mit Suppengrün

Für 4 Portionen:
250 g grüne Erbsen
Vollmeersalz
Pfeffer
(grob gemahlen)
1 El Majoranblätter
Fett für die Form
80 g Gruyère
200 g Möhren
150 g Sellerie
500 g Porree
40 g Butter
Muskatnuß (frisch gerieben)
2 El gehackte Petersilie

1. Die grünen Erbsen in 1 l kaltem Wasser zum Kochen bringen. Zugedeckt 2 Stunden bei schwacher Hitze kochen, abgießen, dann pürieren.

2. Das Püree mit Salz, Pfeffer und Majoran herzhaft abschmecken.

3. Wenn die Masse gut abgekühlt ist, mit zwei nassen Eßlöffeln 12–16 Klöße formen und in eine gefettete Form setzen.

4. Gruyère grob raffeln und

als Häufchen auf die Klöße setzen.

5. Die Gemüse putzen, waschen und fein würfeln. In der geschmolzenen Butter mit wenig Wasser im zugedeckten Topf 10–15 Minuten dünsten. Mit Salz, Muskat und Petersilie würzen.

6. Inzwischen die Klöße bei 200 Grad (Gas 3) im vorgeheizten Backofen auf mittlerer Schiene überbacken. Mit dem Gemüse und evtl. Spiegeleiern servieren.

Vorbereitungszeit: ca. 30 Minuten
Garzeit: Klößchen 8 Minuten, Gemüse 10–15 Minuten
Umluft: 8–10 Minuten bei 175 Grad
Pro Portion ca. 23 g Eiweiß, 18 g Fett, 49 g Kohlenhydrate = 1898 Joule (454 Kalorien)

ERBSEN

Wenn Sie sich das Gericht genauer ansehen wollen: Das große Foto finden Sie auf Seite 99

Erbsenpfannkuchen mit Curryzwiebeln

Für 4 Portionen:
200 g gelbe Erbsen (geschält)
100 g Vollreis
⅝ l Kefir
Vollmeersalz
500 g Zwiebeln
50 g Butter
7 El Öl
2 Knoblauchzehen (gepreßt)
1 Msp. Kreuzkümmel
1 El Curry (scharf)
gut ⅛ l Gemüsebrühe
300 g junge Erbsen (TK)
40 g Sesam

1. Gelbe Erbsen und Reis über Nacht in reichlich kaltem Wasser einweichen. Abtropfen lassen und im

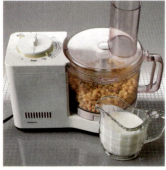

Mixer mit ⅜ l Kefir und Salz fein pürieren.

2. Zwiebeln pellen und in schmale Spalten schneiden. In 10 g Butter und 3 El Öl bei milder Hitze glasig dünsten. Mit Salz, 1 Knoblauchzehe und Kreuzkümmel würzen.

3. Mit Curry bestäuben und ganz kurz bei milder Hitze anschwitzen. Brühe zugeben. Zugedeckt 15 Minuten garen.

4. TK-Erbsen auf die Zwiebeln geben und weitere 10 Minuten zugedeckt garen.

5. Inzwischen in je 10 g Butter und 1 El Öl 3–4 Pfannküchlein aus dem Erbsenpüree backen (von jeder Seite ca. 5 Minuten bei milder Hitze).

6. Mit Sesam bestreuen und im Backofen warm stellen, bis alle Küchlein gebacken sind (insg. 15 bis 20 Stück).

7. Den restlichen Kefir mit dem restlichen Knoblauch würzen und zu den Pfannkuchen und den Curryzwiebeln servieren.

Vorbereitungszeit:
ca. 40 Minuten
Garzeit: Pfannkuchen 10 Min. pro Portion, Zwiebeln ca. 30 Minuten
Pro Portion ca. 27 g Eiweiß, 44 g Fett, 73 g Kohlenhydrate = 3425 Joule (819 Kalorien)

Trockenerbsen: Zu Unrecht aus der Mode gekommen

„In Teutschland ist kaum ein breuchlicher speiß als Erweissen, nützlich reichen und armen Leuten. Denn sie settigen, speisen und nehren wol." So beschreibt der Kräuterdoktor Hieronymus Bock im 16. Jahrhundert die Bedeutung, die Erbsen für die Ernährung seiner Zeitgenossen hatte. Wohlgemerkt, er meinte nicht die grünen, frischen Erbsen –, auf die Idee, frische junge Erbsen zu essen, wäre zu Doktor Bocks Zeit niemand gekommen, die gab man den Pferden zu fressen – er meinte getrocknete Erbsen, die wir zu den Hülsenfrüchten zählen. Mit ihrer schier unbegrenzten Lagerfähigkeit waren sie ein wichtiges Nahrungsmittel in einer Zeit, die weder Konserven noch Tiefkühlkost kannte.

Erbsen frisch als Gemüse zu essen, das wurde erst mehr als 100 Jahre später Mode, am Hofe des Sonnenkönigs, der sich selbst daran fast zu Tode gegessen hätte, so begeistert war er. Aber frische Erbsen waren ein Gemüse mit einer kurzen Saison und konnten der Beliebtheit der Trockenerbsen keinen Abbruch tun. Das taten sie erst mit dem Aufkommen der Konserven – und der Tiefkühltechnik, dafür aber gründlich. Heute sind junge Erbsen das beliebteste Tiefkühlgemüse und die meistgegessene Gemüse-

Wie alle Hülsenfrüchte gehört die Erbse zur Familie der Schmetterlingsblütler. Sie bildet längliche grüne Schoten, in denen die kugeligen Samen sitzen.

ERBSEN

Gesund, aber nicht leicht verdaulich: grüne ungeschälte Erbsen

Geschält sind die grünen Erbsen besser bekömmlich

Gelbe ungeschälte Erbsen: Die matte Schale ist deutlich sichtbar

Gelbe Erbsen, geschält und blank poliert

konserve, während Trockenerbsen mehr und mehr aus der Mode gekommen sind.

Erbsen-Botanik

Gemüseerbsen und Trokkenerbsen sind die Samen ein und derselben Pflanze, eines einjährigen rankenden Schmetterlingsblütlers. Aus der befruchteten Blüte bildet sich die längliche, luftgefüllte Frucht, die Hülse oder Schote, in der die kugeligen Samen, die Erbsen, sitzen. Wenn die Frucht grünreif ist und die Samen noch saftig und süß, dann wird sie als Gemüse geerntet. Als Hülsenfrüchte werden Erbsen geerntet, wenn die Blätter schon gelb, die Hülsen lederartig zäh und der Samen hart ist: im Stadium der Vollreife.

So gesund sind Erbsen

Getrocknete Erbsen gehören zu den wichtigsten pflanzlichen Eiweißlieferanten (23 g pro 100 g). Sie enthalten alle essentiellen Aminosäuren. Sie sind daneben reich an Vitaminen der B-Gruppe: In 100 g stecken 0,82 mg B_1, 0,25 mg B_2 und 3,1 mg B_3. Mindestens ebenso wichtig ist ihr Gehalt an Mineralstoffen und Spurenelementen, vor allem an Phosphor, Mangan, Eisen und Kupfer. Ungeschält sind sie außerdem ein ausgezeichneter Lieferant an Ballaststoffen. Ihr Kaloriengehalt: 341 Kalorien pro 100 g.

Dann hat sich der in der grünen Erbse befindliche Fruchtzucker übrigens auch in Stärke verwandelt, weshalb getrocknete Erbsen herber schmecken als Gemüseerbsen.

Umgang mit Trockenerbsen

Bei Trockenerbsen unterscheidet man zwischen gelben und grünen Sorten. Die gelben schmecken etwas süßlicher und milder, man sollte sie für feinere Rezepte vorziehen. Die grünen sind herzhafter und etwas herber. Sie eignen sich besser für deftige Gerichte. Erbsen haben eine harte zellulosehaltige Schale, die empfindlichen Mägen zu schaffen machen kann. Darum ist man dazu übergegangen, Erbsen auch geschält und (der Op-

Vier bis maximal zehn Samen sitzen in einer Erbsenschote.

tik wegen) poliert zu verkaufen. Geschälte Erbsen sind besser verdaulich, sie haben noch einen weiteren Vorteil: Ihre Kochzeit verringert sich um die Hälfte. Sie sind allerdings auch nicht mehr so vollwertig. Einweichen müssen Sie Erbsen heute nicht mehr. Das war nötig, als man die Erbsen länger lagerte, als man es heute tut. Heute haben Erbsen eine zugelassene Mindesthaltbarkeitsdauer von zwei Jahren. Achten Sie beim Kauf auf das Mindesthaltbarkeitsdatum, und verbrauchen Sie die Erbsen, bevor die Frist abgelaufen ist. (Trocken, luftig und dunkel gelagert, kann man sie aber ohne weiteres so lange aufheben, wie auf der Packung angegeben.) Kaufen Sie nach Möglichkeit nur gute Qualitätsware. Aus dem einfachen Grund: Diese Erbsen sind sorgfältig verlesen, sie sind von einheitlicher Größe und werden darum alle zur gleichen Zeit gar.

ERBSEN

Kochte für unsere Leser dies feine Erbspüree: Wilhelm Brunner vom „Ritter" in Durbach.

Erbspüree mit Pistazienbutter

Für 4 Portionen:
200 g gelbe Erbsen (geschält)
Vollmeersalz
100 g Butter
400 g rosa Champignons
30 g Butterschmalz
Pfeffer aus der Mühle
2 Köpfe Radicchio
30 g Pistazienkerne

1. Die Erbsen in knapp ½ l Wasser zugedeckt 1½ Stunden bei milder Hitze kochen. Dann pürieren und ohne Deckel bei starker Hitze unter Rühren einkochen.

2. Das Püree mit Salz würzen. 60 g Butter in Flöckchen mit dem Schneebesen unterschlagen. Zugedeckt warm halten.

3. Champignons putzen und abreiben. In Scheiben schneiden. In dem sehr heißen Butterschmalz von jeder Seite schnell goldbraun braten. Herzhaft mit Salz und Pfeffer würzen.

4. Radicchio putzen und vierteln, kurz durch die restliche Butter ziehen. Abtropfen lassen und auf vorgewärmte Teller legen. Salzen.

5. Die Champignons auf den Tellern verteilen. Das Erbspüree in eine Spritztüte mit großer Sterntülle füllen und auf die Teller spritzen.

6. Die Pistazien in der Radicchiobutter schwenken und auf die Teller verteilen. Sofort servieren.

Vorbereitungszeit: ca. 30 Minuten
Garzeit: Erbsen 1½ Stunden, Champignons 3 Min.
Pro Portion ca. 18 g Eiweiß, 33 g Fett, 29 g Kohlenhydrate = 2096 Joule (501 Kalorien)

BOHNEN

Ein Salat aus Feuerbohnen mit roten Zwiebeln, Champignons und grünem Salat. Das Rezept steht auf Seite 112.

Feuerbohnen-Salat

Bohnensuppe mit Vollkornnudeln

Bohneneintopf mit Paprika

Bohnen-Tatar

Schmorgurken mit Bohnenfüllung

Quarkküchlein mit Bohnensalat und Basilikum-Rahm

Alles über Bohnen

BOHNEN

Bohnensuppe mit Vollkornnudeln
(Pasta e Fagioli)

Für 4–6 Portionen:
250 g weiße Bohnen
1–2 El Gemüsebrühpaste (Reformhaus)
2 Bund Frühlingszwiebeln
150 g Möhren
150 g Staudensellerie
150 g Vollkornhörnchen
Vollmeersalz
1 Bund glatte Petersilie
1–2 Knoblauchzehen
4 El Olivenöl (extra vergine)
1 Tl schwarzer Pfeffer (grob gemahlen)

1. Bohnen über Nacht in 2 l Wasser einweichen. Dann zugedeckt ca. 1½ Stunden bei mäßiger Hitze garen. Gemüsebrühpaste in der Bohnenbrühe auflösen.

2. Frühlingszwiebeln putzen, waschen, in Scheiben schneiden. Möhren schälen, waschen, in Scheiben schneiden. Staudensellerie putzen und waschen, in Scheiben schneiden.

3. Nudeln in Salzwasser knapp garen, abtropfen lassen. Petersilienblätter von den Stielen zupfen.

4. Die Bohnen im Topf mit dem Schneidstab des Handrührers zwei- bis dreimal durcharbeiten, bis etwa ein Drittel der Bohnen püriert ist. Dann Möhren und Frühlingszwiebeln zugeben, zugedeckt 10 Minuten leise kochen lassen.

5. Nudeln, Petersilie und Staudensellerie zufügen, nur kurz erhitzen, der Sellerie soll fast roh bleiben.

6. Suppe mit Salz und gepelltem, durchgepreßten Knoblauch würzen, Olivenöl unterrühren. Grob gemahlenen Pfeffer über die fertige Suppe streuen.

Vorbereitungszeit: 30 Min.
Garzeit: ca. 2 Stunden
Pro Portion (bei 6 Portionen) etwa 15 g Eiweiß, 10 g Fett, 40 g Kohlenhydrate = 1328 Joule (318 Kalorien)

BOHNEN

Bohneneintopf mit Paprika

Für 4–6 Portionen:
500 g weiße Bohnen
250 g Zwiebeln
250 g rote Paprikaschoten
2–3 Pfefferschoten
(ca. 40 g)
4–6 Knoblauchzehen
3 El Öl
3 Lorbeerblätter
2 kleine Rosmarinzweige
1 Tl Kümmel
Vollmeersalz
300 g Crème fraîche
1 El Tomatenmark
2 El Paprikamark

1. Bohnen über Nacht in 2 l Wasser einweichen. Dann zugedeckt 1½ Stunden bei mäßiger Hitze garen lassen, zwischendurch abschäumen.

2. Die Zwiebeln pellen und in Längsspalten schneiden. Die Paprikaschoten zerteilen und putzen, dann waschen und in Streifen schneiden. Die Pfefferschoten längs halbieren, Kerne entfernen, Schotenhälften gut abspülen. Knoblauchzehen pellen und längs halbieren.

3. Das Öl in einem schweren Topf mäßig heiß werden lassen, Zwiebeln, Paprika und Pfefferschoten zusammen mit dem Knoblauch darin andünsten. Lorbeer und Rosmarin zufügen, mit Kümmel und Salz würzen.

4. Die Bohnen mit dem Bohnenwasser zufügen. Crème fraîche mit Tomaten- und Paprikamark verrühren, unter die Bohnen mischen. Das Ganze mit Salz würzen.

5. Den Topf verschließen und in den Backofen auf die unterste Schiene stellen. Bei 175 Grad (Gas 2) 1½ Stunden weitergaren, dann servieren.

Vorbereitungszeit: (inkl. Vorkochen der Bohnen) 1¾ Stunden
Garzeit: 1½ Stunden
Umluft: 1½ Stunden bei 150 Grad
Pro Portion (bei 6 Portionen) etwa 22 g Eiweiß, 23 g Fett, 46 g Kohlenhydrate = 2032 Joule (484 Kalorien)

BOHNEN

Bohnen-Tatar

Für 4 Portionen:
2 Rote Bete (ca. 250 g)
Vollmeersalz
4 El Essig
2 Tl Honig
1 Ds. rote Bohnen (Abtropfgewicht 500 g)
1 Bund Frühlingszwiebeln
100 g Zwiebeln
2 Bund Schnittlauch
1/2 Salatgurke
4 Eigelb
Kapern, schwarze Oliven
Pfefferschoten
grobes Salz

1. Rote Bete vorsichtig abbürsten, dann in Alufolie wickeln. Im Backofen bei 200 Grad (Gas 3) 35 Minuten backen. Abgekühlt pellen und würfeln, mit Salz, Essig und Honig marinieren.

2. Die Bohnen in einem Sieb gründlich abbrausen und gut abtropfen lassen, mit etwas Salz würzen.

3. Bohnen durch die mittlere Scheibe des Fleischwolfs drehen, direkt auf vier Portionsteller.

4. Frühlingszwiebeln putzen, waschen und dann in Scheiben schneiden. Zwiebeln pellen und würfeln. Schnittlauch in Röllchen schneiden. Salatgurke waschen, erst in Scheiben, dann in Streifen und zuletzt in Würfel schneiden.

5. Jeweils ein Eigelb auf eine Portion Bohnen-Tatar setzen. Rundherum die vorbereiteten Zutaten, dazu abgespülte Kapern und Oliven und die Pfefferschoten anrichten. Grobes Salz darüberstreuen. Mit Bauernbrötchen servieren.

Vorbereitungszeit: 20 Min.
Garzeit: für die Rote Bete 35 Minuten
Umluft: 35–45 Min. bei 200 Grad
Pro Portion etwa 19 g Eiweiß, 8 g Fett, 47 g Kohlenhydrate = 1475 Joule (352 Kalorien)

BOHNEN

Schmorgurken mit Bohnenfüllung

Für 4 Portionen:
250 g weiße Bohnen
Vollmeersalz
150 g Zwiebeln
40 g Butterschmalz
2 El Senf (mittelscharf)
2 Eier (Gew. Kl. 2)
100 g Vollkorntoastbrösel
Pfeffer a. d. Mühle
1,3 kg Schmor- oder
Salatgurken
2 El Weißweinessig
1/4 l Gemüsebrühe
(Reformhaus)
1/8 l Schlagsahne
2–3 Tl Honig
40 g Sonnenblumenkerne

1. Bohnen über Nacht einweichen, zugedeckt ca. 1½ Stunden garen, abgetropft pürieren und salzen.

2. Zwiebeln pellen, fein würfeln, in 20 g Butterschmalz glasig dünsten.

3. Bohnenpüree mit Zwiebeln, 1 El Senf, Eiern und Bröseln mischen, mit Pfeffer würzen, 30 Minuten ausquellen lassen.

4. Gurken schälen und längs halbieren. Kerne herauskratzen. Gurken mit Püree füllen, zusammenbinden.

5. In 20 g Butterschmalz rundherum goldbraun braten, mit Essig und etwas Brühe ablöschen. Zugedeckt 30 Min. schmoren, dabei die restliche Brühe zugießen.

6. Gurken warm stellen. Sauce durchsieben, mit dem restlichen Senf und der Sahne cremig einkochen, mit Honig abschmecken.

7. Sonnenblumenkerne ohne Fett hellbraun rösten, über die Gurken streuen.

Vorbereitungszeit:
(inkl. Vorkochen der Bohnen) 2½ Std.
Garzeit: 40 Minuten
Pro Portion etwa 27 g Eiweiß, 31 g Fett, 54 g Kohlenhydrate = 2598 Joule (620 Kalorien)

BOHNEN

Seit 6000 Jahren auf unserem Speisezettel: Getrocknete Bohnen

Wenn Sie genau sehen wollen, wie der Feuerbohnensalat mit Balsamessig-Sauce aussieht: Das große Foto steht auf Seite 107

Feuerbohnensalat mit Balsamessig-Sauce

Für 4 Portionen:
250 g Feuerbohnen
Vollmeersalz
3 rote Zwiebeln
4 El Balsamessig
1/8 l trockener Weißwein
Pfeffer aus der Mühle
6 El Sonnenblumenkernöl
1 Kopfsalat
250 g Champignons
1 Bund Schnittlauch

1. Die Bohnen über Nacht in Wasser einweichen. Am nächsten Tag zugedeckt bei mäßiger Hitze in 1½–2 Stunden garen. Die Bohnen sollten jedoch nicht zerfallen.

2. Bohnen kurz vor Ende der Garzeit mit Salz würzen, dann abtropfen lassen. Zwiebeln pellen und in halbe Ringe schneiden.

3. Aus Essig, Weißwein, Salz, Pfeffer und Öl eine Salatsauce rühren. Die noch heißen Bohnen und die Zwiebeln mit der Salatsauce mischen. So lange durchziehen lassen, bis die Bohnen abgekühlt sind.

4. Den Kopfsalat putzen und zerpflücken, die Blätter waschen und anschließend trockenschleudern. Die Champignons putzen und, soweit erforderlich, kurz abspülen. Dann in Scheiben schneiden.

5. Bohnen und Zwiebeln in einem Sieb über einer Schüssel abtropfen lassen. Die Salatblätter und die Pilzscheiben in der aufgefangenen Salatsauce wenden.

6. Zuletzt alle Salatzutaten vorsichtig mischen und auf Portionstellern anrichten. Schnittlauch in Röllchen schneiden und über den Salat streuen.

Vorbereitungszeit: 20 Min.
Garzeit: für die Bohnen 1½–2 Stunden
Pro Portion etwa 17 g Eiweiß, 19 g Fett, 32 g Kohlenhydrate = 1678 Joule (401 Kalorien)

Tip: Mit Feuerbohnen sieht dieser Salat gut aus, doch können Sie ihn ohne weiteres auch mit anderen Trockenbohnen zubereiten.
Noch eins, der Salat läßt sich gut vorbereiten, doch Champignons und grünen Salat sollten Sie erst unmittelbar vor dem Anrichten untermischen.

Funde in Südamerika und Asien beweisen, daß getrocknete Bohnen bereits vor rund 6000 Jahren zu den wichtigsten Grundnahrungsmitteln der Menschen gehörten.
Aus der ursprünglich wild wachsenden Bohne wurde die Gartenbohne (bot. Phaseolis vulgaris), und daraus züchtete man mittlerweile mehr als 500 verschiedene Sorten. Sie wachsen als Busch- oder als Kletterbohnen und werden, je nach Eignung, als Gemüse- oder Trockenbohnen verwendet. Nationalgerichte der verschiedenen Länder wie baked beans oder Chili con carne zeigen, welche Bedeutung Trockenbohnen hatten und haben. Mit steigendem Wohlstand und verfeinerten Kochkünsten kamen Trockenbohnen bei uns seltener auf den Tisch.
Dabei sind sie durch ihren Gehalt an pflanzlichem Eiweiß und Ballaststoffen ein vorzüglicher Ausgleich zu überfeinerter Kost. Deshalb hat auch der Manager Recht, wenn es ihn nach einer arbeitsreichen Woche mit oft dazugehörenden Arbeitsessen in Nobelrestaurants nach einem deftigen Eintopf, z. B. mit Bohnen, verlangt. Daß man Bohnengerichte auch fleischlos schmackhaft zu-

Bohnen: es gibt rund 500 Sorten
Eine Wildbohne ist die Vorfahrin der rund 500 gezüchteten Bohnensorten in aller Welt. Mal wachsen sie wie diese als Strauchbohnen, mal klettern sie als Stangenbohnen nach oben.

BOHNEN

← Die Feinste in der Bohnenfamilie: zartgrüne Flageolets aus Frankreich

→ Dicke, lustig gesprenkelte, rote Feuerbohnen

← Bei uns am beliebtesten: dicke, weiße Grobbohnen

→ Leicht erdig im Geschmack: rote Kidney-Bohnen aus USA

← Leicht süßlich: schlanke, schwarze Bohnen aus Südamerika

→ Bleiben in Form: kleine Augenbohnen mit einem schwarzen Fleck

Hier eine kleine Auswahl an Trockenbohnen, wie sie heute bei uns angeboten werden. Mit ihren Farben sehen sie nicht nur lustig aus, sie unterscheiden sich auch leicht im Geschmack. Einige der Bohnen sind typisch für bestimmte Nationalgerichte, so Kidney-Bohnen für Chili con carne.

bereiten kann, beweisen unsere Rezepte.

Reich an Eiweiß und Ballaststoffen

Weiße Bohnen enthalten je 100 g rund 21 g Eiweiß, 2 g Fett, 57 g Kohlenhydrate, 4 g Ballaststoffe = 1460 Joule (349 Kalorien). Außerdem Kalzium, Kalium, Eisen, Phosphor und Magnesium, ferner Vitamin A und B.

Bei der Zusammenstellung von Gerichten sind zwei Punkte zu berücksichtigen: Dem Eiweiß der Bohnen fehlt ein wichtiger Eiweißbaustein, das Lysin. Diesen Mangel können und sollten Sie dadurch ausgleichen, indem Sie Milch oder Milchprodukte, Eier, Mais oder Nüsse in oder zu einem Bohnengericht verwenden. Geradezu ideal ist es, wenn Sie Weizen mit Bohnengerichten kombinieren, denn im Weizeneiweiß ist reichlich Lysin enthalten.

Der zweite Punkt: Häufig wird Bohnengerichten nachgesagt, daß sie schwer verdaulich seien. Dem läßt sich abhelfen, wenn man kleine Bohnensorten verwendet, die Gerichte appetitanregend und damit verdauungsfördernd würzt und außerdem – das muß gesagt werden – gut kaut. Der Gehalt an Ballaststoffen in Bohnen soll sich günstig auf den Cholesterinspiegel im Blut auswirken.

Bohnen wollen weichen

Die Zubereitung von Bohnengerichten muß zeitlich geplant werden:
● Bohnen am Vortag in reichlich Wasser waschen. Alles, was oben schwimmt, abnehmen. Abgetropfte Bohnen mit der dreifachen Menge frischen Wassers in eine Schüssel geben, an einem kühlen Platz acht bis zwölf Stunden ausquellen lassen. Achtung: stark kalkhaltiges Wasser erfordert eine längere Quellzeit. Am besten wird das Wasser mit einem Filter entkalkt oder einmal aufgekocht und abgekühlt über die Bohnen gegeben.
● Bohnen mit dem Einweichwasser (es enthält lösliche Nährstoffe) aufsetzen, langsam zum Kochen bringen, eventuell zwischendurch abschäumen.
● Gewürze wie Zwiebel, Knoblauch oder Lorbeerblatt sofort zufügen, aber noch kein Salz. Falls die Flüssigkeit nicht reicht, nur kochend heißes Wasser nachgießen. Kaltes Wasser verlängert die Garzeit. Bohnen je nach Dicke 1–1 $\frac{3}{4}$ Stunden kochen. Die Garzeit hängt auch von dem späteren Verwendungszweck ab. Für Salate sollen sie fest bleiben, für Pürees und Suppen dürfen sie zerkochen.
● Bohnen mit Salz erst kurz vor Ende der Garzeit würzen. Getrocknete Kräuter wenigstens $\frac{1}{4}$ Stunde mitkochen. Frische Kräuter erst zum Schluß zufügen.

Noch eins: Bohnengerichte und gekochte Bohnen lassen sich gut einfrieren.

An Vielseitigkeit kaum zu überbieten

Trockenbohnen eignen sich zur Zubereitung von Eintöpfen, Suppen, Salaten, Pürees, Kroketten, Frikadellen und Gebäck. Weil sie relativ neutral im Geschmack sind, lassen sie sich mit den unterschiedlichsten Zutaten kombinieren.

An Gemüsen passen zu Bohnen alle Zwiebelgewächse, Tomaten, Paprika, Möhren, Sellerie, Fenchel und grüne Bohnen. In Salaten lassen sie sich mit Äpfeln, Sprossen und Käse kombinieren.

Geeignete Gewürze sind Basilikum, Bohnenkraut, Dill, Blattsellerie, Liebstöckl, Majoran, Thymian, Petersilie, Rosmarin, Salbei, Chili, Kümmel, Koriander und Lorbeerblatt.

Einkauf und Lagerung

Gute Trockenbohnen haben eine dünne, glatte Haut. Eine runzlige Haut deutet auf Überlagerung hin. **Große, runde Bohnen** zerkochen leichter und sind deshalb für Eintöpfe und Suppen geeignet.

Kleine Perlbohnen bleiben beim Kochen besser in Form und eignen sich vor allem für Salate.

Lagern Sie Trockenbohnen nicht zu lange, das heißt höchstens ein Jahr. Bewahren Sie angebrochene Packungen in einem gut verschlossenen Gefäß auf und denken Sie daran, sie bald zu verbrauchen. Sonst könnte es schon mal vorkommen, daß sich Schädlinge einfinden.

BOHNEN

Martin Kuchers Gäste im Kurfürstlichen Amtshaus Daun loben seine Vollwertrezepte, so auch dieses.

Quarkküchlein mit Bohnensalat und Basilikum-Rahm

Für 4 Portionen:
100 g grüne Bohnenkerne
Vollmeersalz
350 g Kartoffeln
125 g Ricotta (o. gut ausgepreßter Sahnequark)
1 Ei (Gew.-Kl. 2)
40 g Weizenvollkornmehl
Pfeffer aus der Mühle
1 El Weißweinessig
1 Tl Honig, 3 El Distelöl
100 g saure Sahne (20 %)
1 Bund Basilikum
40 g Butterschmalz
1 Kopf Radicchio

1. Bohnen über Nacht einweichen. Zugedeckt ca. 45 Min. garen, mit Salz würzen, abtropfen lassen.
2. Kartoffeln abbürsten, kochen, pellen und heiß durch die Kartoffelpresse drücken. Mit kleingewürfeltem Ricotta, Ei und Mehl verkneten, mit Salz und Pfeffer würzen. Eine Rolle (6 cm ⌀) formen.
3. Essig, Honig und Öl verrühren. Sauerrahm mit feingeschnittenen Basilikumblättern (ein paar zurücklegen) verrühren.
4. Aus dem Quarkteig 8 Stücke schneiden, mit nassen Händen Plätzchen formen. In Butterschmalz von jeder Seite ca. 3 Min. braten.
5. Radicchio putzen, waschen und in sehr feine Streifen schneiden. Mit den Bohnen in der Salatsauce wenden, kranzförmig auf vier Tellern anrichten.
6. Basilikumrahm in die Mitte gießen, Quarkküchlein darauflegen. Mit Basilikumblättern garnieren.

Vorbereitungszeit:
1 3/4 Std. (inkl. Bohnen garen)
Bratzeit: pro Portion 6 Min.
Pro Portion ca. 15 g Eiweiß, 30 g Fett, 31 g Kohlenhydrate = 1970 Joule (471 Kalorien)

LINSEN

Linsensprossensalat mit Frischkäsesauce. Rezept siehe Seite 120.

Linsensprossensalat mit Frischkäsesauce
Linsen-Weizen-Curry
Linsen-Cassoulet
Drei pikante Linsendips
Linsensprossensalat mit Brunnenkresse
Linsensalat mit Walnußtatar
Linsen-Warenkunde

LINSEN

Linsen-Weizen-Curry

Für 4 Portionen:
200 g Linsen
100 g Weizen
250 g Zwiebeln
30 g Butter
2 El Haselnußöl
Vollmeersalz
1 El Curry (mild)
100 g Mandeln (geschält)
30 g Butterschmalz
½ Ananas (500 g)
1 Tl Knoblauch (gehackt)
1 Tl Ingwer (gehackt)

1. Linsen und Weizenkörner über Nacht in 1 l Wasser quellen lassen, am anderen Tag abtropfen lassen. Einweichwasser aufheben.

2. Zwiebeln pellen und in Spalten schneiden, dann in Butter und Öl bei milder Hitze glasig dünsten.

3. Linsen und Weizen zu den Zwiebeln geben, alles mit Salz und Curry würzen und unter Rühren anschwitzen.

4. Einweichwasser untermischen, zugedeckt ca. 50 Minuten garen.

5. Mandeln längs halbieren, im Butterschmalz hellbraun braten.

6. Ananas schälen, Strunk entfernen, das Fruchtfleisch würfeln und mit den Mandeln zum Curry geben.

7. Curry mit feingehacktem Knoblauch und Ingwer würzen, abschmecken.

Vorbereitungszeit: 30 Min.
Garzeit: ca. 60 Min.
Pro Portion etwa 22 g Eiweiß, 35 g Fett, 54 g Kohlenhydrate = 2643 Joule (632 Kalorien)

LINSEN

Linsen-Cassoulet

Für 4 Portionen:
250 g Linsen
10 g getrocknete Steinpilze (2 Tütchen)
1 El Gemüsesuppenpaste (a. d. Reformhaus)
1 Salatgurke (ca. 500 g)
2 Bund Frühlingszwiebeln (ca. 500 g)
250 g Äpfel
30 g Butterschmalz
3 Scheiben Vollkorntoast
30 g Buchweizengrütze (mittelfein)
60 g Butter
1 Magermilchjoghurt
⅛ l Schlagsahne

1. Linsen und Steinpilze in 1 l Wasser aufsetzen und zum Kochen bringen, 1 Stunde garen, dann die Suppenpaste unterrühren.
2. Salatgurke schälen und würfeln. Frühlingszwiebeln putzen, waschen und in Ringe schneiden, etwas vom Grün zur Seite stellen. Äpfel waschen und würfeln.
3. Gemüse und Apfelwürfel im heißen Butterschmalz unter Rühren 5 Minuten

andünsten, dann unter die Linsen mischen, alles in eine feuerfeste Form füllen.
4. Toastbrot zerbröseln und mit der Grütze in Butter hellbraun braten. Die Hälfte davon über das Cassoulet streuen.

5. Form im Backofen auf der mittleren Einschubleiste bei 225 Grad (Gas 4) 5 Minuten überbacken.
6. Joghurt und Sahne miteinander verrühren, mit dem Grün der Frühlingszwiebeln bestreuen und mit den restlichen Bröseln extra servieren.

Vorbereitungszeit: 20 Min.
Garzeit: 1 Std., 10 Min.
Umluft: 6–8 Min. bei 220 Grad
Pro Portion ca. 24 g Eiweiß, 33 g Fett, 66 g Kohlenhydrate = 2831 Joule (677 Kalorien)

LINSEN

Drei Linsendips

Für 8–10 Portionen:
300 g Linsen
100 g schwarze Oliven
25 g Kapern
3 El Olivenöl
100 g Zwiebeln
50 g Butterschmalz
1 El Curry (scharf)
3 Knoblauchzehen
Vollmeersalz
1 El Zitronensaft
1 El Ingwer (gehackt)
⅛ l Schlagsahne
1 El Schnittlauchröllchen

1. Linsen in ca. 1 l Wasser in 1¼ Std. sehr weich kochen. Die Menge dritteln.

2. Die erste Portion mit dem von den Steinen geschnittenen Olivenfleisch, Kapern und Öl mit dem Schneidstab pürieren.

3. Für die zweite Portion

Zwiebeln pellen, fein würfeln und in 20 g Butterschmalz glasig dünsten, mit Curry bestäuben.

4. Zwiebeln, eine durchgepreßte Knoblauchzehe und die zweite Portion Linsen pürieren, mit Salz und Zitronensaft würzen.

5. Die dritte Linsenportion mit dem restlichen durchgepreßten Knoblauch, Ingwer und Sahne pürieren, mit Salz und Schnittlauch würzen.

6. Dips lauwarm zu rohem Gemüse und Vollkornkeksen oder Vollkornknäckebrot servieren.

Vorbereitungszeit: pro Dip 15 Minuten
Garzeit: 1¼ Stunden
Pro Portion (auf alle drei Dips bezogen) etwa 8 g Eiweiß, 16 g Fett, 18 g Kohlenhydrate = 1062 Joule (253 Kalorien)

LINSEN

Linsensprossensalat mit Brunnenkresse

Für 4 Portionen:
2 Eier
1 Bund Brunnenkresse
(oder 150 g Feldsalat)
150 g Tomaten
2 Avocados (ca. 500 g)
2 El Zitronensaft
2 El Obstessig
1 El Balsamessig
Vollmeersalz
2 Tl Apfeldicksaft
2 El Distelöl
4 El Walnußöl
220 g Linsensprossen (aus 100 g Linsen. Siehe Anleitung auf Seite 121)

1. Die Eier wachsweich oder hart kochen, abkühlen lassen, dann pellen und vierteln.

2. Die Brunnenkresse waschen und trockenschütteln. Blätter von den Stielen zupfen.

3. Die Tomaten einritzen, überbrühen, kalt abschrecken und häuten, Fruchtfleisch würfeln.

4. Avocados schälen, quer

halbieren und entsteinen. Fruchtfleisch in Scheiben schneiden, sofort mit Zitronensaft beträufeln, damit es nicht braun wird.

5. Aus Essig, Salz, Apfeldicksaft und Öl eine Salatsauce rühren.

6. Linsensprossen gut abspülen. Brunnenkresse, Tomatenwürfel und die Linsensprossen in der Sauce leicht durchmischen und auf Portionsteller verteilen.

7. Salat mit Avocadoscheiben und Eivierteln garnieren. Die restliche Sauce darüberträufeln.

Vorbereitungszeit: 20 Min.
Pro Portion ca. 12 g Eiweiß, 44 g Fett, 18 g Kohlenhydrate = 2238 Joule (535 Kalorien)

LINSEN

Ein Salat aus Linsensprossen, Chinakohl, Zwiebeln und Grapefruit, mit einer Sauce aus Frischkäse, Sahne und gerösteten Cashewkernen.

Linsensprossensalat mit Frischkäsesauce

Rezept zum Foto S. 115
Für 6 Portionen:
1 Fenchelknolle (150 g)
2 El Zitronensaft
2 rote Zwiebeln
500 g Chinakohl
3 rosa Grapefruits
ca. 340 g Linsensprossen (von 150 g Linsen, Anleitung siehe Seite 121)
Vollmeersalz
50 g Cashewkerne
200 g Doppelrahmfrischkäse
1/4 l Schlagsahne

1. Die Fenchelknolle putzen und waschen, dann längs vierteln und die Viertel quer in Streifen schneiden. Den Zitronensaft darüberträufeln.
2. Die Zwiebeln pellen und in Ringe schneiden.
3. Den Chinakohl putzen, im ganzen waschen und halbieren. Den Kohl in feinen Streifen vom Strunk schneiden.
4. Die Grapefruits kurz wa-

schen, dann wie Äpfel schälen, damit auch die weiße Innenhaut entfernt wird. Die Filets mit einem scharfen Messer aus den Trennhäuten herauslösen. Es empfiehlt sich, dabei über einer Schüssel zu arbeiten, um den herabtropfenden Saft aufzufangen.

5. Linsensprossen kurz abspülen und gut abtropfen lassen, dann mit Fenchelstreifen, Zwiebelringen, Chinakohl und Grapefruitfilets locker durchmischen. Mit Salz würzen.
6. Die Cashewkerne grob hacken, dann in einer Pfanne ohne Fett unter häufigem Rütteln hellbraun rösten. Aus der Pfanne nehmen und etwas abkühlen lassen.
7. Den Frischkäse mit der Sahne zu einer geschmeidigen Sauce verrühren, die Cashewkerne untermischen. Einige zum Dekorieren zurücklassen.
8. Die Sauce über den angerichteten Salat gießen, die restlichen Cashewkerne darüberstreuen.

Tip: Für diesen Salat empfehlen wir rote Zwiebeln, weil sie mild im Geschmack sind. Falls Sie die nicht bekommen, können Sie auch die entsprechende Menge Schalotten oder ein Stück Gemüsezwiebel nehmen.

Vorbereitungszeit: 30 Min.
Pro Portion ca. 15 g Eiweiß, 28 g Fett, 31 g Kohlenhydrate = 1886 Joule (450 Kalorien)

Linsen: In der Vollwertküche sehr geschätzt

Bereits vor Tausenden von Jahren praktizierten die Menschen, was heute in der Vollwertküche wieder empfohlen wird: die Kombination von eiweißreichen Hülsenfrüchten mit Getreidekost.

Eine Hülsenfrucht, nämlich die Linse, wurde bereits im alten Ägypten angebaut, Überreste fanden sich in Gräbern der 12. Dynastie. Möglicherweise waren Linsen das Hauptnahrungsmittel der Pyramidenerbauer. Darauf deutet der Name einer Stadt hin: Im Nildelta befand sich die Stadt Phacussa, die Linsenstadt. Die Linse, ein Schmetterlingsblütler (bot. Lens culinaris) stammt aus Westasien, sie braucht zum Gedeihen ein heißes, trockenes Klima. Linsen werden heute im gesamten Mittelmeerraum, in Nahost, China, Indien und Amerika angebaut. Das Land mit dem höchsten Linsenverbrauch ist Indien.

Verkauft werden Linsen nicht nach Sorten, sondern nach Größe:
● Teller- oder Hellerlinsen, haben einen Durchmesser von 6 bis 7 mm
● Mittellinsen: Durchmesser von 5 bis 6 mm
● Kleine Linsen, auch Zukkerlinsen genannt: 4 bis 5 mm Durchmesser
● Große Linsen sind teurer als kleine, doch vom Geschmack her sind ihnen die kleinen Linsen überlegen. Sie haben einen höheren Schalenanteil, und gerade da sitzt der Geschmack.

Im Handel rangieren in der Qualitätsskala Chilelinsen an oberster Stelle, es folgen argentinische Linsen und Linsen aus USA.

Was Linsen so vollwertig macht

100 g Linsen enthalten 24 g Eiweiß, das noch besser genutzt werden kann, wenn es mit einem Lebensmittel, das ebenfalls Pflanzeneiweiß enthält, kombiniert wird, z. B. mit Klößchen aus Weizenschrot oder Hafer, ferner 1 g Fett, 56 g Kohlenhydrate = 1481 Joule (354 Kalorien), 17 g Ballaststoffe, die vor allem in der Schale sitzen, Vitamin A, B_1 B_2 und B_6 (100 g Linsen decken den Tagesbedarf eines Erwachsenen an Vitamin B), 810 mg Kalium und 410 mg Phosphor, 7 mg Eisen.

So werden Linsen gekocht

In Kochbüchern schwanken die Angaben über die

Linsenpflanzen gedeihen nur bei Wärme und Trockenheit. Sie werden 20 bis 30 cm hoch und haben blaßblaue Blüten. Die Schoten enthalten 1 bis 2 scheibenförmige Samen.

LINSEN

Im Geschmack unterscheiden sich die verschiedenen Linsensorten kaum, wohl aber in Form, Größe und Farbe. Links flache Tellerlinsen, Durchmesser 6 mm.

Vielseitig verwendbar, aber nicht ganz vollwertig sind die roten Splitlinsen, durch Schälen wird die ballastreiche Schale entfernt.

Die Farbe der Linsen ist zuerst hell und wird, auch durch Licht, mit der Zeit dunkler. Links aus der letzten Ernte helle kanadische Linsen.

Flache Linsen garen schneller als dicke Linsen. Links kleine, jedoch rundliche grüne Linsen, Durchmesser 4 mm.

Kochzeit für Linsen zwischen 30 und 60 Minuten, ja, manche gehen bis zu 2 Stunden. Zwei Dinge spielen eine Rolle dabei:
● die Dicke der Linsen: Flache Tellerlinsen garen schneller als kleine dickbauchige
● das Alter der Linsen: Je länger Linsen lagern, desto mehr verringert sich ihre Quellfähigkeit.

Ob man Linsen einweicht oder gleich zum Kochen aufsetzt, spielt keine so wesentliche Rolle, immerhin werden vorher eingeweichte Linsen etwas schneller gar. Aber Sie können Linsen im Geschmack durch Einweichen beeinflussen. Geben Sie gleich einige Kräuter und Gewürze zum Einweichwasser.

Wenn Ihre Linsen einmal gar nicht weich werden, so kann das daran liegen,
● daß das Wasser zu kalkhaltig ist. In Gegenden mit extrem kalkhaltigem Wasser sollte man einen Teil davon filtern oder das Wasser vorher aufkochen und wieder abkühlen lassen,
● daß Sie Salz und Säure (Wein oder Essig) von Beginn an zugegeben haben. Dann quellen die Linsen nicht richtig auf. Also Linsen immer fast gar kochen lassen, erst dann mit Salz und Säure würzen.

So vielseitig sind Linsen

In der fleischlosen Vollwertküche werden Linsen nicht nur in der Suppe serviert, es gibt vielmehr sehr verschiedene Gerichte, von denen nicht wenige aus der Mittelmeerküche oder der Küche Indiens stammen. Hier einige Anregungen:
● pikant gewürztes Linsengemüse ● Linsenpüree ● Linsenauflauf ● Linsenpastete ● Linsenfrikadellen ● Linsensalat.

Linsen schmecken und ergänzen sich mit Kartoffeln, Vollreis, Vollkornspätzle, Vollkornnudeln und Buchweizen, mit Zwiebeln, Porree, Sellerie, Möhren, Tomaten und Pilzen. Ferner mit Eiern, Nüssen, Sonnenblumenkernen, Rosinen, Äpfeln, Birnen und Backpflaumen, ja sogar mit Käse.

Gewürze, die mit Linsen harmonieren: Knoblauch, Thymian, Majoran, Petersilie, Salbei, Pfeffer, Ingwer, Chili, Lorbeer, Zimt, Rotwein, Essig.

So werden Linsen richtig gelagert

Linsen halten sich 4 bis 5 Jahre, wenn sie trocken, kühl und dunkel in der verschlossenen Packung lagern. Je älter die Linsen, desto länger die Garzeit und desto dunkler die Schale, sie wechselt von hell nach braun.

So werden Linsensprossen gezogen

Je nach Bedarf und Rezept 100 bis 200 g Linsen abwiegen, dabei beschädigte auslesen. Linsen in einer Schüssel gut mit Wasser bedecken und über Nacht ausquellen lassen.

Linsen in einem Sieb abspülen und abtropfen lassen. Das Sieb in eine Schüssel hängen und mit einem Teller abdecken. Bei Raumtemperatur um 20 Grad stehenlassen.

Linsen zweimal täglich mit lauwarmem Wasser durchspülen. Nach drei bis vier Tagen haben sich kleine Keime gebildet. Linsen vor Verwendung noch einmal gut abspülen.

LINSEN

Wolfgang Dubs, Rôtisserie Dubs in Worms, fasziniert die Idee, feine und vollwertige Küche auf einen Nenner zu bringen. Hier sehen Sie, was ihm zum Thema Linsen einfiel.

Lauwarmer Linsensalat mit Walnußtatar

*Für 4 Portionen:
2 Eigelb (hart gekocht)
100 g Doppelrahmfrischkäse
1 El Schlagsahne
Vollmeersalz, Pfeffer
1 Messerspitze Senf
40 Walnußhälften (100 g)
200 g Rote Bete
4 El Walnußöl
ca. 440 g Linsensprossen (aus 200 g Linsen, s. S. 121)
1 El Himbeeressig
2 El Rotweinessig
1 Apfel (ca. 200 g)
30 g Butter
1 El Apfeldicksaft*

1. Eigelb zerdrücken, mit Frischkäse und Sahne vermischen, mit Salz, Pfeffer und Senf würzen.
2. 24 schöne Walnußhälften beiseite legen, den Rest fein hacken und unter die Käsemasse mischen.
3. Die Käse-Nuß-Masse in einen Spritzbeutel mit Sterntülle 8 füllen und auf 12 Walnußhälften verteilen, die restlichen Walnüsse daraufsetzen.
4. Rote Bete schälen und in sehr feine Streifen schneiden. In dem Öl bei milder Hitze 5 Minuten dünsten.
5. Die Linsensprossen zugeben und kurz erwärmen. Alles mit Salz, Pfeffer und Essig würzen.
6. Den Apfel waschen und zerteilen. Kernhaus entfernen. Apfelstücke in dicke Spalten schneiden und in zerlassener Butter und Apfeldicksaft dünsten.
7. Salat mit den Walnüssen und den Apfelspalten anrichten und servieren.

Vorbereitungszeit: 30 Min.
Garzeit: 8 Minuten
Pro Portion ca. 22 g Eiweiß, 47 g Fett, 39 g Kohlenhydrate = 2892 Joule (692 Kalorien)

KICHERERBSEN

Nahöstlich inspiriert: Kichererbsenbällchen mit Sesamsauce und Rettichsalat. Rezept Seite 128.

Kichererbsenbällchen
Kichererbsenpolenta
Sommersalat mit Kichererbsensprossen
Kichererbseneintopf
Kichererbsenpüree mit Sommergemüsen
Gemüseterrine
Alles über Kichererbsen

KICHERERBSEN

Kichererbsenpolenta

Für 4 Portionen:
1 1/8 l Gemüsebrühe
300 g Kichererbsenmehl
Öl für die Form
1 Zwiebel
750 g Pfifferlinge
4 Knoblauchzehen
125 g Butter
Vollmeersalz
Pfeffer aus der Mühle
12 Salbeiblätter

1. Gemüsebrühe zum Kochen bringen, Kichererbsenmehl unter Rühren mit dem Schneebesen einrieseln lassen. Die Masse bei milder Hitze unter kräftigem Rühren 5 Minuten garen.

2. Eine Kastenform von 1 1/2 l Inhalt mit Öl ausfetten. Die Masse hineingießen und über Nacht fest werden lassen. Dann stürzen und in 12 Scheiben schneiden.

3. Zwiebel pellen und würfeln. Pfifferlinge putzen, waschen und abtropfen lassen. Knoblauch pellen.

4. Zwiebelwürfel in 25 g Butter andünsten, Pfifferlinge zugeben und mit Salz und Pfeffer würzen. Zugedeckt 10 Min. schmoren.

5. Die restliche Butter in einer großen Pfanne aufschäumen lassen. Polentascheiben darin von jeder Seite 3 Minuten braten. Beim Wenden den in dünne Scheiben geschnittenen Knoblauch und die Salbeiblätter zugeben.

6. Beim Anrichten die Bratbutter über die Scheiben geben, mit den Pfifferlingen servieren.

Vorbereitungszeit: 30 Min.
Garzeit: ca. 6 Minuten,
Pfifferlinge 10 Minuten
Pro Portion etwa 20 g Eiweiß, 30 g Fett, 41 g Kohlenhydrate = 2188 Joule (524 Kalorien)

KICHERERBSEN

Sommersalat mit Kichererbsensprossen

Für 4 Portionen:
600 g Tomaten
1 Salatgurke
Vollmeersalz
Pfeffer aus der Mühle
1 El Zitronenschale (abgerieben)
200 g Kichererbsensprossen (aus 100 g getrockneten Kichererbsen, Anweisung siehe Seite 129)
150 g Schafskäse
4 El Olivenöl
200 g Schlagsahne
1 El Zitronensaft
100 g schwarze Oliven

1. Die Tomaten waschen und achteln. Die Gurke waschen und in dünne Scheiben schneiden. Die Gemüse mit Salz, frisch gemahlenem Pfeffer und ½ El Zitronenschale bestreuen.

2. Die Kichererbsensprossen 5 Minuten in schwach gesalzenem Wasser kochen, dann in einem Sieb gut abtropfen lassen.

3. Den Schafskäse fein zerbröckeln und mit einem

Löffelrücken durch ein Drahtsieb streichen.

4. 2 El Olivenöl und die Sahne mit einem Schneebesen unter den Käse rühren. Die Masse mit Zitronensaft würzen.

5. Die Schafskäsesauce auf vier Teller verteilen. Das restliche Öl über die vorbereiteten Gemüse träufeln. Gemüse auf der Sauce verteilen.

6. Die Kichererbsensprossen und die Oliven über den angerichteten Salat geben, die restliche Zitronenschale darüberstreuen, servieren.

Vorbereitungszeit: 25 Min.
Garzeit: 5 Minuten
Pro Portion etwa 13 g Eiweiß, 46 g Fett, 20 g Kohlenhydrate = 2405 Joule (574 Kalorien)

KICHERERBSEN

Kichererbseneintopf

Für 4 Portionen:
350 g Kichererbsen
150 g weiße Bohnen (getr.)
Vollmeersalz
200 g kleine Zwiebeln
6–8 große Knoblauchzehen
4 El Olivenöl
1 El Honig
1 El Rosmarinnadeln
4 Lorbeerblätter
6 Tomaten (ca. 450 g)
Cayennepfeffer

1. Kichererbsen und Bohnen über Nacht in 2 l kaltem Wasser einweichen.
2. Am nächsten Tag in dem Einweichwasser zugedeckt leise kochen lassen. Zwischendurch abschäumen, nach 2 Stunden mit Salz würzen und noch weitere 15 Minuten fertiggaren.
3. Inzwischen die Zwiebeln pellen und längs vierteln.

Den Knoblauch pellen und längs halbieren.

4. Öl und Honig in einem Topf mäßig warm werden lassen. Zwiebelwürfel und Knoblauch darin andünsten, dann Rosmarin und Lorbeer zufügen.
5. Die Kichererbsen-Bohnenmischung unterrühren. Die Tomaten halbieren, mit Salz und Cayenne bestreuen und unter den Eintopf mischen.
6. Eintopf zugedeckt 30 Minuten leise garen lassen, dann abschmecken und servieren.

Vorbereitungszeit: 30 Min.
Garzeit: ca. 3 Std.
Pro Portion etwa 28 g Eiweiß, 16 g Fett, 69 g Kohlenhydrate = 2292 Joule (548 Kalorien)

KICHERERBSEN

Kichererbsenpüree mit Sommergemüsen

Für 4 Portionen:
500 g Kichererbsen
Vollmeersalz
Muskatnuß (frisch gerieben)
400 g Möhren
2 Kohlrabi (ca. 400 g)
4 Stangen Porree (500 g)
100 g Butter, 1 Tl Honig
40 g Kürbiskerne

1. Die Kichererbsen über Nacht in knapp 2 l Wasser einweichen. Im Einweichwasser zugedeckt leise 3 Std. kochen, dann salzen.

2. Kichererbsen bis auf 4 El durch die feine Scheibe

vom Fleischwolf drehen, o. in ¼ l Kochsud pürieren.

3. So viel Kochsud unterrühren, daß das Püree geschmeidig wird. Mit Muskat würzen, warm halten.

4. Möhren putzen, längs halbieren, Kohlrabi schälen, in Stifte schneiden. Porree putzen, waschen, in Stücke schneiden.

5. 40 g Butter in einem breiten Topf zerlassen. Gemüse nebeneinander hineingeben, mit Salz und Honig würzen, mit wenig Wasser zugedeckt 12 Minuten dünsten.

6. Restliche Butter bräunen, Kürbiskerne und Kichererbsen darin erhitzen. Püree mit Gemüsesud verrühren. Alles anrichten, Kürbiskerne und Kichererbsen darüberstreuen.

Vorbereitungszeit: 30 Min.
Garzeit: Kichererbsen 3 Std., Gemüse 12 Min.
Pro Portion etwa 34 g Eiweiß, 30 g Fett, 71 g Kohlenhydrate = 2970 Joule (710 Kalorien)

KICHERERBSEN

Vielseitig und reich an Pflanzeneiweiß: Kichererbsen

Würzige Bällchen aus Kichererbsen, in Fett ausgebakken. Zum großen Foto auf Seite 123

Kichererbsenbällchen mit Sesamsauce und Rettichsalat

Für 6 Portionen:
250 g Kichererbsen
100 g Hartweizengrütze
1 Bund glatte Petersilie
70 g Grahamschrot
(Type 1700)
1 Tl Kreuzkümmel (gem.)
1 Tl Koriander (gemahlen)
Vollmeersalz, Cayenne
2 Knoblauchzehen
2 El Zitronensaft
Pflanzenfett zum Fritieren
Sauce:
100 g Kichererbsen
4 El Sesampaste (Dose)
2 El Zitronensaft
1 Knoblauchzehe
1 El Sesamsaat, Cayenne
Salat:
1 Rettich, 1 Bund Radieschen
Vollmeersalz, 4 El Honig
¼ l Weißweinessig
Cayennepfeffer

1. Kichererbsen über Nacht in 1 l Wasser einweichen, dann darin zugedeckt knapp 3 Stunden garen. Abschäumen.
2. Abgekühlte und abgetropfte Kichererbsen durch die feine Scheibe vom Fleischwolf drehen (oder mit dem Schneidstab pürieren).
3. Hartweizengrütze mit ⅛ l kochendem Wasser begießen, 5 Min. quellen lassen. Petersilie hacken.
4. Kichererbsenbrei, Hartweizengrütze und Grahamschrot mit Petersilie, Kreuzkümmel, Koriander, Salz, Cayenne, durchgepreßtem Knoblauch und Zitronensaft mischen, die Masse abschmecken.
5. 15 Min. durchziehen lassen, mit nassen Händen ca. 60 walnußgroße Bällchen formen. In heißem Fett bei 170–180 Grad portionsweise

ausbacken, auf Küchenpapier legen.
6. Für die **Sauce** die Kichererbsen in ¼ l Wasser einweichen, garen und pürieren, mit Salz würzen. Abgekühlt mit Sesampaste, Zitronensaft und durchgepreßtem Knoblauch verrühren. Mit Sesam und Cayenne bestreuen.
7. Rettich und Radieschen putzen, in dünne Scheiben schneiden, mit Salz würzen.
8. Honig mit Essig aufkochen, mit Cayenne würzen und kochendheiß über Rettich und Radieschen gießen. Abkühlen lassen.

Vorbereitungszeit: 1 Std.
Garzeit: Kichererbsen 3 Stunden, Bällchen pro Portion ca. 3 Minuten
Pro Portion etwa 20 g Eiweiß, 15 g Fett, 60 g Kohlenhydrate = 1938 Joule (464 Kalorien)

Wer in Sizilien auf der Speisekarte ein Gericht mit Kichererbsen findet, muß wissen, daß diese Feldfrucht dort bereits in prähistorischen Zeiten angebaut wurde.
Die Heimat der Kichererbse wird in Vorderasien vermutet, doch ist sie seit langem im gesamten Mittelmeerraum verbreitet. Inzwischen werden Kichererbsen in Südamerika, Indien und in Pakistan angebaut. Denn dort wo Fleisch kaum zu bezahlen ist, liefern Kichererbsen pflanzliches Eiweiß zu einem erschwinglichen Preis.
Die Kichererbse, bot. Cicer arietinum (engl. chick pea oder gram pea, indisch gram, spanisch Garbanzos), ist eine äußerst anspruchslose und widerstandsfähige Ackerfrucht, die zum Wachsen viel Wärme braucht und sogar extreme Hitze verträgt.
Die einjährigen Pflanzen wachsen buschartig und erreichen eine Höhe von 45 cm. Aus den violetten oder weißen Blüten bilden sich gedrungene Hülsen mit ein bis drei Samen. Diese sind unregelmäßig rund geformt. Sie werden manchmal mit einem Widderkopf verglichen. Die gelblichen oder schwach rötlichen Samen haben einen Durchmesser von 8-12 mm.
Kichererbsen unterscheiden sich im Geschmack deutlich von den uns bekannten Hülsenfrüchten, man muß sich erst etwas vertraut mit ihnen machen. Doch ist ihr Geschmack so neutral, daß er ganz unterschiedliche Zubereitungen und Gewürze erlaubt.

Die Kichererbse ist eine anspruchslose Verwandte unserer Gartenerbse. Zum Gedeihen braucht sie vor allem Wärme.

KICHERERBSEN

Trockene Kichererbsen für Eintöpfe, Suppen und Gemüse.

Gekeimte Kichererbsen für Salate und Gemüse.

Kichererbsenmehl für Püree, Fladen, Saucen und Suppen.

Lange Garzeiten einplanen

Kichererbsen sind sehr hart. Bei der Planung von Gerichten müssen Sie 12 Stunden Einweichzeit und drei Stunden Garzeit einkalkulieren. Doch kann man gegarte Kichererbsen zwei bis drei Tage im Kühlschrank aufbewahren und sogar gut einfrieren.

Was in Kichererbsen steckt

100 g Kichererbsen enthalten 20 g Eiweiß, 5 g Fett, 61 g Kohlenhydrate = 1540 Joule (368 Kalorien).
Außerdem finden sich in Kichererbsen geringe Mengen Vitamin A, Vitamine der B-Gruppe, Vitamin E und an Mineralstoffen Eisen, Mangan, Kalzium und Phosphor.
Weil das Eiweiß der Kichererbse nicht alle notwendigen Aminosäuren enthält, sollte man z. B. mit Weizen kombinieren, dabei ergänzen sich die verschiedenen Aminosäuren.

So wird es gemacht:
1. Kichererbsen im Sieb gründlich abspülen.
2. Kichererbsen mit Wasser gut bedecken, 12 Stunden weichen lassen.
3. Kichererbsen mit Einweichwasser (es enthält wasserlösliche Nährstoffe!) zum Kochen bringen und zwischendurch abschäumen. Eventuell würzende Beigaben wie Zwiebeln, Knoblauch, Lorbeerblatt und Nelke zufügen. Zugedeckt 2½ bis 2¾ Stunden garen, erst dann mit Salz würzen. Im Schnellkochtopf reduziert sich die Garzeit auf etwa 45 Min.

Kichererbsensprossen

Es ist verblüffend, wie aus dem steinharten Samen nach wenigen Tagen ein knackiger, leicht süßlich schmeckender Keimling wird. 100 g Kichererbsen ergeben etwa 200 g Keimlinge. Abgespülte Samen 12 Stunden einweichen. Abgetropft in ein Glas geben, höchstens zweifingerhoch. Glas mit durchlässigem Stoff verschließen, bei Raumtemperatur stehenlassen. Täglich zwei- bis dreimal mit lauwarmem Wasser durchspülen, abtropfen lassen. Nach drei Tagen sind die Keime 3 mm lang. Nun bitte sofort ver-

Für schnelle Gerichte praktisch: Gekochte Kichererbsen in der Dose.

brauchen, sonst werden sie bitter. Da die rohen Kichererbsensprossen einen unbekömmlichen Eiweißstoff (Phasin) enthalten, sollte man sie vor dem Verzehr entweder knapp 5 Minuten über Dampf blanchieren oder 5 Minuten mit Fett andünsten.

Das paßt zu Kichererbsen

Kichererbsen können Sie mit vielen Gemüsen kombinieren, z. B. mit Auberginen, Möhren, Tomaten, Paprika, Zucchini, Sellerie, Porree, Weißkohl, Zwiebeln und Kartoffeln.
Kräuter wie Kresse, Dill, Petersilie, Oregano, Majoran, Thymian, Lorbeerblatt und Salbei passen dazu. Gewürzt wird in der Mittelmeerküche mit Zitronensaft, Cayennepfeffer, Sesampaste (Tahin), Koriander und Koriandergrün (Cilantro) sowie Knoblauch, in der fernöstlichen Küche mit Bockshornklee, Ingwer, Kardamom, Kreuzkümmel, Muskat und Nelke.

KICHERERBSEN

Kichererbsen und Vollwertiges sind Neuland für Heinz Winkler, „Tantris" in München. Dieses Rezept ist seine erste Annäherung.

Gemüseterrine mit Kichererbsen

Für 12 Portionen:
100 g Kichererbsen, Salz
200 g rote Bete
1 Tl Kümmel
150 g Keniabohnen
200 g Champignonköpfe
1/8 l Weißwein (trocken)
1/2 l Gemüsefond
12 g Agar-Agar (1 Tl, o. 8 Blatt weiße Gelatine)
2 El Noilly Prat (Wermut)

1. Kichererbsen garen (s. Seite 129) und salzen.
2. Rote Bete putzen. In Alufolie mit Kümmel und Salz 45 Min. bei 250 Grad (Gas 5–6) backen. Rote Bete schälen, in Stifte schneiden.
3. Bohnen waschen, putzen. Zugedeckt tropfnaß mit Salz ca. 8 Min. dünsten.
4. Gewaschene Champignons im Weißwein mit Salz 5 Min. zugedeckt garen, aus dem Wein heben.
5. Wein und Gemüsefond erhitzen, Agar-Agar oder eingeweichte Gelatine darin auflösen. Mit Wermut würzen, abkühlen lassen.
6. Einen Geleespiegel in eine Form (1 l Inhalt) gießen. Ausgekühlte Gemüse einschichten. Gelee darübergießen, kalt stellen.
7. Form in warmes Wasser tauchen, stürzen. Terrine in 12 Scheiben schneiden (Elektromesser).

Meerrettichsauce:
2 Eigelb mit 1 El Zitronensaft, 2 Tl Dijonsenf und 100 ccm Öl aufschlagen. 100 ccm Gemüsefond, 1 Msp. Safran, 2 El geriebenen Meerrettich und 1/2 geriebenen Apfel untermixen und abschmecken. Sauce zu der Terrine geben.

Vorbereitungszeit: 1 Std.
Garzeit: 3 Std. (Kichererbsen)
Pro Portion (ohne Sauce) etwa 4 g Eiweiß, 0 g Fett, 6 g Kohlenhydrate = 220 Joule (53 Kalorien)

HASELNÜSSE

Schmeckt nicht nur zu Weihnachten: ein Stollen aus Weizenvollkornmehl, Butter, Gewürzen und Haselnüssen. Rezept Seite 136.

Haselnußstollen

Herbstsalat mit Haselnüssen

Haselnußtarte mit Oliven

Biskuitroulade mit Haselnußsahne

Haselnußrisotto

Haselnußküchlein in Morchelrahmsauce

Haselnuß-Warenkunde

131

HASELNÜSSE

Herbstsalat mit Haselnüssen

Für 4 Portionen:
150 g Haselnußkerne
500 g Rotkohl
250 g Steckrüben
Vollmeersalz
2½ El Balsamessig
1 Tl Honig
Pfeffer aus der Mühle
6 El Haselnußöl
½ Kopf Eichblattsalat
100 g Cheddarkäse
(grob geraffelt)
4 große rosa Champignons
(150 g)

1. Die Haselnüsse grob zerteilen und ohne Fett hellbraun rösten.
2. Den Rotkohl und die Steckrübe putzen, wa-

schen und in feine Streifen schneiden. Mit Salz bestreuen.
3. Aus Essig, Honig, Pfeffer und Öl eine Sauce rühren, die Gemüse darin wenden und über einer Schüssel abtropfen lassen.
4. Eichblattsalat putzen, waschen und trockenschleudern. Durch die aufgefangene Sauce ziehen und auf Tellern verteilen.
5. Gemüse auf dem Salat anrichten, Haselnüsse und Cheddar darüber verteilen.

6. Die Pilze sauberreiben, putzen und blättrig schneiden. Auf den Tellern verteilen. Sofort servieren. Der Salat schmeckt als Vorspeise, aber auch als kleines Abendessen.

Vorbereitungszeit: 40 Min.
Pro Portion ca. 16 g Eiweiß, 49 g Fett, 13 g Kohlenhydrate = 2415 Joule (577 Kalorien)

HASELNÜSSE

Haselnußtarte mit Oliven

Für 6 Portionen:
250 g Haselnüsse
150 g Weizenschrot (fein)
5 Eigelb (Gewichtsklasse 2)
150 g Butter, Vollmeersalz
1 Tl Honig, 500 g Zucchini
25 g Kokosfett (ungehärtet)
1 El Obstessig
Pfeffer aus der Mühle
1 Bund Thymian (gehackt)
100 g schwarze Oliven (entsteint und gehackt)
1/2 Pfefferschote (gehackt)
150 g Schlagsahne
100 g Crème fraîche
1 Ei (Gewichtsklasse 2)
30 g Parmesan (gerieben)
2 Knoblauchzehen

1. 100 g Haselnüsse mahlen, mit Weizenschrot, 3 Eigelb, 100 g Butterflöckchen, Salz und Honig verkneten.

2. Eine Tarteform (28 cm

Durchmesser) mit dem Teig auskleiden, mehrfach einstechen, 30 Minuten kalt stellen.

3. Zucchini waschen, putzen und in Scheiben schneiden, im heißen Kokosfett anbraten.

4. Zucchini mit Essig, Salz, Pfeffer und Thymian würzen, abkühlen lassen.

5. Zucchini auf dem Teig verteilen, mit Oliven, Pfefferschote und 75 g gehackten Haselnüssen bestreuen.

6. Sahne, Crème fraîche, restliches Eigelb, Ei, Käse und Salz verrühren. Darübergießen.

7. Backofen auf 200 Grad (Gas 3) vorheizen. Form auf den Backofenboden stellen. Auf 150 Grad herunterschalten (Gas 2), 45 Minuten backen.

8. Restliche gehackte Haselnüsse in der restlichen Butter leicht anrösten, gepellten gehackten Knoblauch zugeben.

9. Auf der Tarte verteilen oder extra servieren.

Vorbereitungszeit: 65 Min.
Backzeit: 40 Min.
Uml.: 45 Min. b. 150 Grad
Pro Portion ca. 18 g Eiweiß, 78 g Fett, 24 g Kohlenhydrate = 3763 Joule (898 Kalorien)

HASELNÜSSE

Biskuitroulade mit Haselnußsahne

Für 16 Scheiben:
250 g Haselnußkerne
Fett für das Blech
4 Eier (Gewichtsklasse 2)
125 g Honig
140 g Weizenvollkornmehl (sehr fein gemahlen oder Type 1050)
2 Orangen
³/₈ l Schlagsahne
2 El Orangenlikör

1. 100 g Nüsse hobeln.
2. Saftpfanne fetten, mit Backtrennpapier belegen.
3. Eier trennen. Eigelb mit 100 g Honig und 3 El warmem Wasser 7 Min. dickschaumig aufschlagen.
4. Eiweiß steif schlagen. Ein Drittel unter die Eimasse rühren. Rest mit dem Mehl gut unterheben.
5. Teig auf die Saftpfanne gießen, glätten, mit gehobelten Nüssen bestreuen.
6. Bei 200 Grad (Gas 3) auf mittlerer Einschubleiste 10 bis 12 Min. backen.
7. Auf ein Tuch stürzen, Papier abziehen, mit Tuch einrollen, abkühlen lassen.

8. Restliche Nüsse rösten, abreiben, mahlen. Orangen schälen, filieren, würfeln.
9. Sahne mit restlichem Honig sehr steif schlagen. Nüsse, Likör und Orangenwürfel unterziehen.
10. Biskuit entrollen, mit der Füllung bestreichen. Aufrollen. In Folie einschlagen, 2 Std. kühlen lassen.

Vorbereitungszeit: 50 Min.
Backzeit: ca. 10–12 Min.
Uml.: 15 Min. b. 175 Grad.
Pro Stück ca. 6 g Eiweiß, 18 g Fett, 15 g Kohlenhydrate = 1102 Joule (263 Kalorien)

HASELNÜSSE

Risotto mit Haselnüssen

Für 4 Portionen:
250 g Zwiebeln
2 Knoblauchzehen
50 g Butter
2 El Haselnußöl
250 g Naturreis
Vollmeersalz
1 Tl gemahlener Koriander
50 g Korinthen
1 l Gemüsebrühe (Instant)
75 g Haselnußkerne
20 g Roggenmehl
(Type 1700)
1 El Curry
1/8 l Schlagsahne
250 g Möhren
250 g Porree

1. Zwiebeln und Knoblauch pellen, Zwiebeln würfeln, Knoblauch fein hacken.
2. Beides in 10 g Butter und Haselnußöl glasig

dünsten. Reis zugeben und rundum andünsten, mit Salz und Koriander würzen.
3. Korinthen und 5/8 l Brühe zugeben, zugedeckt 45 Min. ausquellen lassen.
4. Haselnüsse grob hacken, ohne Fett anrösten und unterheben.
5. Roggenmehl und Curry in 30 g Butter kurz anschwitzen, mit der restlichen Brühe und der Sahne verrühren, ohne Deckel 20 Minuten kochen lassen. Salzen und warm stellen.
6. Möhren und Porree putzen, waschen und in feine Streifen schneiden. Zugedeckt in der restlichen Butter mit 4 El Wasser dünsten, dann mit Risotto und Currysauce servieren.

Vorbereitungszeit: 30 Min.
Garzeit: 45 Min. für den Reis, 20 Min. für die Sauce.
Pro Portion ca. 13 g Eiweiß, 40 g Fett, 67 g Kohlenhydrate = 2940 Joule (704 Kalorien)

HASELNÜSSE

Schmeckt besser als jeder traditionelle Stollen: Haselnußstollen aus Vollkornmehl. Großes Foto auf Seite 131

Haselnußstollen

Für einen Stollen von 2700 g = ca. 25 Scheiben:
3 Zitronen mit unbehandelter Schale
1 Tl Zimt
½ Tl Kardamom
½ Tl Nelkenpfeffer (gem.)
1 Tl Koriander (gem.)
100 g Haselnüsse (gem.)
200 g Haselnüsse (halbiert)
250 g Rosinen
4 El Rum
650 g Weizenvollkornmehl (in der eigenen Mühle fein gemahlen oder Type 1050)
250 g Weizenschrot (fein)
250 g Weizenvollkorngrieß
60 g Hefe
250 g Honig
¼ l Milch
Vollmeersalz
2 Eier (Gewichtsklasse 2)
500 g Butter
50 g Haselnüsse (gehobelt)

1. Zitronen heiß abwaschen und die Schale fein abraffeln. Mit Zimt, Kardamom, Nelkenpfeffer und Koriander mischen.
2. Gemahlene und halbierte Nüsse getrennt ohne Fett hellbraun rösten.
3. Rosinen waschen, mit Rum beträufeln und zugedeckt ziehen lassen.
4. Mehl, Schrot, Grieß und gemahlene Nüsse mischen. Eine Vertiefung hineindrücken.
5. Zerbröckelte Hefe mit 1 El Honig in lauwarmer Milch auflösen, in die Vertiefung gießen, mit etwas Mehlmischung bestreuen.
6. Restlichen Honig, Salz, Eier und 350 g in Flöckchen geschnittene Butter an den Mehlrand geben, alles zu einem Teig zusammenkneten.
7. Zugedeckt bei Zimmertemperatur ca. 90 Minuten gehen lassen. Zusammenkneten und ausrollen.
8. Mit halbierten Nüssen, Rosinen und Würzmi-

schung bestreuen. Mit der Kuchenrolle leicht eindrücken.
9. Zusammenrollen und zum Stollen formen. Bei 175 Grad (Gas 2) auf mittlerer Einschubleiste 75 Minuten backen.
10. Noch heiß mit der restlichen, flüssig gemachten Butter bepinseln und mit den gehobelten Nüssen bestreuen.

Vorbereitungszeit: 45 Min.
Backzeit: ca. 75 Min.
Uml.: 90 Min. b. 150 Grad
Pro Scheibe ca. 13 g Eiweiß, 40 g Fett, 67 g Kohlenhydrate = 2940 Joule (704 Kalorien)

Die Haselnuß: Eine Nuß mit Geschichte

Der Haselstrauch gehört zu den ältesten Pflanzen, die wir in Europa kennen. Vor 9000 Jahren, als unsere Vorfahren darangingen, ihre Steinwerkzeuge zu verfeinern, bedeckten Haselsträucher weite Teile von Europa.
Kein Wunder, daß sich seit jeher viele abergläubische Gebräuche rund um den Strauch und seine Nüsse ranken. So haben zum Beispiel Wünschelrutengänger bis in unser Jahrhundert hinein fast ausschließlich Haselgerten benutzt. Und in vielen Ländern war es Sitte, die Braut bei der Hochzeit mit Haselnüssen zu bewerfen, damit die Ehe glücklich und kinderreich würde. Türkische Sultane glaubten sogar, Haselnüsse steigere ihre Potenz, und aßen darum mit Vorliebe Haselnußkonfekt.

Haselnüsse: Sie haben männliche und weibliche Blüten

Der Corylus avellana, wie der Haselstrauch mit botanischem Namen heißt, hat eine Besonderheit, die ihn von den meisten anderen Pflanzen unterscheidet: Er ist ein Windblütler und hat männliche und weibliche Blüten. An den Spitzen der Zweige sitzen die männlichen Blüten, uns allen als Frühlingsboten bekannt. In den ersten warmen Tagen strecken sie sich und werden ganz locker, bei etwas Wind verstreuen sie ihren gelblichen Blütenstaub.
Die weiblichen Blüten sitzen versteckt unter Knospenschuppen und sehen wie kleine braunrote Pinselchen aus. Zur Zeit der Blüte fliegen kaum Bienen, so trägt der Wind den Blütenstaub zu den weiblichen Blüten. Daraus entwickeln sich die Nüsse. Haselnüsse wachsen zwar auch bei uns, erwerbsmäßig angebaut werden sie hauptsächlich in den Mittelmeerländern. Absoluter Spitzenreiter ist die Türkei, gefolgt von Italien, Spanien und Frankreich. Einziger wichtiger Produzent außerhalb von Europa ist der US-Staat Oregon.
Im Gegensatz zu anderen Nüssen kommen Haselnüsse zum größten Teil ohne Schale als sog. Kerne zu uns. Und zwar wird

Geräte fürs Mahlen und Hacken

Am aromatischsten und gesündesten sind Nüsse, wenn man sie in der Mandelmühle frisch mahlt: Am praktischsten ist eine Mühle, die nicht nur mahlen, sondern auch hobeln kann. Und das Hacken erleichtert man sich mit einem Zwiebelhacker.

HASELNÜSSE

Paarweise oder zu dritt hängen im Herbst die Haselnüsse am Strauch.

Frisch vom Strauch gepflückt, füllt der Kern die Schale ganz aus (rechts). Je älter die Nuß wird, desto mehr trocknet ihr Kern ein. Eine alte Nuß erkennt man an dem großen Zwischenraum zwischen Kern und Schale (links).

Es gibt viele Haselnußsorten, die sich in Form und Schalenfarbe voneinander unterscheiden. Wie alle Nüsse werden auch die Haselnüsse aber nicht nach Sorten, sondern nur nach Größensortierungen verkauft.

das Gros dieser Kerne aus der Türkei eingeführt. Nüsse mit Schale kommen hauptsächlich aus Oregon und Frankreich (beides Spitzenqualitäten).

Haselnüsse: Tips für den Einkauf

Nüsse mit Schale sollten Sie natürlich zum „so"-Essen kaufen. Zum Kochen und Backen können Sie ruhig die Kerne nehmen, die in Frische den Nüssen in der Schale kaum nachstehen. Sie werden in den Erzeugerländern nämlich erst unmittelbar vor dem Versand geknackt. Ob ein Nußkern frisch geknackt ist oder schon lange beim Händler in den Regalen liegt, können Sie anhand des Mindesthaltbarkeitsdatums auf den Packungen erkennen. Es beträgt vom Abpacktag an gerechnet genau ein Jahr. Unser Tip: Immer Kerne kaufen, die eine lange Zeit bis zum Ablauf der Mindesthaltbarkeitsdauer vor sich haben. Die Frische einer Nuß können Sie auch an der Farbe des Kernfleisches erkennen: Je jünger die Nuß, desto weißer ihr Fleisch, je älter, desto gelblicher.

Haselnüsse in der Küche

Haselnüsse sind stark ölhaltig. Bei Zimmertemperatur werden sie relativ schnell ranzig. Darum sollten Sie Kerne zu Hause möglichst dunkel und kühl, also im Kühlschrank aufheben. Das gilt ganz besonders für gehackte oder gemahlene Nüsse, die nicht nur schnell ranzig werden, sondern auch noch Aromastoffe und Vitamine verlieren. Deshalb sollten Sie möglichst ganze Nußkerne kaufen und sie selber hacken oder mahlen.

Es lohnt sich, die Nüsse vor dem Backen oder Kochen zu rösten. Dadurch wird ihr Aroma intensiver, vor allem aber: Nach dem Rösten läßt sich das bittere braune Häutchen entfernen. Und so rösten Sie die Nüsse: Haselnußkerne auf dem Backblech ca. 10 Minuten bei 225 Grad (Gas 4) rösten, dann auf ein Metallsieb schütten und mit der Hand reiben, bis alle Nüsse „nackt" sind.

Noch etwas:
Kräftige Mittelmeerkräuter passen nicht zu Haselnüssen, dafür aber die meisten fernöstlichen Gewürze, so Pfeffer, Piment, Koriander und Curry.

Für Saucen: Haselnuß-Mus

Im Reformhaus können Sie dieses Haselnuß-Mus kaufen. Es besteht aus pürierten Haselnüssen und eignet sich zum Würzen von süßen und salzigen Saucen besonders gut. Wichtig: Das angebrochene Glas in den Kühlschrank stellen und den Inhalt bald verbrauchen!

Für Salate: Haselnuß-Öl

Im Feinkostgeschäft und im Reformhaus bekommen Sie das Öl aus kaltgepreßten Haselnüssen. Es schmeckt gut an allen grünen, frischen Salaten. Wie alle kaltgepreßten Öle sollte man es jedoch nie zum Braten verwenden.

So gesund ist sie

Haselnüsse enthalten 60% ungesättigte Fettsäuren, 12% hochwertiges Eiweiß, reichlich Vitamine (B, B_1, C und E) und Mineralstoffe (vor allem Kalium und Calcium). Aber: In 100 g stecken 693 Kalorien.

HASELNÜSSE

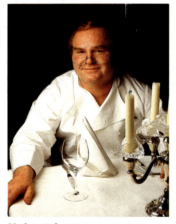

Helmut Ammann vom Landhaus Ammann in Hannover beweist es mit seinem Rezept auf dieser Seite: Vollwertkost kann ganz große Küche sein.

Haselnußküchlein in Morchelrahmsauce

Für 4 Portionen:
Für die Küchlein:
100 g Haselnüsse
50 g Butter
100 g Weizenschrot
2 Eier (Gewichtsklasse 2)
3 El Schlagsahne
Vollmeersalz
50 g Kokosfett (ungehärtet)
Für die Sauce:
30 g Morcheln (getrocknet)
1 El gewürfelte Schalotten
30 g Butter
¼ l Schlagsahne
Vollmeersalz
Pfeffer aus der Mühle
1 El gehackte Petersilie

1. Nüsse in dünne Scheiben schneiden, in einer Pfanne ohne Fett rösten.

2. Butter schmelzen, Schrot unterrühren und leicht bräunen.

3. ¼ l Wasser zugießen, unter Rühren aufkochen, bis die Masse abbindet. Eier, Sahne und ¾ der Nüsse unterrühren, salzen.

4. Teig etwas abkühlen lassen, mit nassen Händen 12 Klöße formen.

5. Im heißen Fett von jeder Seite ca. 6 Minuten braten, entweder in einer Spezialpfanne oder in einer Bratpfanne.

6. Mit den restlichen Nüssen bestreuen, zu gedünstetem Gemüse und Morchelrahmsauce servieren.

7. Für die Sauce gut gewaschene und eingeweichte Morcheln mit Schalottenwürfeln in Butter andünsten. Mit ¼ l gefiltertem Morchelwasser und ¼ l Sahne nach und nach aufgießen, cremig einkochen lassen. Mit Salz, Pfeffer und Petersilie würzen.

Vorbereitungszeit: 30 Min.
Garzeit: Küchlein 12 Min., Sauce ca. 25 Min.
Pro Portion ca. 15 g Eiweiß, 72 g Fett, 23 g Kohlenhydrate = 3458 Joule (826 Kalorien)

WALNÜSSE

Birnensalat mit Walnüssen, Friséeblättern und Camembert. Das Rezept steht auf Seite 144.

Birnensalat mit karamelisierten Walnüssen
Walnußtorte
Walnußsauce zu Vollkornnudeln
Grünkernsuppe mit Walnüssen
Walnußbrötchen
Walnußparfait mit Pflaumenmark
Alles über Walnüsse

WALNÜSSE

Walnußtorte

Ergibt 12–16 Stück:
Teig:
6 Eier (Gew.-Kl. 2)
1 Prise Vollmeersalz
120 g Honig (ohne ausgeprägtes Aroma)
150 g Walnußkerne (gemahlen)
100 g Weizenvollkornmehl (fein gem. o. Type 1050)
Füllung:
500 g Preiselbeeren
1/4 l Ahornsirup
3/4 l Schlagsahne
100 g Honig
200 g Walnußkerne (gemahlen)
12–16 Walnußkernhälften

1. Eier trennen. Eigelb mit 2 El warmem Wasser, Salz und Honig in ca. 7 Minuten dicklich aufschlagen.
2. Eiweiß steif schlagen, 1/3 davon unter die Eigelbmasse rühren, Rest mit gemahlenen Nüssen und Mehl darunterheben.
3. Eine Springform von 28 cm Ø mit Backtrennpapier auslegen, den Teig darin bei 175 Grad (Gas 2) im Ofen auf mittlerer Schiene 45 bis 50 Minuten backen, nach 35 Min. abdecken.
4. Biskuit nach dem Backen stürzen und völlig auskühlen lassen, dann dreimal durchschneiden.
5. Preiselbeeren verlesen, waschen, mit Ahornsirup dick einkochen. Abkühlen lassen, auf die drei unteren Tortenböden streichen.
6. Sahne mit dem Honig steif schlagen und portionsweise unter die gemahlenen Nüsse heben.

7. Jeweils knapp 1/4 Sahne auf den Preiselbeeren verstreichen, die Böden zusammensetzen und die restliche Sahne mit dem Spritzbeutel (Nr. 11) als Tupfen auf die Oberfläche setzen. Mit Nußkernen verzieren.

Vorbereitungszeit: 1 Std.
Backzeit: 45–50 Minuten
Pro Stück (bei 16 Stück) etwa 9 g Eiweiß, 32 g Fett, 29 g Kohlenhydrate = 1911 Joule (456 Kalorien)

WALNÜSSE

Walnußsauce zu Vollkornnudeln

Für 4 Portionen:
100 g Zwiebeln
150 g Walnußkerne
30 g Butter
1 El Olivenöl
1 Knoblauchzehe
¼ l Gemüsebrühe
150 ccm Schlagsahne
Vollmeersalz
400 g Porree
400 g Vollkornspaghetti
1 Bund Basilikum
100 g Parmesan (frisch geraffelt)

1. Zwiebeln pellen und fein würfeln. 100 g von den Walnußkernen mahlen. Butter und Olivenöl zusammen erhitzen, Zwiebeln und durchgepreßten Knoblauch darin glasig dünsten.

2. Die gemahlenen Walnüsse in einer Pfanne ohne Fett anrösten, dann unter die Zwiebeln rühren. Brühe und Sahne dazugeben, 5 Minuten in der offenen Pfanne kochen lassen, mit Salz abschmecken und warm halten.

3. Porree putzen, waschen und längs halbieren, dann in schmale Längsstreifen schneiden.

4. Die Nudeln in viel Salzwasser nach Anweisung garen. 5 Minuten vor Ende der Garzeit den Porree dazugeben.

5. Die restlichen Walnüsse grob zerbrechen und ohne Fett anrösten. Die Basilikumblätter von den Stielen zupfen. Nudeln und Porree abgießen und abtropfen lassen.

6. Die Porreenudeln mit der Sauce mischen, auf Tellern verteilen und mit Walnüssen und Basilikum garnieren. Den Parmesan dazu reichen.

Vorbereitungszeit: 15 Min.
Garzeit: ca. 10 Minuten
Pro Portion etwa 33 g Eiweiß, 54 g Fett, 74 g Kohlenhydrate = 3945 Joule (943 Kalorien)

WALNÜSSE

Grünkernsuppe mit Walnüssen

Für 4 Portionen:
1 Zwiebel (60 g)
60 g Butter
80 g Grünkernschrot
100 g Walnußkerne
1 l Gemüsebrühe
200 g Zucchini
100 g Champignons
1 Prise Vollmeersalz
1 Bund glatte Petersilie
100 g Crème fraîche

1. Zwiebel pellen und sehr fein würfeln, in 40 g Butter glasig dünsten. Grünkernschrot unterrühren und anrösten.

2. Die Hälfte der Walnußkerne mahlen, unter den Grünkern mischen, dann mit Gemüsebrühe auffüllen und zugedeckt 10 Minuten leise kochen lassen.

3. Inzwischen die restlichen Walnußkerne grob zerbrechen. Zucchini waschen, putzen und in Scheiben schneiden. Champignons ebenfalls putzen, kurz abbrausen und in Scheiben schneiden.

4. Gemüse und Nüsse in der restlichen Butter von beiden Seiten 2–3 Minuten

braten, dann salzen und warm halten.

5. Petersilie waschen, trockenschütteln und hacken. Zusammen mit der Crème fraîche unter die Suppe ziehen. Suppe auf vorgewärmte Teller verteilen, die Gemüse-Nuß-Mischung in die Mitte geben. Sofort servieren.
Dazu paßt Vollkorntoast mit Butter, feingehackten Walnüssen und Schnittlauch.

Vorbereitungszeit: 20 Min.
Garzeit: 15 Minuten
Pro Portion etwa 10 g Eiweiß, 37 g Fett, 16 g Kohlenhydrate = 1856 Joule (444 Kalorien)

WALNÜSSE

Walnußbrötchen

Für 12 Brötchen:
200 g Walnußkerne
1 Bund Thymian (frisch)
500 g Weizenvollkornmehl
(fein gem. o. Type 1050)
1 Würfel Hefe (42 g)
1 Tl Honig, 2 El Walnußöl
1 Prise Vollmeersalz, 1 Ei

1. Zwölf schöne Walnußhälften beiseite legen, den Rest mahlen. Thymianblätter von den Stielen zupfen.

2. Mehl in eine Schüssel schütten, in die Mitte ein Mulde drücken. Zerbrökkelte Hefe und Honig in 300 ccm lauwarmem Wasser auflösen, in die Mulde gießen.

3. Gemahlene Nüsse, Thymian, Öl und Salz auf den Mehlrand geben. Von der Mitte aus alles zu einem Teig verarbeiten. Der Teig klebt zunächst noch etwas, weil das Mehl erst später ausquillt. Den Teig zu einer Kugel formen, zudecken und gehenlassen, bis er doppelt so groß ist.

4. Gegangenen Teig kurz durchkneten und zu einer Rolle formen. In 12 Stücke schneiden, jedes Stück auf die Schnittfläche legen und die Oberfläche mit dem Messer tief einkerben.

5. Auf jedes Brötchen eine Walnußhälfte setzen, das Brötchen mit verquirltem Ei bepinseln. Im Ofen bei 200 Grad (Gas 3) auf der 2. Schiene von unten ca. 25 Minuten backen.

Vorbereitungszeit: 40 Min.
Backzeit: ca. 25 Minuten
Umluft: 25–30 Min. b. 175 Grad. Pro Brötchen etwa 9 g Eiweiß, 14 g Fett, 28 g Kohlenhydrate = 1170 Joule (280 Kalorien)

WALNÜSSE

Die Kombination Birne–Walnuß–Käse ist klassisch. Den Salat aus diesen Zutaten können Sie auf Seite 139 noch etwas besser sehen.

Walnuß: Süßer Kern in harter Schale

Birnensalat mit karamelisierten Walnüssen

Für 4 Portionen:
2 Birnen (ca. 400 g)
2 El Zitronensaft
3 El Birnendicksaft
(a. d. Reformhaus)
60 g Walnußhälften
½ Kopf Friséesalat
2 El Weißweinessig
1 Prise Vollmeersalz
Pfeffer a. d. Mühle
2 El Öl (kalt gepreßt)
1 El Walnußöl
250 g Camembert

1. Birnen schälen und vierteln, die Kerngehäuse herausschneiden. Birnenviertel längs in Spalten schneiden und mit Zitronensaft beträufeln.

2. Den Birnendicksaft in einer Pfanne erhitzen, die Birnenspalten darin von jeder Seite 1 Minute dünsten, dann herausnehmen.

3. Die Walnußhälften im Saft so lange wenden, bis

sie rundum vom ganz dick eingekochten Saft umhüllt sind.

4. Den Friséesalat putzen und auseinanderzupfen, waschen und trockenschleudern. Aus Essig, Salz, Pfeffer und den beiden Ölsorten eine Vinaigrette rühren.

5. Den Frisée in der Vinaigrette wenden und auf Tellern verteilen. Birnenspalten und Nüsse dazulegen. Den Camembert in vier Portionen teilen und ebenfalls dazulegen. Gleich servieren.

Vorbereitungszeit: ca. 20 Minuten
Pro Portion etwa 18 g Eiweiß, 33 g Fett, 20 g Kohlenhydrate = 1922 Joule (460 Kalorien)

Durch zahlreiche archäologische Funde weiß man, daß die Walnuß bereits seit einigen tausend Jahren in Europa und Asien verbreitet ist. Woher sie ursprünglich stammt, ist nicht sicher zu ermitteln. Man nimmt jedoch an, daß ihre Heimat Persien ist und daß sie von dort aus auf den frühen Handelswegen sowohl nach Zentralasien und China als auch nach Griechenland und von dort aus nach Rom kam.

Die Griechen klassischer Zeit hatten die Walnuß dem Gott Dionysos geweiht, die Römer dem Jovis. Auf diese Gottheit weist auch der lateinische Gattungsname der Walnuß hin: Sie gehört zu den Juglandaceae, den Walnußgewächsen, von Juglans, der verkürzten Form von Jovis glans (Jupiters Eichel).

Nicht nur im alten Rom, auch später in Frankreich und Deutschland, wohin sie die Römer in frühchristlicher Zeit brachten, war die Walnuß ein Fruchtbarkeitssymbol. Walnüsse zur Hochzeit sollten die Ehe kinderreich machen, und im Elsaß sah man einen Zusammenhang zwischen reichen Walnußernten und der Geburt unehelicher Kinder. Die, so sagte man, sind vom Walnußbaum gefallen.

Bei uns ist der Walnußbaum, der mildes Klima schätzt, nur dort richtig heimisch geworden, wo auch Wein gedeiht. Wie fremd uns die Nuß früher war, sagt heute noch ihr Name: Wal bedeutet welsch, fremd. Walnußbäume wachsen zwar langsam, aber bis zu 30 Meter hoch, und sie können 150 Jahre alt werden. Die ersten Früchte trugen die Bäume früher nach zehn bis fünfzehn Jahren. Heute gibt es Züchtungen, die schon nach fünf Jahren Ertrag bringen. Ein gesunder 50jähriger Baum kann in einem guten Jahr schon einmal 100 kg Nüsse tragen.

Ein fünfzigjähriger Walnußbaum trägt bis zu 100 kg Nüsse.

WALNÜSSE

Helle Walnüsse sind meist gewaschen und gebleicht. Eine dunkle, unansehnliche Schale weist auf wildwachsende Nüsse und Nüsse aus biologischem Anbau hin.

Die Walnuß ist, wie Pfirsich und Aprikose, eigentlich ein Steinobst. Das Fruchtfleisch ist die grüne, glatte Schale, die man sogar zum Braunfärben verwenden kann. Die Nuß selbst mit ihrem süßen Kern ist der „Stein" der Frucht.

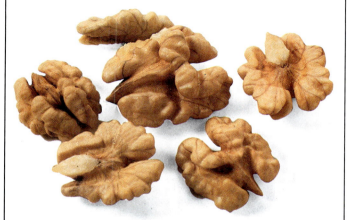

Walnüsse kauft man am besten in der Schale. Bereits geschälte Kerne – es gibt ganze, halbe und Stückchen – werden schneller ranzig oder sind chemisch konserviert.

Weihnachten ist Walnußzeit

Spätestens ab dem Nikolaustag, dem 6. Dezember, beginnt bei uns die Walnußsaison. Doch die ersten frischen Walnüsse gibt es schon viel früher. Ab September und bis in den November hinein sind die Schälnüsse auf dem Markt, die ungetrockneten Walnüsse, von deren Kern sich noch die weiche, sehr bittere Haut abziehen läßt. Schälnüsse schmecken ganz besonders gut zu Wein, Käse und Obst.

Da frische Walnüsse Feuchtigkeit enthalten, beginnen sie nach einiger Zeit zu schimmeln. Um das zu vermeiden, werden sie getrocknet. Was dabei herauskommt, ist die Walnuß, wie man sie im Normalfall kennt und wie man sie in der Küche verwendet für Müsli, Gebäck, Salate, Desserts und Füllungen.

In den üblichen Läden verschwinden die Walnüsse spätestens im Frühjahr aus den Regalen. Früher war das sinnvoll, weil Nüsse mit ihrem hohen Fettgehalt nicht unbegrenzt haltbar sind, doch heute liegt das an der geringen Nachfrage nach dem nicht ganz billigen Artikel. Da wir Walnüsse aus aller Welt importieren, aus USA, China, Frankreich, Chile, Italien und den Balkanländern, kann man, zumindest theoretisch, eigentlich das ganze Jahr über frisch geerntete Walnüsse bekommen.

Lagern Sie Walnüsse luftig und trocken und nie in der Nähe stark duftender Lebensmittel, denn Nußöl nimmt leicht Fremdgerüche auf. Walnußkerne halten sich in verschlossenen Dosen gut im Kühlschrank.

Walnußland Kalifornien

In die „Neue Welt", also nach Amerika, brachten Franziskanermönche die Walnuß zusammen mit den Reben, um das Jahr 1770 zuerst nach Mexiko, dann nach Kalifornien. Das kalifornische Klima erwies sich für den Walnußanbau als so günstig, daß er sich

Walnußöl gibt Salaten einen intensiven Geschmack. Man sollte es deshalb sparsam dosieren, aber zügig aufbrauchen, weil es schnell ranzig wird.

dort zu einer regelrechten Großindustrie entwickelte, mit allen Vor- und Nachteilen. Der Vorteil des großflächigen Plantagenanbaus ist der verhältnismäßig niedrige Preis, die Nachteile liegen in der Monokultur, die auf Pflanzenschutzmittel angewiesen ist. Immerhin stammen heute rund zwei Drittel der Welternte an Walnüssen aus Kalifornien und sogar fast drei Viertel unserer Importe.

Ein wichtiges Walnußland für uns ist auch Frankreich. Die „Noix de Grenoble" aus einem genau abgegrenzten Anbaugebiet im Dauphiné, hat, wie Qualitätswein, eine Appellation Contrôlée. Auch in Frankreich kennt man Nuß-Plantagen, doch ein Gutteil der Ernte stammt aus dem sogenannten Streuanbau, also aus Gärten und von Chausseebäumen.

Eine geballte Ladung Energie

Die Walnuß hat einen Fettgehalt von 63 bis 64 Prozent, enthält nur 5 Prozent Wasser, dafür 15 bis 16 Prozent Eiweiß. Das macht sie zu einem vorzüglichen Energielieferanten, ganz speziell in der gesunden (und vegetarischen) Küche. Ihr Kohlenhydratanteil ist verhältnismäßig gering: rund 15 Prozent, der Nährwert entsprechend hoch: 100 Gramm Walnußkerne enthalten 2814 Joule (670 Kalorien). An Vitaminen liefert sie vor allem die der B-Gruppe, ferner Vitamin A, E und C. Sie ist auch ein guter Lieferant der Mineralstoffe Phosphor, Kalium, Eisen, Fluor und der Spurenelemente Zink, Chlor, Mangan und Kupfer.

WALNÜSSE

Vollwertkost findet man auch auf der Speisekarte in Jörg Müllers Zwei-Sterne-Restaurant „Nösse" in Morsum auf Sylt.

Walnußparfait mit Pflaumenmark

Für 16 Portionen Parfait und 4 Portionen Pflaumenmark:
100 g Walnußkerne
5 Eigelb (Gew.-Kl. 2)
120 g Tannenhonig
1 Prise Vollmeersalz
1/2 Tl Zimtpulver
Mark 1 Vanilleschote
600 g Schlagsahne
300 g frische Pflaumen
60 g Honig
Garnitur:
frische Pflaumen, Orangenfilets, Walnußkerne, Melisse- oder Minzeblättchen

1. Walnüsse grob zerbrechen und in einer Pfanne ohne Fett rundum rösten. Abkühlen lassen.

2. Eigelb mit Honig, Salz, Zimt und Vanillemark über einem nicht zu heißen Wasserbad in ca. 10 Min. mit den Quirlen des Handrührers dicklich aufschlagen. Eimasse im kalten Wasserbad kalt schlagen.

3. Die Sahne steif schlagen, mit den gerösteten Nüssen unter die Eimasse ziehen.

4. In eine Kastenform füllen und im Gefriergerät durchfrieren lassen. Vor dem Servieren im Kühlschrank temperieren, dann in Scheiben schneiden. Den Rest wieder einfrieren.

5. Für das Pflaumenmark die Pflaumen entsteinen, im Honig mit dem Schneidstab des Handrührers pürieren und dick einkochen. Durch ein Sieb streichen und kalt stellen.

6. Je eine Scheibe Parfait mit Pflaumenmark anrichten und garnieren.

Vorbereitungszeit: 40 Min.
Garzeit: 10 Minuten
Pro Portion etwa 4 g Eiweiß, 18 g Fett, 27 g Kohlenhydrate = 1240 Joule (297 Kalorien)

MANDELN

Gemüse von Roten Beten und Broccoli mit einer Sauce aus geriebenen Mandeln und Crème fraîche. Rezept auf Seite 152.

Rote Bete und Broccoli mit Mandelsauce
Grünkohlauflauf mit Mandelkruste
Mandelpie
Mandel-Früchtebrot
Mandelcreme-Torte
Schwarzwurzeln auf Feldsalat mit Mandel-Dressing
Mandelkunde

MANDELN

Grünkohlauflauf mit Mandelkruste

Für 4 Portionen:
200 g Zwiebeln
40 g Butterschmalz
1,5 kg Grünkohl
Vollmeersalz
150 g Möhren
Pfeffer aus der Mühle
1/8 l Gemüsebrühe (aus dem Reformhaus)
150 g Mandeln
40 g Butter
100 g Hafergrütze
Fett für die Form
250 g Appenzeller

1. Die Zwiebeln pellen, in schmale Streifen schneiden und im Butterschmalz zugedeckt ca. 10 Minuten dünsten.
2. Grünkohl in viel Wasser gründlich waschen, abtropfen lassen und von den Stielen streifen. Portionsweise in reichlich Salzwasser ca. 1 Minute vorgaren. Herausnehmen, abtropfen lassen und abgekühlt grob hacken.
3. Möhren schälen oder kräftig bürsten, dann waschen und würfeln. Möhren und Grünkohl mit den vorgedünsteten Zwiebeln mischen.
4. Gemüse mit Salz und Pfeffer würzen, die Gemüsebrühe zugeben. Alles zugedeckt 45 Min. garen.
5. Inzwischen 100 g Mandeln hacken, den Rest stifteln. Butter zerlassen, Hafergrütze und gehackte Mandeln darin anrösten. In

den letzten 10 Minuten unter den Grünkohl mischen.
6. Grünkohl abschmecken, in eine ausgefettete feuerfeste Form füllen.
7. Käse grob raffeln und mit den Mandelstiften über den Auflauf streuen.
8. Auflauf bei 200 Grad (Gas 3) auf der mittleren Schiene ca. 12 Minuten überbacken.

Vorbereitungszeit: 45 Min.
Garzeit: insgesamt 65 Min.
Überbacken mit Umluft: 12 Minuten bei 175 Grad
Pro Portion etwa 43 g Eiweiß, 58 g Fett, 25 g Kohlenhydrate = 3439 Joule (821 Kalorien)

MANDELN

Mandelpie

Für 12 Stücke:
250 g Weizenvollkornmehl (fein gemahlen)
1/8 l Milch
100 g Honig
30 g Hefe
150 g Butter
3 Eigelb (Gew.-Kl. 2)
1 Prise Vollmeersalz
250 g Mandeln
Mehl zum Bestäuben
Fett für die Form
1 El Rum
1 Tl Zitronensaft

1. Das Mehl in eine Schüssel schütten und eine Mulde in die Mitte drücken.
2. Die Milch erwärmen, 1 Tl Honig und die zerbröckelte Hefe darin auflösen.
3. Die Hefemilch in die Mulde gießen, mit Mehl vom Rand bestreuen. 80 g geschmolzene Butter, 2 Eigelb und Salz an den Mehlrand geben.
4. Alles mit den Knethaken des Handrührers zu einem weichen Teig verarbeiten. Zugedeckt 20 Minuten gehen lassen.
5. Inzwischen die Mandeln längs halbieren. Die restliche Butter und den Honig

bei milder Hitze auflösen, die Mandeln darin wenden und lauwarm halten.
6. Den Teig auf einer mit Mehl bestäubten Arbeitsfläche zu einem Kreis von 34 cm ∅ ausrollen. Eine ausgefettete Pieform von 30 cm ∅ damit auslegen.

7. Teig am Rand hochdrücken und mit dem dritten Eigelb bepinseln. Boden mit einem Löffelstiel mehrfach eindrücken. Mandeln auf dem Boden verteilen.
8. Pie auf der 2. Schiene von unten bei 200 Grad (Gas 3) ca. 30 Minuten backen, mit Rum und Zitronensaft beträufeln und lauwarm servieren.

Vorbereitungszeit: 30 Min.
Garzeit: 30 Minuten
Umluft: 30 Minuten bei 175 Grad
Pro Stück etwa 9 g Eiweiß, 24 g Fett, 21 g Kohlenhydrate = 1461 Joule (349 Kalorien)

MANDELN

Mandel-Früchtebrot

Für etwa 20 Scheiben:
175 g Mandeln
200 g Pflaumen (getr.)
200 g Aprikosen (getr.)
125 g Rosinen
125 g Korinthen
4 El Rum
160 g Butter
125 g Honig
4 Eier (Gew.-Kl. 2)
100 g Weizenvollkornmehl
(fein gemahlen)
1 Msp. Zimtpulver
1 Msp. Nelkenpulver
30 g Mandeln (gemahlen)

1. Mandeln in kochendes Wasser schütten, einmal aufkochen lassen, dann abschrecken und häuten. 125 g davon hacken, den Rest zum Garnieren beiseite stellen.

2. Pflaumen und Aprikosen fein würfeln, mit Rosinen, Korinthen und gehackten Mandeln mischen, mit 2 El Rum beträufeln.

3. 150 g Butter mit dem Honig schaumig rühren. Die Eier einzeln nacheinander unterrühren.

4. Das Mehl mit Zimt und Nelken mischen, mit dem

restlichen Rum unter die Butter-Ei-Masse rühren, dann die Früchte zugeben.

5. Die Früchte mit einem Löffel untermischen. Eine Kastenform (24 cm lang) mit 10 g Butter ausfetten, mit den gemahlenen Mandeln ausstreuen.

6. Teig einfüllen und glattstreichen. Mit den restlichen Mandeln garnieren. Bei 175 Grad (Gas 2) auf der untersten Schiene ca. 1 Stunde backen. 10 Minuten im ausgeschalteten Ofen nachziehen lassen.

7. Ausgekühlt in Pergamentpapier wickeln, einige Tage durchziehen lassen.

Vorbereitungszeit: 35 Min.
Backzeit: 1 Stunde, 10 Min.
Umluft: 60 Minuten bei 150 Grad
Pro Scheibe etwa 4 g Eiweiß, 14 g Fett, 28 g Kohlenhydrate = 1134 Joule (271 Kalorien)

MANDELN

Mandelcreme-Torte

Ergibt 12–16 Stücke:
7 Eigelb, 250 g Honig
4 El Mandellikör
2 Orangen (unbehandelt)
100 g Mandeln (gemahlen)
100 g Mandeln (gehackt)
1 Prise Vollmeersalz
4 Eiweiß (Gew.-Kl. 2)
140 g Weizenvollkornmehl
Fett und Mehl für die Form
½ l Schlagsahne
2 El Zitronensaft
50 g Mandelblättchen

1. 3 Eigelb, 100 g Honig und 2 El Mandellikör in 7–10 Minuten dick aufschlagen.

2. ½ Orange fein abreiben. Gemahlene und gehackte Mandeln getrennt ohne Fett hellbraun rösten.

3. Mandeln abgekühlt unter die Eimasse rühren, zum Ausquellen mindestens 4 Stunden, noch besser über Nacht, kühl stellen.

4. Für den Biskuit 4 Eigelb mit 125 g Honig, 2 El Mandellikör und Salz 7–10 Minuten dick aufschlagen. Eiweiß steif schlagen.

5. ⅓ vom Eischnee unter die Eimasse rühren, den Rest zusammen mit dem Mehl locker unterziehen. Masse in eine Springform (26 cm ⌀, Boden gefettet und gemehlt) füllen. Bei 200 Grad (Gas 3) 25 Minuten auf der mittleren Schiene backen.

6. Ausgekühlten Teigboden durchschneiden. Sahne mit dem restlichen Honig und Zitronensaft steif schlagen, nach und nach unter die Mandelmasse ziehen.

7. Die Torte damit füllen und bestreichen, mit abgeriebener Orangenschale, hellbraun gerösteten Mandelblättchen und Orangenscheiben garnieren.

Vorbereitungszeit: 50 Min. (mit Füllen und Garnieren)
Backzeit: 25 Minuten
Umluft: 25 Minuten bei 175 Grad
Pro Stück (bei 16 Stücken) etwa 8 g Eiweiß, 21 g Fett, 21 g Kohlenhydrate = 1371 Joule (328 Kalorien)

MANDELN

Feingeriebene Mandeln geben der Sauce zu Broccoli und Roter Bete die Bindung. Rezept zum Foto auf S. 147

Mandeln: Vielseitig, heilsam und von feinstem Geschmack

Rote Bete und Broccoli mit Mandelsauce

Für 4 Portionen:
500 g rote Bete
125 g Butter
1 El Honig
Vollmeersalz
Pfeffer aus der Mühle
1 kg Broccoli
½ Bund Majoran (ersatzw. 1 El gerebelter Majoran)
100 g Mandeln (gemahlen)
2 Knoblauchzehen
⅛ l Gemüsebrühe (aus Paste, Reformhaus)
200 g Crème fraîche
50 g Mandeln

1. Die roten Bete waschen und schälen, danach in schmale Spalten schneiden. 30 g Butter zerlassen, mit dem Honig verrühren. Die roten Bete zufügen und zugedeckt bei milder Hitze etwa 20 Minuten dünsten, dann herzhaft mit Salz und frisch gemahlenem Pfeffer abschmecken.
2. Den Broccoli waschen und putzen, in Röschen zerteilen. Dicke Stiele abschneiden, schälen und in kurze Stücke schneiden. 40 g Butter zerlassen, den tropfnassen Broccoli zugeben und zugedeckt 10 Minuten dünsten, dann mit Salz würzen.
3. Majoranblätter von den Stielen zupfen und hakken. Die gemahlenen Mandeln in einer Kasserolle ohne Fett unter Rühren hellbraun rösten. Danach 40 g Butter zugeben.
4. Den Knoblauch pellen und hacken, unter die Mandeln mischen. Brühe und Crème fraîche dazugeben und alles gut durchrühren. Sauce bei milder Hitze 2 Minuten leise kochen lassen.
5. Sauce mit Salz und Pfeffer abschmecken, mit der Hälfte vom Majoran würzen.
6. Die Mandeln in Stifte

schneiden und in der restlichen Butter heiß werden lassen.
7. Broccoli und rote Bete anrichten, die Mandelstifte und den restlichen Majoran darüberstreuen, die Mandelsauce dazu anrichten.

Vorbereitungszeit: 30 Min.
Garzeit insgesamt: 20 Min.
Pro Portion etwa 15 g Eiweiß, 62 g Fett, 20 g Kohlenhydrate = 2997 Joule (716 Kalorien)

Schon in frühester Zeit haben die Menschen entdeckt, daß die Früchte des Mandelbaums in ihrer harten Schale einen wohlschmeckenden und zugleich nahrhaften Kern bergen. Daß Mandelbäume schon im Alten Testament erwähnt werden, ist ein Beweis dafür, wie früh Mandelbäume bereits kultiviert wurden.
Die Heimat des Mandelbaums ist vermutlich Kleinasien. Von dort gelangte er über Griechenland allmählich in den gesamten Mittelmeerraum. Zum Gedeihen brauchen Mandelbäume ein mildes Klima (ähnlich wie Oliven) und etwas Winterregen. Schon im Januar oder Februar erscheinen die weiß-rosa Blüten. Daraus bilden sich Steinfrüchte. Ihre äußere Schicht besteht aus grünem, trockenem Fruchtfleisch, es ist mit feinen Haaren überzogen. Beim Reifen der Mandeln wird das Fruchtfleisch braun, platzt auf und gibt die hölzerne Schale frei. Darin sitzt ein Kern mit zimtbrauner Samenschale und elfenbeinfarbenem Fleisch, die Mandel. Man unterscheidet bei der Süßmandel (bot. Prunus amygdalus var. dulcis) zwei Sorten: die Steinmandel, die einen steinharten Kern hat und bereits im Ursprungsland geknackt wird, und die Krach- oder Knackmandel (var. fragilis), die eine poröse, mürbe Schale hat und sich leicht aufbrechen läßt. Krachmandeln sind ein traditioneller Bestandteil auf dem bunten Weihnachtsteller.
Die Bittermandel (var. amara) wird kaum noch gehandelt, obwohl sie früher gern zum Würzen von Gebäck und Konfekt verwendet wurde. Sie enthält jedoch Blausäure und ist in rohem Zustand giftig. Durch Kochen oder Bakken wird das Gift jedoch zerstört. Süße Mandeln enthalten je nach Herkunft 2–5 Prozent bittere Mandeln.

So sitzen die Mandeln am Zweig. Das grüne behaarte Fruchtfleisch löst sich beim Reifen der Steinfrüchte von der Schale ab.

MANDELN

Ganz oben Mandeln mit holziger, gelöcherter Schale, sie ist bei Steinmandeln wirklich steinhart, bei Krachmandeln mürbe und brüchig. In der Mitte ganze Mandelkerne mit Haut, darunter gebrühte und gehäutete Mandeln.

Was alles in Mandeln steckt

Mandeln haben es im wahrsten Sinne des Wortes in sich: 100 g enthalten rund 18,6 g Eiweiß, 54 g Fett, 19,5 g Kohlenhydrate = 2499 Joule (589 Kalorien).
Das Fett der Mandel ist besonders wertvoll, weil es reich an lebensnotwendigen (essentiellen) Fettsäuren ist.
Die Eiweißbausteine der Mandel ergänzen sich mit den Eiweißbausteinen anderer Nüsse zu vollwertigem Eiweiß, weshalb man Mandeln und Nüsse öfter mischen sollte. Bemerkenswert ist der Ballaststoffgehalt der ungehäuteten Mandel, er beträgt zwischen 2 und 3 Prozent. Deshalb wird man in der Vollwertküche ungehäuteten Mandeln fast immer den Vorzug geben. Mandeln liefern außerdem wertvolle Vitamine, so Vitamin A, Vitamine der B-Gruppe und Vitamin E. An Mineralstoffen enthält die Mandel vor allem Calcium, Magnesium, Eisen und Phospor.
Vielleicht liegt es an dieser günstigen Zusammensetzung, daß man der Mandel einen positiven Einfluß auf das Nervensystem, auf die Sehkraft und auf die Verdauungsorgane nachsagt. Es heißt auch, daß Mandeln entzündliche Prozesse im Körper günstig beeinflussen. Kurzum – wer ab und an ein paar Mandeln knabbert und auch damit kocht und backt, tut sich nur Gutes an.

Mandeln im Handel

Angebaut werden Mandeln im gesamten Mittelmeerraum, ferner in Kalifornien, das 60 % der Welterzeugung bestreitet, außerdem in Südafrika und in Australien. Importiert werden Mandeln bei uns vorwiegend aus Kalifornien, es folgen Importe aus Spanien, Italien und Portugal. Gute Mandeln sollen groß und voll sein, im Bruch weiß und fein im Geschmack. Spanische Mandeln sind am aromatischsten. In Naturkostläden werden hin und wieder auch biologisch angebaute Mandeln aus Spanien angeboten, doch muß man danach suchen. In Reformhäusern gibt es außerdem Mandelmus aus sehr fein gemahlenen Mandeln. Ein feiner, wenn auch teurer Brotaufstrich. Mandelmus eignet sich auch zur Herstellung von Konfekt oder Gebäck.

Mandeln in der Küche

Gewöhnlich werden Mandeln vor allem für Gebäck, Süßspeisen und Konfekt verwendet. In der Vollwertküche nimmt man Mandeln, vorwiegend ungehäutet, auch gern, um fleischlose Gerichte geschmacklich zu verfeinern und im Nährwert zu verbessern. Rösten intensiviert den Geschmack. Gehackte oder gestiftelte Mandeln schmecken im Müsli, zu Fruchtsalaten, in süßen oder pikanten Krusten für Aufläufe, in und auf süßen oder salzigen Getreidegerichten, zu Vollreis, in Pfannkuchen – oder Krokettenteig. Fein geriebene Mandeln eignen sich für Saucen (denen sie eine gute Bindung geben), für Süßspeisen, Gebäck, Aufläufe und vieles mehr.

Mandeln richtig lagern

Durch ihren hohen Fettgehalt können Mandeln bei unsachgemäßer, zu warmer Lagerung ranzig werden. Sie sollten deshalb kühl und in verschlossenen Gefäßen aufbewahrt werden. Mandeln in der

Scheibeln oder fein reiben

Der Einfüllstutzen dieser Mandelmühle ist unterteilt. Zum Reiben kommen Mandeln oder Nüsse in das eine, zum Scheibeln in das andere Fach.

Schale halten sich bis zu 6 Monaten, ganze Mandeln ohne Schale (aber ungehäutet) 3 bis 4 Monate. Es ist auch möglich, Mandeln für einige Monate einzufrieren. Gehäutete und zerkleinerte Mandeln müssen innerhalb von 4 bis 6 Wochen verbraucht werden, solange sind sie gut verschlossen und kühl zu lagern.

MANDELN

Günter Manke, Waldschlößchen in Bederkesa, versuchte sich zum ersten Mal mit Vollwertkost – es wurde ein Volltreffer!

Schwarzwurzeln auf Feldsalat mit Mandel-Dressing

Für 6 Portionen:
600 g Schwarzwurzeln
1/8 l Weißweinessig
30 g Butter
Vollmeersalz
100 g Feldsalat
2 Fleischtomaten (500 g)
Pfeffer aus der Mühle
8 El Distelöl (oder ein anderes kaltgepreßtes Öl)
1 Pellkartoffel (60 g, heiß)
40 g Mandeln (gehäutet und gemahlen)
30 g Mandeln (gehobelt)
1 Handvoll Brunnenkresse

1. Schwarzwurzeln unter fließendem Wasser abbürsten, schälen, in Stücke schneiden. Sofort in 1/2 l Wasser mit 4 El Essig legen.
2. Dann die tropfnassen Schwarzwurzeln in der Butter zugedeckt 15–20 Minuten dünsten, salzen und warm halten.
3. Feldsalat putzen, waschen und trocken schleudern. Auf Teller verteilen. Tomaten waschen, in schmale Spalten schneiden, eventuelle Kerne herausdrücken.
4. Aus dem restlichen Essig, Salz, Pfeffer und Öl eine Vinaigrette rühren, Tomaten darin wenden, herausnehmen und abtropfen lassen.
5. Die Kartoffel pellen, heiß durch eine Presse in die Vinaigrette drücken, gemahlene Mandeln zugeben, alles gut mischen.
6. Tomaten und Schwarzwurzeln auf den Tellern verteilen, mit Dressing begießen, mit gehobelten Mandeln und Brunnenkresse garnieren.

Vorbereitung: 30 Minuten
Garzeit: 15–20 Minuten
Pro Portion etwa 5 g Eiweiß, 24 g Fett, 20 g Kohlenhydrate = 1334 Joule (319 Kalorien)

KÜRBISKERNE

Frischkäse-Sauce mit Kürbiskernen und Schnittlauch gewürzt, zu Pellkartoffeln und Blattspinat. Rezept auf Seite 160.

Frischkäsesauce zu Pellkartoffeln
Pürierte Linsensuppe mit Kürbiskernen
Apfelstrudel mit Kürbiskernen
Gemüseplatte mit Kürbiskern-Sauce
Kürbiskern-Pfannkuchen
Kürbiskern-Soufflé
Kleine Kürbiskern-Warenkunde

KÜRBISKERNE

Linsensuppe mit Kürbiskernen

Für 4 Portionen:
300 g Zwiebeln
2 El Kürbiskernöl
40 g Butter
300 g Linsen
1¾ l Gemüsebrühe
(Reformhaus)
Pfeffer a. d. Mühle
1 El Koriander
(frisch gestoßen oder
1 Tl gemahlener Koriander)
½ Bund Thymian
2 Bund glatte Petersilie
100 g Crème fraîche
100 g Kürbiskerne

1. Zwiebeln pellen und längs achteln. Kürbiskernöl und Butter in einem Topf schmelzen, Zwiebeln darin andünsten.

2. Linsen unterrühren. Mit der Gemüsebrühe auffüllen. Zugedeckt bei milder Hitze 45–50 Minuten weich kochen.

3. Suppe mit Pfeffer und Koriander herzhaft würzen. Thymianblättchen von den Stielen zupfen und zugeben.

4. Petersilie waschen, trockenschütteln. Blätter abzupfen und hacken.

5. Suppe mit dem Schneidstab des Handrührers pü-

rieren. Crème fraîche bis auf 4 El und Petersilie unterziehen. Mit Salz abschmecken.

6. Suppe noch 5 Minuten auf der ausgeschalteten Herdplatte ziehen lassen. Dann mit Kürbiskernen bestreuen, mit der restlichen Crème fraîche garnieren und servieren.

Vorbereitung: ca. 30 Min.
Garzeit: 40–60 Minuten
Pro Portion ca. 31 g Eiweiß, 36 g Fett, 46 g Kohlenhydrate = 2698 Joule (646 Kalorien)

KÜRBISKERNE

Apfelstrudel mit Kürbiskernen

Für 12 Portionen:
Strudel:
200 g Weizen
Vollmeersalz
1 El Kürbiskernöl
3 El Sonnenblumenöl
125 g Kürbiskerne
100 g Butter
150 g Honig
1 kg säuerliche Äpfel
100 g Rosinen
Vanillesauce:
6 Eigelb, 60 g Honig
½ l Schlagsahne, ¼ l Milch
2 Vanillestangen

1. Weizen sehr fein mahlen, die grobe Kleie heraussieben und beiseite stellen.

2. Mehl mit Salz und ⅛ l lauwarmem Wasser verrühren. Öl unterkneten. Teigkugel mit Folie bedecken und 1 Stunde ruhen lassen.

3. Kürbiskerne hacken. Butter in einer Pfanne schmelzen. Kleie darin anrösten, Kürbiskerne und Honig zugeben.

4. Teig auf einem bemehlten Küchentuch erst ausrollen, dann dünn zu einem Rechteck ausziehen (ca. 45 x 55 cm).

5. Äpfel schälen und grob raffeln. Mit den Rosinen auf dem Teig verteilen. Kürbiskernmischung darüberträufeln. Teigränder einschlagen.

6. Strudel aufrollen und auf ein gefettetes Backblech legen. Im vorgeheizten Backofen bei 225 Grad (Gas 4) auf der 2. Einschubleiste von unten 35 Minuten backen.

7. Für die Sauce alle Zutaten mit dem Mark der Vanilleschoten mischen. Unter Rühren langsam erhitzen. Rühren, bis die Sauce dickt. Sofort zu dem lauwarmen Strudel servieren.

Vorbereitung: ca. 40 Min.
Garzeit: 35 Minuten
Uml.: 35 Min. b. 220 Grad
Pro Portion ca. 10 g Eiweiß, 34 g Fett, 40 g Kohlenhydrate = 2159 Joule (516 Kalorien)

157

KÜRBISKERNE

Gemüseplatte mit Kürbiskern-Sauce

Für 4 Portionen:
100 g Kürbiskerne
2 Eigelb (Gew.-Kl. 2)
1/2 Knoblauchzehe
1/2 El Zitronensaft
4 El Kürbiskernöl
1/4 l Schlagsahne
Vollmeersalz
1 kleiner Blumenkohl
1 kg Broccoli
60 g Butter
300 g Möhren
1 Fenchelknolle
1 Staudensellerie

1. Die Kürbiskerne sehr fein mahlen (Mandelmühle oder Moulinette). Mit Eigelb, dem durchgepreßten Knoblauch und Zitronensaft in einen hohen Rührbecher geben.

2. Erst das Kürbiskernöl eßlöffelweise, dann nach und nach die Sahne mit dem Schneidstab des Handrührers unterrühren.

3. Mit Salz würzen. Kühl stellen, bis die Gemüse vorbereitet sind.

4. Blumenkohl und Broccoli waschen und in Röschen zerteilen. Beides getrennt in wenig Salzwasser mit je 30 g Butter gar dünsten.

5. Möhren schälen, waschen und längs vierteln oder achteln. Fenchel waschen, putzen, längs in dünne Scheiben schneiden. Staudensellerie putzen, waschen, dünn schälen, Fäden abziehen.

6. Gekochtes Gemüse lauwarm mit dem rohen Gemüse auf einer Platte anrichten. Mit der Sauce servieren.

Vorbereitung: ca. 40 Min.
Garzeit: Blumenkohl 15 Min., Broccoli 8–10 Min.
Pro Portion ca. 21 g Eiweiß, 60 g Fett, 20 g Kohlenhydrate = 3046 Joule (727 Kalorien)

KÜRBISKERNE

Kürbiskern-Pfannkuchen mit Ahornsirup

Für 8 Pfannkuchen:
100 g Weizenvollkornmehl (frisch gemahlen oder Type 1050)
$1/2$ l Milch
1 Prise Vollmeersalz
4 Eier (Gew.-Kl. 2)
100 g Kürbiskerne
60 g Butter
4 El Öl
Zimtpulver
ca. 8 El Ahornsirup

1. Das Mehl mit Milch und Salz verrühren und 20 Minuten ausquellen lassen.
2. Eier unterrühren. 40 g Kürbiskerne mahlen und ebenfalls unterrühren.
3. In dem Gemisch aus Butter und Öl nacheinander acht Pfannkuchen bakken. Die noch feuchte Oberseite dabei jeweils vor dem Wenden mit Kürbiskernen bestreuen.

4. Nach dem Wenden die Oberseite der Pfannkuchen mit Zimt bestäuben.
5. Die Pfannkuchen auf Teller gleiten lassen, dabei einmal zusammenklappen. Mit Ahornsirup beträufeln und heiß servieren.

Vorbereitung: ca. 10 Min.
Garzeit: insg. ca. 35 Min.
Pro Pfannkuchen ca. 12 g Eiweiß, 24 g Fett, ca. 26 g Kohlenhydrate = 1584 Joule (378 Kalorien)

KÜRBISKERNE

Das große Foto zu diesem Rezept finden Sie auf Seite 155

Kürbiskerne: Zum Kochen genauso gut wie als Arznei

"Man muß die Arzeney mehr in die Speys richten denn in die Apothek." So steht es schon in dem „Neu Speysbüchlein", das die Nürnberger Arztwitwe Anna Beckerin im Jahre 1588 verfaßte. Leider richten sich die wenigsten Leute nach dieser Erkenntnis. Ganz im Gegenteil: Oft genug wird ein wohlschmeckendes Lebensmittel aus der Küche in die Apotheke verbannt, einfach, weil es nicht nur gut schmeckt, sondern auch wertvolle Heilkräfte besitzt.

Das beste Beispiel dafür sind die Kürbiskerne. Sie stehen in dem Ruf, ein wirksames Naturmittel gegen Blasen- und Prostataleiden zu sein. Daß sie daneben auch noch wunderbar nussig schmecken und in der Küche mindestens ebenso vielseitig zu verwenden sind wie Pinienkerne oder Pistazien, daran denkt fast überhaupt niemand.

Woher sie kommen, ist nicht geklärt

Die grünen, flachen Kürbiskerne, von denen hier die Rede ist, sind Samen des Buschölkürbisses (botanisch: Cucurbita pepo L. convar. citrullinia var. styriaca), eine Züchtung aus unserem Gartenkürbis. Den Ursprung dieser Monstergewächse — immerhin können ihre rankenden Zweige innerhalb eines Jahres bis zu sechs Meter erreichen — ist bisher nicht geklärt. Forscher der Alten Welt reklamieren die Kürbisse für sich und belegen dies mit Quellen aus China, wo man Kürbisse „Kaiser des Gartens" nannte, und aus dem alten Griechenland, wo man von einem kerngesunden Menschen sagte, „er sei gesünder als ein Kürbis". Amerikanische Wissenschaftler dagegen vertreten mit nicht minder standhaltigen Belegen die An-

Frischkäsesauce und Spinat zu Pellkartoffeln

Für 6–8 Portionen:
Käsesauce:
400 g Doppelrahmfrischkäse
1/4 l Milch
1/8 l Schlagsahne
100 g Staudensellerie
130 g Kürbiskerne
Vollmeersalz
1 Bund Schnittlauch
Spinat:
1 kg Spinat
100 g Zwiebeln
60 g Butter
Salz
Pfeffer aus der Mühle
frisch geriebener Muskat

1. Den Frischkäse in einer Schüssel mit der Milch und der Schlagsahne glattrühren.
2. Den Staudensellerie waschen, auf der gewölbten Seite dünn mit dem Sparschäler schälen. Fäden abziehen. Selleriestange quer in dünne Scheiben schneiden.
3. 120 g Kürbiskerne fein mahlen (Mandelmühle oder Moulinette). Mit den Selleriescheiben unter die Frischkäsecreme ziehen.
4. Mit Salz würzen. Den Schnittlauch in feine Röllchen schneiden. Unter die Creme mischen. Creme mit den restlichen Kürbiskernen garnieren.
5. Spinat putzen und waschen. Trockenschleudern.
6. Zwiebeln fein würfeln. In der Butter glasig dünsten. Spinat zugeben und zugedeckt in 3–5 Minuten zusammenfallen lassen.
7. Spinat mit Salz, Pfeffer und Muskat würzen.
8. Spinat und Frischkäsesauce zu Pellkartoffeln servieren.

Vorbereitung: Sauce 20 Min., Spinat 25 Min.
Garzeit: 3–5 Minuten
Pro Portion (bei 8 Portionen) ca. 16 g Eiweiß, 36 g Fett, 5 g Kohlenhydrate = 1742 Joule (416 Kalorien)

Kürbiskerne ganz und als Granulat
Weil die meisten Leute glauben, Kürbiskerne seien eine Medizin, kann man sie nicht in Lebensmittelgeschäften, sondern nur im Reformhaus kaufen. Man bekommt sie dort als ganze Kerne und als Granulat.

KÜRBISKERNE

Die Kerne des Buschölkürbisses, der vor allem in der Steiermark angebaut wird, haben keine Schale.

Sie sind dunkelgrün, flach und ungefähr zwei Zentimeter lang.

sicht, der Urvater aller Kürbisse stamme aus Brasilien, beziehungsweise aus Mexiko. Wie die Kürbisse allerdings ins Altertum von der Alten in die Neue Welt oder von der Neuen in die Alte gelangt sind – ob sie mit Meeresströmungen von einem zum anderen Kontinent gekommen sind, wie man das bei Kokosnüssen und Süßkartoffeln vermutet, oder ob vorgeschichtliche Seefahrer sie mitgenommen haben – das ist bis heute ungeklärt.

Kürbisse: Pflanzen der Superlative

Nicht zu Unrecht werden die Kürbisse in chinesischen Quellen als „Kaiser des Gartens" bezeichnet. Denn sie sind wahre Superpflanzen. Innerhalb von einem Jahr entwickelt sich aus einem Samen von ca. 2 cm Größe, dem Kürbiskern, eine Pflanze von mehreren Metern Länge. Sie hat bereits haarige Blätter, die ungewöhnlich viel Wasser verdunsten, und gelbe, große trichterförmige Blüten, die männlich und weiblich sein können. Aus letzteren entwickelt sich der Kürbis, eine Riesenfrucht, die etliche Kilogramm schwer werden kann. Die Samen, die im Fruchtinnern wachsen, sind beim normalen Gartenkürbis von einer harten weißen Schale umgeben. Beim Buschölkürbis dagegen sind die dunkelgrünen Kerne schalenlos. Diese Buschölkürbisse werden übrigens vorwiegend in der Steiermark angebaut, in der Hauptsache zur Ölgewinnung und für die Arzneiherstellung. Nur ein ganz geringer Teil ist zum So-Essen und zum Kochen bestimmt.

Kürbiskerne: So gesund sind sie

Bei uns in Europa hat man Kürbisse jahrhundertelang ausschließlich des Fruchtfleisches wegen angebaut. Die Kerne galten als Abfall. Im Orient dagegen hat man die Kerne schon immer geröstet und gesalzen geknabbert. Dort sind Harnwassererkrankungen wesentlich seltener als bei uns. Seit ungefähr 150 Jahren weiß man, daß hier ein Zusammenhang besteht, und wendet Kürbiskerntherapie in der Naturmedizin an. Aber auch Leuten, die nicht an solchen Erkrankungen leiden, sind Kürbiskerne nur zu empfehlen. Denn sie enthalten eine Menge Stoffe, die der allgemeinen Gesundheit dienen: zum Beispiel bis zu 35 Prozent hochwertiges, leichtverdauliches Eiweiß, ungefähr 50 Prozent Fett (vor allem ungesättigte Fettsäuren) und viele Vitamine (besonders A, B_1, B_2, B_6, E und F). Außerdem enthalten sie Phosphor, Eisen und viel Zink, das zwar auch in einigen anderen Lebensmitteln vorhanden ist, dort aber durch den Kochprozeß zerstört wird. Deshalb ist es wichtig, Kürbiskerne auch roh zu essen. Ihr Kaloriengehalt entspricht dem anderer Samen: In 100 g eßbarem Anteil stecken ungefähr 540 Kalorien.

Kürbiskerne: So vielseitig sind sie

Kürbiskerne kann man fast ausschließlich in Reformhäusern kaufen. Man bekommt hier die ganzen Kerne oder gemahlene als Granulat. Man kann sie ebenso vielseitig verwenden wie Mandeln, Pistazien und andere Nüsse. Sie schmecken zum Beispiel am Müsli, über Salaten, in kalten Saucen. Man kann sie über Cremes streuen, in Brot und Gebäck mitbacken oder übers Gemüse geben.

Da es sich um ölhaltige Samen handelt, sollten Sie sie gut verschlossen und kühl aufheben. Am besten halten sie sich im Kühlschrank. Und achten Sie auch immer auf das angegebene Mindesthaltbarkeitsdatum.

Kürbiskernöl: eine gesunde Delikatesse

Auch das Kürbiskernöl bekommen Sie in Reformhäusern. Es wird aus kleingemahlenen, gerösteten Kürbiskernen gepreßt, ist also im ganz strengen Sin-

Unbedingt vor Licht schützen

Kürbiskernöl hält sich ungefähr ein Jahr, wenn man es dunkel und kühl aufhebt. Außerdem wichtig: Die Flasche muß immer fest geschlossen sein.

ne kein kaltgepreßtes Öl. Trotzdem ist es ebenso reich an Spurenelementen, Mineralstoffen und Vitaminen wie die besten kaltgepreßten Öle.

KÜRBISKERNE

Kürbiskern-Soufflé

Für 4 Portionen:
400 g Broccoli
150 g Möhren
8 Frühlingszwiebeln
1 Zucchini (ca. 150 g)
40 g Kürbiskerne
2 Eier (Gew.-Kl. 2)
$1/8$ l Gemüsebrühe (Reformhaus)
$1/4$ l Schlagsahne
Vollmeersalz
Muskatnuß (frisch gerieben)
weißer Pfeffer a. d. Mühle
125 g Butter
$1/2$ Bund Schnittlauch

1. Gemüse waschen, putzen, zerteilen. Kürbiskerne mahlen. Eier trennen.
2. Gemüsebrühe und Sahne bei starker Hitze in 10 Minuten cremig einkochen. Warm halten.
3. Kürbiskerne und Eigelb verrühren, mit Salz, Muskat und Pfeffer würzen.
4. Eiweiß steif schlagen. $1/3$ der Masse unter das Eigelbgemisch rühren, den Rest unterheben.
5. Vier ofenfeste Förmchen ($1/8$ l Inhalt) am Boden gut ausbuttern. Soufflémasse einfüllen. Im Wasserbad im vorgeheizten Ofen auf mittlerer Leiste bei 175 Grad (Gas 2) 20 Minuten backen.
6. Gemüse in 40 g Butter nacheinander gar dünsten (Broccoli und Möhren 10 Min., Frühlingszwiebeln 8 Min., Zucchini 5 Min.), salzen.
7. Restliche Butter unter die Sauce ziehen, abschmecken.
8. Soufflés mit Sauce und Gemüsen anrichten, mit Schnittlauch garnieren.

Vorbereitungszeit: 40 Min.
Garzeit: 20 Min. (Soufflé)
Umluft: 20 Min. b. 150 Grad
Pro Portion ca. 12 g Eiweiß, 54 g Fett, 10 g Kohlenhydrate = 2481 Joule (592 Kalorien)

Kreierte dies feine Kürbiskern-Soufflé: Christian Begyn, Chefkoch in Franz Kellers „Schwarzem Adler".

SESAM

Vollwertiges auf italienische Art: Vollkornnudeln mit Sesam-Pesto. Rezept auf Seite 168.

Vollkornnudeln mit Sesam-Pesto

Weißkohlsalat mit Sesam

Sesamkartoffeln

Knusprige Sesamwaffeln

Gemüse mit Sesamkruste

Sesam-Crêpes auf Pilz-Carpaccio

Sesam-Warenkunde

SESAM

Weißkohlsalat

Für 4 Portionen:
300 g Weißkohl
Vollmeersalz
½ Staudensellerie
100 g Frühlingszwiebeln
2 Äpfel (ca. 300 g)
2 El Zitronensaft
2 Eigelb (Gewichtsklasse 4)
1 Tl Apfelessig
1 El Senf
50 ccm Distelöl
75 ccm Schlagsahne
40 g Sesam

1. Den Weißkohl putzen und vierteln, dann in feinen Streifen von dem Strunk schneiden.
2. In einem Durchschlag mit kochendem Salzwasser (etwa 1 l) überbrühen.
3. Den Staudensellerie putzen, waschen und in dünne Scheiben schneiden, das Grün hacken.
4. Die Frühlingszwiebeln putzen, waschen und in feine Ringe schneiden.
5. Die Äpfel waschen. Um das Kernhaus herum dünne Scheiben abschneiden, Scheiben dann in Stifte

schneiden. Sofort mit Zitronensaft beträufeln.
6. Eigelb mit Salz, Essig und Senf verrühren. Das Öl erst tropfenweise, dann in dünnem Strahl unterschlagen, bis die Sauce bindet.
7. Die Sahne unterrühren und die Sauce noch einmal abschmecken.
8. Gemüse und Sauce locker mischen, in eine Schüssel füllen.
9. Sesam in einer Pfanne ohne Fett hellbraun rösten und über den angerichteten Salat streuen.

Vorbereitungszeit: 25 Min.
Pro Portion ca. 6 g Eiweiß, 27 g Fett, 13 g Kohlenhydrate = 1401 Joule (335 Kalorien)

SESAM

Sesamkartoffeln

Für 4 Portionen:
750 g Kartoffeln
3 El Sonnenblumenöl
Vollmeersalz
2 Tomaten (ca. 350 g)
1 Bund Schnittlauch
40 g Sesam
40 g Butter
6 Eier
1 El Sojasauce

1. Die Kartoffeln unter fließendem Wasser gründlich abbürsten und dann längs vierteln.

2. In Sonnenblumenöl bei mäßiger Hitze rundum leicht anbraten und mit Salz würzen.

3. Zugedeckt bei milder Hitze etwa 25 Minuten schmoren, dabei 2 bis 3 El Wasser zugeben und gelegentlich wenden.

4. Inzwischen die Tomaten einritzen, überbrühen, abschrecken und häuten. To-

maten entkernen, das Fleisch in schmale Streifen schneiden.

5. Den Schnittlauch in Röllchen schneiden.

6. Den Sesam in einer Pfanne ohne Fett hellbraun rösten, die Butter zugeben und aufschäumen lassen.

7. Das Öl von den Kartoffeln abgießen, die Sesambutter unter die Kartoffeln mischen.

8. Die Eier mit der Sojasauce verquirlen, über die Kartoffeln gießen und stocken lassen.

9. Die Tomatenstreifen und den Schnittlauch darüber verteilen. Sofort servieren.

Vorbereitungszeit: 15 Min.
Garzeit: ca. 30 Min.
Pro Portion ca. 17 g Eiweiß, 32 g Fett, 28 g Kohlenhydrate = 2028 Joule (484 Kalorien)

SESAM

Sesam-Waffeln

Für etwa 6 Waffeln:
125 g Weizenvollkornmehl, fein gemahlen (ersatzweise Type 1050 aus dem Reformhaus)
¼ l Milch
1 Prise Vollmeersalz
1 El Ahornsirup oder Honig
4 Eigelb (Gewichtsklasse 2)
100 g Crème fraîche
65 g Butter
3 El Öl
6 El Sesam

1. Das Mehl mit der Milch verrühren und eine Stunde ausquellen lassen. Mit etwas Salz und Ahornsirup oder Honig würzen.

2. Eigelb und die Crème fraîche unterrühren.

3. Die Butter in Stückchen schneiden und bei milder Hitze schmelzen, dann unterrühren.

4. Das Waffeleisen vorheizen, dann mit Öl auspinseln, das untere Eisen mit Sesam ausstreuen.

5. Soviel Teig einfüllen, daß

das Eisen nicht ganz bis zum Rand gefüllt ist.

6. Die Oberfläche mit Sesam bestreuen.

7. Das Waffeleisen schließen, jede Waffel etwa 3 Minuten backen.

8. Mit Ahornsirup, Honig oder eiskalter Butter und Salz servieren.

Vorbereitungszeit: 10 Min. (ohne Quellzeit)
Garzeit: insgesamt: ca. 20 Minuten
Pro Portion ca. 10 g Eiweiß, 36 g Fett, 23 g Kohlenhydrate = 1996 Joule (477 Kalorien)

SESAM

Gemüse mit Sesamkruste

Für 4 Portionen:
500 g Möhren
1,25 kg Porree
130 g Butter
Vollmeersalz
1 El Ahornsirup
200 g Grahamschrot (aus dem Reformhaus)
75 g Sesam
150 g Gruyère
1 El Vollkornmehl (oder Mehl Type 1050 aus dem Reformhaus)
1/4 l Milch
1/8 l Schlagsahne

1. Die Möhren schälen, waschen und längs vierteln.
2. Den Porree putzen, waschen und in etwa 10 cm lange Stücke schneiden.
3. Die Möhren in 30 g Butter andünsten, mit Salz und Ahornsirup würzen.
4. Den vorbereiteten Porree tropfnaß auf die Möhren legen und salzen.
5. Die Gemüse zugedeckt bei milder Hitze 10 Minuten dünsten.
6. Inzwischen Schrot, Sesam, die restliche Butter in Flöckchen und 50 g fein geraffelten Gruyère in eine Schüssel geben.

7. Alles mit den Fingerspitzen zusammenkrümeln.
8. Gemüse mit einer Schaumkelle herausnehmen, abtropfen lassen, in eine flache Auflaufform legen.
9. Mehl im verbliebenen Fett anschwitzen. Milch und Sahne unter Rühren zugießen. 5 Minuten kochen, salzen.
10. Über die Gemüse gießen, den restlichen Käse grob raffeln und darüberstreuen. Dann die Streusel darüber verteilen.
11. Bei 200 Grad (Gas 3) 20 Minuten auf der untersten, dann weitere 10 Minuten auf der mittleren Einschubleiste garen.

Vorbereitungszeit: 35 Min.
Garzeit: 30 Min., Umluft: 30 Min. bei 160 Grad
Pro Portion ca. 30 g Eiweiß, 62 g Fett, 57 g Kohlenhydrate = 3864 Joule (924 Kalorien)

167

SESAM

Italienisch kochen und zugleich gesund: Das ist kein Problem, wie unser Rezept beweist. Großes Foto auf Seite 163

Sesam: Ist gesund und schmeckt auch noch gut

„Und die Götter insgesamt, die Bestimmer der Lose, setzten sich beim Gastmahl nieder, aßen Brot und tranken Sesamwein. Und der süße Met berauschte ihre Sinne." So heißt es in einer 4000 Jahre alten Keilschrift, dem ältesten Dokument, in dem Sesam erwähnt wird. Nicht von ungefähr stammt dieses Dokument gerade aus der Gegend zwischen Euphrat und Tigris. Denn hier liegt die Urheimat des Sesam.

Sesam: Anbau und Botanik

Inzwischen wächst Sesam in allen regenarmen heißen Gegenden rund um den Äquator. Rund 1,9 Millionen Tonnen der winzig kleinen Samen werden jedes Jahr geerntet. Hauptanbaugebiete sind Indien, China, Mexiko und Äthiopien.
Bei uns in Deutschland war Sesam bis vor kurzem noch so gut wie unbekannt. Und das, obwohl er es an Wohlgeschmack mit Nüssen und anderen ölhaltigen Samenkörnern spielend aufnehmen kann. Erst in allerletzter Zeit haben wir ihn für uns entdeckt, nicht zuletzt dank der Vollwertküche, die ohne ihn nicht auskommen kann.
„Sesam öffne dich." Dieser Zauberspruch aus Tausend und einer Nacht spielt auf eine Eigenschaft der Sesampflanze an, die den Sesamanbauern jahrtausendelang zu schaffen machte. Sobald die Samenkapsel nämlich reif ist, springt sie wie von Zauberhand gerührt auf, und die Samen zerstreuen sich in alle Winde. Da aber nicht alle Samen an einer Pflanze und schon gar nicht auf dem Feld zu gleicher Zeit reif werden, müssen die Pflanzen noch vor der Reife der ersten Kapseln geschnitten und zum Trocknen aufgestellt werden. Dann müssen Erntearbeiter die getrockneten Pflanzen über Tüchern ausschütten. Inzwischen hat man aber damit begonnen, Sorten zu züchten, die die lästige Sesam-öffne-dich-Eigenschaft nicht mehr haben. Diese Neuzüchtun-

Vollkornnudeln mit Sesam-Pesto

Für 4 Portionen:
350 g Vollkornnudeln
Vollmeersalz
100 ccm kaltgepreßtes Olivenöl
3 Bund glatte Petersilie
2–3 Bund Basilikum
50 g Pistazien
80 g Parmesan
50 g Sesam
1 El Sesamöl
½ El Gemüsesuppenpaste (Reformhaus)
1–2 Knoblauchzehen

1. Für die Nudeln reichlich Wasser mit Salz und 1 El Öl zum Kochen bringen. Die Nudeln zugeben. Genau nach Vorschrift auf der Packung garen.
2. Während die Nudeln garen, die Petersilie und das Basilikum (falls nötig) waschen, dann trockenschütteln und fein hacken. Etwas Basilikum zum Garnieren zurückbehalten.
3. Die Pistazien und 50 g

Parmesankäse in der Mandelmühle fein mahlen.

4. Den Sesam in einer Pfanne unter Schütteln ohne Fett goldbraun rösten.
5. Gemüsesuppenpaste in ⅛ l heißem Wasser auflösen. Das restliche Olivenöl mit dem Sesamöl in die Gemüsebrühe geben.
6. Die Pfanne mit dem Sesam vom Herd nehmen und die Mischung aus Öl und Brühe unterrühren.
7. Die gehackten Kräuter unter die Sauce mischen.
8. Den Knoblauch pellen und über die Sauce pressen. Dann den geriebenen Parmesan und die Pistazien unter die Sauce mischen. Die Sauce zum Schluß mit etwas Salz abschmecken.
9. Nudeln auf ein Sieb gießen, mit kaltem Wasser kurz abschrecken und gut abtropfen lassen.
10. Die Sauce mit den bißfest gekochten heißen Nudeln mischen. Die Nudeln auf gut angewärmte Teller geben, mit einem Basilikumblatt garnieren und mit dem restlichen, ebenfalls geriebenen Parmesan bestreuen. Heiß servieren.

Vorbereitungszeit: 15 Min.
Garzeit: (für die Nudeln) 10–12 Minuten
Pro Portion ca. 26 g Eiweiß, 47 g Fett, 61 g Kohlenhydrate = 3326 Joule (796 Kalorien)

Unser Tip: Der Sesam-Pesto paßt nicht nur zu Nudeln, er schmeckt auch zu Reis und zu Gemüse, zum Beispiel zu Bohnen, Möhren oder Broccoli.

Im Reformhaus kaufen
können Sie das intensiv schmeckende Sesamöl und Tahine, die Paste aus gerösteten, gemahlenen Sesamkörnern. Und das sollten Sie beim Umgang mit dem Öl unbedingt beachten:
Das Öl ist kalt gepreßt. Wie andere kalt gepreßten Öle darf man es nicht zum Braten benutzen.

SESAM

Lieblich und intensiv nussig ist das feine Aroma der hellen, geschälten Sesamkörner.

Leicht bitter schmeckt ungeschälter Sesam. Ihn sollte man nur zum Backen verwenden.

Ein Sesamhalm, kurz bevor die Kapseln aufspringen (links). Damit sich die Kapseln möglichst gleichzeitig öffnen und der Samen nicht in alle Winde zerstreut wird, schneidet man die Pflanzen vor der Reife und läßt sie, zu Bündeln aufgestellt, in der Sonne trocknen.

gen kann man maschinell ernten, ganz genau wie Getreide. Sesam gehört zu der kleinen Familie der Pedaliacäen und sieht während der Blütezeit dem Fingerhut entfernt ähnlich: Langer, gerader, bis zu 2 m hoher Stiel, länglich-ovale Blätter und große weiße oder lila Glockenblüten. Ungefähr 12 Wochen nach der Aussaat wird der etwa 2 Millimeter kleine gelbe Samen in den länglichen Samenkapseln reif.

Sesam: Deshalb ist er so gesund

Die winzig kleinen Samen sind so mit das Gesündeste, was man sich vorstellen kann. Sie bestehen zu 50 bis 60 Prozent aus Fett, und zwar zum großen Teil aus mehrfach ungesättigten Fettsäuren (vor allem Linolsäure). Ferner enthalten sie ungefähr 5 Prozent hochwertiges pflanzliches Eiweiß, daneben reichlich Vitamin A, B_1 und B_2, reichlich Nervennahrung Lecithin. Dazu an Mineralstoffen Eisen (10 mg pro 100 g Sesam) und Calcium (1,5 mg pro 100 g). Im Kaloriengehalt entspricht Sesam den Nüssen: 100 g enthalten 700 Kalorien.

Sesam: so vielseitig in der Küche

Ein kleinerer Teil des jährlich erzeugten Samens wird zu Öl verarbeitet. Schonend (kalt) gepreßt ist das nussig schmeckende Öl das teuerste Speiseöl der Welt. In den Erzeugerländern wird es fast ausschließlich zum Würzen verwendet. Der meiste Sesam aber wird als ganzes Korn oder zur Paste gemahlen verwendet. In einigen asiatischen Ländern, wie Korea etwa, gehören ganze, geröstete Körner an jedes zweite salzige Gericht. Im Orient dagegen bevorzugt man Sesampaste, das sog. Tahine, das als Grundlage vieler Saucen benutzt wird.

Sesam: Körner oder Paste

Ganze Körner nimmt man:
● zum Backen von Brot, Kuchen und Waffeln;
● als Würze für Reis, Bratkartoffeln oder Nudeln;
● als Zutat für süße und salzige Salate;
● für Müsli;
● für Gemüse (z. B. zu Blumenkohl, zu Möhren oder Wirsing);
● als Belag für Aufläufe (da er eine so schöne Kruste bildet), und als „Panierung", zum Beispiel für Frikadellen jeder Art.
Mit Sesampaste würzt man:
● vor allem Saucen für salzige und süße Salate;
● warme Saucen zu Nudeln oder Gemüse
Mit Sesamöl würzt man:
● Salatsaucen, warme Gemüse- oder Fleischgerichte.

Sesam: geröstet am besten

Gut verschlossen und trocken gelagert hält Sesam sich mindestens ein Jahr. Die Körner gewinnen unendlich viel an nussigem Aroma, wenn man sie goldbraun geröstet verwendet. Aufs Rösten darum nur dann verzichten, wenn Sesam sowieso unmittelbar mit Hitze in Berührung kommt (beim Braten oder Backen).

Sesam selber mahlen

Wenn Sie Sesam selber mahlen wollen, nehmen Sie am besten eine Mohnmühle. Diese Mühlen sind so konstruiert, daß auch so kleine ölhaltige Samen wie Mohn, Leinsamen und Sesam nicht im Mühlengewinde kleben bleiben.

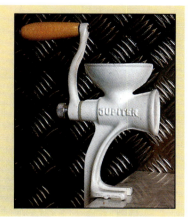

Sesam: Geschält ist er gesünder

Die Schale von Sesam enthält kaum Mineralien und Ballaststoffe, dafür aber relativ viel Oxalsäure, die nierenempfindlichen Menschen nicht bekommt und den Samen leicht bitter macht.

169

SESAM

Sesam-Crêpes auf Pilz-Carpaccio

Für 4 Portionen:
Vollmeersalz
4 El Sesam
2 El Weizengrieß
(möglichst Vollkorngrieß)
2 Stengel glatte Petersilie
Muskatnuß
(frisch gerieben)
1 Tomate
¼ Bund Schnittlauch
etwas Kerbel
2 El Balsamessig
Pfeffer aus der Mühle
1 Tl Honig
3 El Olivenöl
30 g Butter
8 große Champignons (zusammen etwa 250 g)

Fritz Schilling von Andresens Gasthof hat seit kurzem auch die Vollwertküche entdeckt. Dies Sesam-Rezept ist seine neueste Kreation.

1. 100 ccm Wasser mit wenig Salz aufkochen.
2. 2 El Sesam und den Grieß mischen und einstreuen.
3. Unter Rühren kochen, bis die Masse bindet.
4. Die Petersilienblätter fein hacken, mit Muskatnuß untermischen. Die Masse abkühlen lassen.
5. Die Tomate einritzen, überbrühen und abschrecken. Dann häuten, entkernen und fein würfeln.
6. Den Schnittlauch fein schneiden, die Kerbelblätter von den Stielen zupfen.
7. Aus Essig, Salz, Pfeffer, Honig und Olivenöl eine Salatsauce rühren.
8. Aus dem Teig mit nassen Händen vier gleich große Kugeln formen und zu puffergroßen Crêpes auseinanderdrücken.
9. Im restlichen Sesam panieren und in der Butter bei milder Hitze von jeder Seite 3 Minuten braten.
10. Die Pilze putzen, hauchdünn schneiden und auf Tellern verteilen.
11. Sauce mit Tomatenwürfel und Schnittlauch mischen und über die Pilze träufeln. Mit Kerbel garnieren. Je einen Crêpe in die Mitte geben und servieren.

Vorbereitungszeit: 20 Min.
Garzeit: ca. 6 Min.
Pro Portion ca. 4 g Eiweiß, 20 g Fett, 9 g Kohlenhydrate = 1019 Joule (244 Kalorien)

SONNENBLUMENKERNE

Sonnenblumenkern-Brot. Das Rezept steht auf Seite 176.

Sonnenblumenkern-Brot
Käseteller mit gekeimten Sonnenblumenkernen
Kartoffelklöße
Apfelkuchen mit Sonnenblumenkernen
Brotaufstrich aus Sonnenblumenkernen
Nudelrösti
Wissenswertes über Sonnenblumenkerne

SONNENBLUMENKERNE

Käseteller mit gekeimten Sonnenblumenkernen

Für 4 Portionen:
50 g Sonnenblumenkerne
150 g Staudensellerie
1 El Zitronensaft
2 El weißer Portwein
Vollmeersalz
Pfeffer aus der Mühle
4 El Sonnenblumenöl
2 Birnen
4 Scheiben Gorgonzola (300 g)
Selleriegrün
Basilikum

1. Kerne über Nacht einweichen. Dann 1 Tag und 1 Nacht keimen lassen, und zwar am besten im Keimgerät. Zwischendurch mehrmals abspülen, zuletzt gut abtropfen lassen.

2. Selleriestangen waschen und putzen, dabei die Fäden an der runden Seite abziehen. Danach die Selleriestangen in Scheiben von ca. 2 cm Dikke schneiden.

3. Aus Zitronensaft, Portwein, Salz, Pfeffer und Öl eine Salatsauce rühren, Selleriescheiben und Sonnenblumenkern-Keime in der Sauce wenden.

4. Birnen waschen und vierteln. Die Kernhäuser entfernen. Die Birnenviertel mit der Schale in Spalten schneiden.

5. Birnenspalten und je eine Scheibe Käse auf Portionstellern verteilen. Salat aus Sonnenblumenkern-Keimlingen und Staudensellerie dazugeben. Mit Staudenselleriegrün und Basilikumblättern garnieren. Als kleinen Abendimbiß oder als Vorspeise servieren.

Vorbereitung: ca. 20 Min.
Keimzeit: 1 Tag und 1 Nacht
Pro Portion ca. 20 g Eiweiß, 42 g Fett, 8 g Kohlenhydrate = 2128 Joule (509 Kalorien)

SONNENBLUMENKERNE

Kartoffelklöße mit Sonnenblumenkernen

Für 4 Portionen:
750 g Kartoffeln
150 g Sonnen-
blumenkerne
40 g Butter
100 g Weizenvollkornmehl
4 Eier (Gewichtskl. 2)
Vollmeersalz
Pfeffer aus der Mühle
1 Bund Schnittlauch

1. Die Kartoffeln in der Schale gar kochen und heiß pellen. Abdämpfen, durch die Kartoffelpresse drücken und kalt werden lassen.
2. Die Sonnenblumenkerne in einer Pfanne ohne Fett hellbraun rösten. 70 g mahlen und zu den Kartoffeln geben.
3. Die Kartoffelmasse mit Butterflöckchen, Mehl und Eiern verrühren.
4. Die Masse herzhaft mit Salz und Pfeffer würzen. Schnittlauch in Röllchen schneiden und mit den restlichen Kernen untermengen.

5. Mit 2 nassen Eßlöffeln ca. 16 Klöße aus der Mas-

se formen. In siedendem Salzwasser ca. 15 Minuten ziehen lassen.
6. Abtropfen lassen und mit Senf-Schnittlauch-Sauce, gehacktem Ei und gerösteten Sonnenblumenkernen servieren.
Für die Sauce 40 g Vollkornmehl in 60 g Butter anschwitzen, mit 1/2 l Gemüsebrühe und 1/8 l Sahne auffüllen. Ohne Deckel bei milder Hitze kochen. Dann mit 1 El Senf und 1 Bund Schnittlauch (in Röllchen) würzen.

Vorbereitung: ca. 60 Min.
Garzeit: ca. 15 Minuten pro Einlage
Pro Portion ca. 25 g Eiweiß, 34 g Fett, 42 g Kohlenhydrate = 2465 Joule (588 Kalorien)

SONNENBLUMENKERNE

Apfelkuchen mit Kruste aus Sonnenblumenkernen

Für 10 Stücke:
220 g Weizenmehl (Type 1050)
oder 200 g Weizen (frisch gemahlen, sehr fein)
2 Eigelb (Gewichtskl. 2)
1 Prise Vollmeersalz
80 g Honig, 150 g Butter + 20 g zum Bestreichen
Linsen zum Blindbacken
4 mürbe Äpfel (ca. 600 g)
4 El Zitronensaft
100 g Sonnenblumenkerne

1. Mehl mit Eigelb, Salz, 40 g Honig und 120 g Butter in Flöckchen verkneten.

2. 15 Minuten zugedeckt kalt stellen. Ausrollen und eine Obsttortenform (24 Ø cm) mit dem Teig auslegen. Den Rand hochziehen und andrücken.

3. Boden mehrfach einstechen, mit Pergamentpapier belegen. Linsen daraufschütten. Auf der mittleren Schiene bei 200 Grad (Gas 3) 15 Min. backen. Herausnehmen, Papier und Linsen entfernen.

4. Die Äpfel schälen und mit Zitronensaft beträufeln. 10 Apfelviertel vom Kernhaus befreien und auf der Rückseite tief einschnei-

den. Als Kranz an den Kuchenrand legen.

5. Eine Apfelhälfte (ohne Kernhaus) kreuzweise einschneiden und in die Mitte legen. Restlichen Apfel in Spalten rundherum legen.

6. Restliche Butter und Honig erwärmen, Sonnenblumenkerne darin wenden. Auf dem Kuchen verteilen, 20 g Butter zerlassen, Äpfel damit bestreichen. Bei 200 Grad (Gas 3) 25 Minuten auf mittlerer Schiene backen. Lauwarm mit Schlagsahne servieren.

Vorbereitung: 1 Stunde (m.Vorbacken). Garzeit: ca. 25 Min., Umluft: 35 Min. bei 175 Grad
Pro Stück ca. 7 g Eiweiß, 21 g Fett, 28 g Kohlenhydrate = 1404 Joule (336 Kalorien)

SONNENBLUMENKERNE

Brotaufstrich aus Sonnenblumenkernen

Für 4–6 Portionen:
200 g Sonnenblumenkerne
140 g schwarze Oliven
50 g Kapern
6 El Sonnenblumenöl
1 Knoblauchzehe
schwarzer Pfeffer (Mühle)
4 Scheiben Vollkornbrot
2 Tomaten (à 125 g)
2 Eier (hartgekocht)
frische Kräuter nach Wahl

1. Sonnenblumenkerne in einer Pfanne ohne Fett rösten, abkühlen.

2. 100 g Kerne fein hacken, mit 70 g ganzen Kernen mischen.

3. Das Olivenfleisch von den Steinen schneiden,

grob hacken und in einen hohen Rührbecher geben.

4. Kapern und Öl zugeben und alles mit dem Schneidstab des Handrührers zu einer Paste pürieren.

5. Mit durchgepreßtem Knoblauch und Pfeffer würzen.

6. Kernmischung unter die Paste rühren. Zugedeckt 60 Min. ziehen lassen.

7. Die Paste auf Vollkornbrot streichen. Mit Tomatenscheiben, Eischeiben und gehackten Kräutern belegen und mit den restlichen Kernen bestreuen. Der Aufstrich hält sich im Kühlschrank einige Tage.

Zubereitung: ca. 30 Min.
Pro Portion (bei 6 Portionen) ca. 15 g Eiweiß, 39 g Fett, 17 g Kohlenhydrate = 2110 Joule (503 Kalorien)

SONNENBLUMENKERNE

Sonnenblumenkerne: Gesunder Samen einer schönen Blume

Ein lockeres, würziges Brot aus Weizenvollkornmehl, gerösteten Sonnenblumenkernen und Sesam. Das Foto steht auf Seite 171

Sonnenblumenkern-Brot

Für ein Brot von etwa 1 kg:
200 g Sonnenblumenkerne
50 g Sesam
500 g Weizenvollkornmehl
300 g Weizenmehl (Type 1050)
80 g Hefe
1 Tl Honig
4 Eigelb (Gewichtskl. 2)
200 g Crème fraîche
6 El Sonnenblumenöl
1 El Vollmeersalz
1 Ei (Gewichtskl. 2)

1. Sonnenblumenkerne (bis auf 1 geh. El) und Sesam ohne Fett hellbraun rösten, mit Mehl mischen.
2. Zerbröckelte Hefe und den Honig in 300 ccm lauwarmem Wasser auflösen.
3. Eine Mulde ins Mehl drücken, Hefe hineingießen, mit Mehl vom Rand abdecken. Eigelb, Crème fraîche, Öl und Salz an den Mehlrand geben.
4. Von der Mitte aus alles zu einem Teig verkneten. Aus dem Teig eine Kugel formen und zugedeckt ca. 30 Minuten gehen lassen (nicht warm stellen!).
5. Den Teig sehr kräftig zusammenkneten, dann sieben kleine Kugeln und eine große Kugel formen. Die große Kugel auf das Backblech setzen, die kleinen wie Blütenblätter rundherum anordnen.
6. Mit dem verquirlten Ei bestreichen, mit den restlichen Sonnenblumenkernen bestreuen.
7. Bei 200 Grad (Gas 3) auf mittlerer Einschubleiste ca. 35 Minuten backen. Herausnehmen und auskühlen lassen.

Vorbereitungszeit: 30 Min.
Garzeit: 35 Minuten
Umluft: 35 Minuten bei 175 Grad
Insgesamt ca. 218 g Eiweiß, 305 g Fett, 530 g Kohlenhydrate = 24 463 Joule (5871 Kalorien)

Wie Bohnen und Kartoffeln stammt die Sonnenblume aus der Neuen Welt. Die Indianer verehrten sie als Wahrzeichen des Sonnengottes, aßen daneben aber auch ihre reifen Kerne. Natürlich schickten die Spanier auf ihren Schiffen auch Sonnenblumenkerne mit nach Hause. Und schon im Jahre 1504 konnte man die ersten der schönen Riesenblumen im botanischen Garten von Madrid bewundern. Sie wuchsen bald in allen Gärten Europas. Aber erst ein paar Jahrhunderte später entdeckte man, daß sie nicht nur schön, sondern auch nützlich sind. Das war im Jahr 1830. In diesem Jahr wurde zum erstenmal Öl aus Sonnenblumenkernen gepreßt, und zwar in Südrußland. Auch heute noch ist die UdSSR führend in der Produktion von Sonnenblumenöl. Die Kerne, die es bei uns zum So-Essen zu kaufen gibt, kommen dagegen fast ausschließlich aus den USA.

Sonnenblumen-Botanik

In allen Sprachen der Welt heißt sie nach der Sonne, weil sie wie eine kleine Sonne aussieht und weil sie ihr Gesicht von morgens bis abends der Sonne zuwendet. Der Helianthus annuus, so der botanische Name, ist eine einjährige Pflanze, die bis zu vier Meter hoch werden kann.

An der Spitze des Sonnenblumenstengels entwickelt sich das, was wir als Blume bezeichnen, aber in Wahrheit ein Fruchtstand mit unzähligen kleinen Blüten ist.

SONNENBLUMENKERNE

Die Vögel lieben die Kerne der Sonnenblumen im Winter. Mit Recht: Sie enthalten alles, was ein Lebewesen zum Überleben benötigt.

Ohne Schale werden die Kerne im Reformhaus angeboten. Sie sind preiswerter und mindestens ebenso würzig wie jede Nuß.

Die Kerne werden so vorsichtig geschält, daß man sie zum Keimen bringen kann. Die Keimlinge schmecken an Salaten ebenso wie über Suppen, im Müsli und auf dem Quark.

An der Spitze des mächtigen, behaarten Stengels entwickelt sich die Sonnenblume. Die „Blume" ist in Wirklichkeit ein scheibenförmiger Blütenstand, der bis zu 45 cm Durchmesser haben kann und auf dem spiralenförmig unendlich viele kleine Blüten wachsen. Am Rand sind es sterile Zungenblüten mit je einem riesengroßen gelben Blatt, den „Strahlen" der Sonnenblume. In der Mitte sind es unscheinbare blaßgelbe Röhrenblüten. Aus ihnen entwickelt sich jeweils ein kantiger, schwarzgrau gestreifter Kern. Eine reife Sonnenblume kann bis zu einem halben Pfund dieser Kerne tragen.

Das alles steckt in den Kernen

Seit es bei uns Sonnenblumen gibt, hat sich die Naturmedizin mit ihnen beschäftigt. Aus den Blütenblättern zum Beispiel hat man eine Medizin entwickelt, die stark fiebersenkend ist und bei Malariaanfällen auch noch wirksam ist, wo Chinin versagt.

Und die Kerne gehören mit zu dem Gesündesten, was die Vollwertkost zu bieten hat. Sie enthalten ungefähr 36 Prozent Fett. Es sind vor allem mehrfach ungesättigte Fettsäuren (zum Beispiel Linolsäure), so daß kaltgepreßtes Sonnenblumenöl zu den gesündesten Ölen überhaupt gehört. Außerdem enthalten die Kerne ungefähr 27 Prozent Eiweiß, das vorwiegend aus allen für unseren Körper wichtigen Aminosäuren besteht. Darüber hinaus sind die Kerne reich an Vitaminen der B-Gruppe, an Carotin, Vitamin D, E und K. Und sie enthalten mehr Spurenelemente (Magnesium, Jod, Fluor, Mangan) und mehr Mineralstoffe (Calcium und Eisen) als die meisten anderen Lebensmittel. Ja, an Eisengehalt werden sie von keinem pflanzlichen Produkt übertroffen. Und sie haben noch einen Vorteil: Sie sind kalorienärmer als andere Samen und als Nüsse (in 100 g stecken 524 Kalorien, in Haselnüssen z. B. 694 Kalorien pro 100 g).

Umgang mit Kernen und Öl

Dabei schmecken sie auch noch so gut: ein bißchen sind sie mit Haselnüssen zu vergleichen. Aber sie sind viel preiswerter! Außerdem sind sie besser haltbar: Kühl und trocken halten sie ungefähr zwei Jahre.

Auch das Öl, das angenehm mild schmeckt, ist gut haltbar. Vorausgesetzt, man bewahrt es dunkel, gut verschlossen und kühl auf.

Es hat einen eher neutralen Geschmack und paßt

Keime aus Sonnenblumenkernen

Zum Keimen können Sie geschälte Kerne nehmen. Diese werden zuerst eine Nacht eingeweicht und kommen dann für einen, maximal zwei Tage am besten in ein Keimgerät. Und nicht zu warm stellen, sonst faulen sie!

gut zu allen Salaten und Gemüse-Gerichten.

Die Kerne schmecken am intensivsten und nussigsten, wenn man sie in einer Pfanne ohne Fett anröstet. Sie sind vielseitig zu verwenden: in Brot und Gebäck (gemahlen oder im ganzen); im Müsli; an salzigen oder süßen Salaten; man kann sie über Nudeln oder Kartoffelgerichte streuen, Pasteten oder Desserts mit ihnen würzen oder Kroketten mit ihnen panieren.

Nutzpflanze Sonnenblume

Die Kerne der Sonnenblume gehören zu den ergiebigsten Öllieferanten der gemäßigten Zonen. Für die Ölproduktion hat man niedrigwachsende, kleinblumige Sorten gezüchtet, deren Kerne bis zu 55 Prozent Öl enthalten. Sonnenblumenöl verwendet man unter anderem zur Margarineherstellung. Kaltgepreßt ist es nach dem Distelöl das gesündeste Öl in der Vollwertküche.

SONNENBLUMENKERNE

Nudelrösti mit Sonnenblumenkernen

Für 2 Portionen:
125 g Vollkornspaghetti
Vollmeersalz
2 Schalotten, 40 g Butter
400 g Fleischtomaten
1/8 l Schlagsahne
Cayennepfeffer
2 El Sonnenblumenöl
50 g Sonnenblumenkerne
Dill zum Garnieren

1. Spaghetti in Salzwasser gar kochen, abtropfen.
2. Die Schalotten pellen und fein würfeln. In 20 g Butter glasig dünsten.
3. Tomaten brühen und häuten. Das Tomatenfleisch würfeln. 2 El beiseite stellen. Den Rest mit Saft und Kernen zu den angedünsteten Schalotten geben.
4. Sahne zugießen und gut durchkochen. Durch ein Sieb gießen. Mit Salz und Cayennepfeffer würzen.
5. In zwei kleinen Pfannen die restliche Butter und das Öl erhitzen. Sonnenblumenkerne auf die Pfannen verteilen.
6. Nudeln mit Gabel und Löffel aufdrehen und in die Pfannen setzen.
7. Langsam von unten goldbraun braten. Dann mit Hilfe eines Topfdeckels wenden und von der anderen Seite braten.
8. Tomatenwürfel in einem Topf erhitzen und würzen. Nudelrösti auf Tellern anrichten, mit der Sauce umgießen, mit Tomatenwürfeln und Dill garnieren.

Vorbereitung: ca. 30 Min.
Garzeit: ca. 8 Minuten
Pro Portion ca. 19 g Eiweiß, 63 g Fett, 51 g Kohlenhydrate = 3658 Joule (874 Kalorien)

Erfand dies knusprige Nudelgericht: Dieter Gerdes vom Landhaus am Schloßpark in Rastede.

SAMEN UND NÜSSE

Lockere Grießnockerln aus Vollkorngrieß mit Pistaziensauce und Tomatengemüse. Rezept auf Seite 184.

Grießnockerln mit Pistaziensauce
Linsen-Kokosnuß-Curry
Erdnuß-Cracker mit Tzatziki
Mohnknödel mit Backobst-Kompott
Grünkern-Risotto mit Pinienkernen
Kichererbseneintopf mit Cashewnüssen
Wissenswertes über Samen und Nüsse

NÜSSE UND SAMEN

Linsen-Kokos-Curry

Für 4–6 Portionen:
200 g Zwiebeln
4 Knoblauchzehen
40 g Butterschmalz
300 g Linsen
1–2 El Curry (mild)
¾ l Gemüsebrühe
Vollmeersalz
2 El Mango-Chutney
1 Kokosnuß
200 g Möhren
200 g Zucchini
30 g Butter
1 El Ahornsirup
100 g Crème fraîche

1. Zwiebeln und Knoblauch pellen, Zwiebeln in schmale Spalten schneiden, Knoblauch fein hacken. In Butterschmalz bei milder Hitze glasig dünsten.
2. Linsen und Curry unterrühren, leicht anschwitzen. Mit Brühe auffüllen und zugedeckt 45 Minuten leise garen. Mit Salz und Mango-Chutney abschmecken.
3. Inzwischen die Kokosnuß mit einem Korkenzieher an den drei dunklen Stellen anbohren, die Milch abgießen. Die Nuß bei 150 Grad (Gas 1) 15 Minuten im Backofen erhitzen. Dann mit dem Küchenbeil zertrümmern und das Fleisch auslösen. 100 g davon fein reiben.

4. Möhren und Zucchini putzen und waschen, in Scheiben schneiden. In der Butter zugedeckt 10 Minuten dünsten, mit Salz und Ahornsirup würzen. Crème fraîche unterrühren.
5. Gemüsemischung auf das angerichtete Curry häufen und Kokosflocken darüberstreuen.

Vorbereitungszeit: 45 Min.
Garzeit: 45 Minuten
Pro Portion (bei 6 Portionen) ca. 16 g Eiweiß, 23 g Fett, 37 g Kohlenhydrate = 1791 Joule (429 Kalorien)

NÜSSE UND SAMEN

Erdnuß-Cracker mit Tzatziki

Für 6 Portionen:
400 g Weizen-Vollkornmehl (fein gemahlen oder Type 1700)
Salz, 1 El Curry
1 Ei (Gew.-Klasse 2)
4 Eigelb (Gew.-Kl. 2)
200 g Butter
200 g Erdnüsse
Kümmel
250 g Magerjoghurt
100 g Magerquark
1/8 l Sahne
250 g Salatgurke (gewürfelt)
1 Knoblauchzehe
2 El gemischte Kräuter
1 El Schnittlauchröllchen

1. Mehl mit Salz und Curry mischen, eine Mulde in die Mitte drücken. Das Ei und 2 Eigelb mit 2 El Eiswasser in die Mulde geben. Butter in Flöckchen und 100 g gehackte Erdnüsse auf dem Rand verteilen.

2. Alles von der Mitte her schnell zusammenkneten, eine Rolle formen und 15 Minuten kühl stellen. Dann in Scheiben schneiden und ausrollen (oder zwischen Folien mit dem ebenen Topfboden auseinanderdrücken).

3. Auf das Backblech legen und mit verquirltem Eigelb bepinseln. Als Garnitur 100 g halbe Erdnüsse in den Teig drücken und Kümmel darüberstreuen.

4. Bei 175 Grad (Gas 1–2) auf der mittleren Schiene 20 Minuten backen.

5. Für das Tzatziki 250 g Magerjoghurt mit 100 g Magerquark und 1/8 l Sahne verrühren. 250 g feingewürfelte Salatgurke unterheben. Mit Salz, 1 durchgepreßten Knoblauchzehe und 2 El gemischten Kräutern würzen. Schnittlauchröllchen darüberstreuen.

Vorbereitungszeit: 40 Min.
Garzeit: 20 Minuten bei 175 Grad
Pro Portion ca. 25 g Eiweiß, 58 g Fett, 46 g Kohlenhydrate = 3435 Joule (874 Kalorien)

181

NÜSSE UND SAMEN

Mohnknödel mit Backobst-Kompott

Für 4 Portionen:
250 g getr. Aprikosen
250 g getr. Pflaumen
200 ccm Weißwein
50 ccm Apfeldicksaft
1 Vanilleschote (Mark)
125 g Magerquark
2 El Mohn
(frisch gemahlen)
100 ccm Milch
60 g Butter
2 El Honig
2 Eier (Gew.-Kl. 2)
Vollmeersalz
125 g Hirseflocken
1 El Rum

1. Aprikosen und Pflaumen kurz waschen, dann mit Weißwein, Dicksaft und dem Mark der Vanilleschote bei milder Hitze zugedeckt 15 Minuten kochen, auskühlen lassen.
2. Quark abtropfen lassen, dabei etwas beschweren.
3. Mohn mit der Milch aufkochen und abkühlen lassen. Mohnmilch mit 20 g Butterflöckchen, ½ El Honig, dem ausgedrückten Quark, 1 Ei, 1 Eigelb, 1 Prise Salz und Hirseflocken verrühren, 30 Minuten kalt ausquellen lassen.

4. Das restliche Eiweiß steif schlagen und unter die

Masse heben. Mit nassen Händen oder einem Löffel 12 kleine Knödel formen, in Salzwasser 20 Minuten sieden lassen. Dann herausnehmen und abtropfen lassen.
5. Die restliche Butter mit dem restlichen Honig schmelzen, mit Rum verrühren. Über die angerichteten Knödel träufeln, das Backobst dazu reichen.

Vorbereitungszeit: 30 Min.
Garzeit: Backobst 15 Min., Klöße 20 Min.
Pro Portion ca. 19 g Eiweiß, 21 g Fett, 104 g Kohlenhydrate = 3117 Joule (745 Kalorien)

NÜSSE UND SAMEN

Grünkern-Risotto mit Pinienkernen

Für 4 Portionen:
100 g Schalotten
60 g Butter
200 g Grünkern (ganz)
100 g Wildreis
40 g Korinthen
¾ l Gemüsebrühe
Vollmeersalz
2 grüne Pfefferschoten
2 Bund glatte Petersilie
50 g Pinienkerne
1 El Zitronenschale

1. Schalotten pellen und fein würfeln. In 40 g Butter glasig dünsten, Grünkern und Wildreis zugeben, unter Rühren andünsten, dabei sollen alle Körner mit Fett überzogen sein.

2. Korinthen unterrühren, mit der Gemüsebrühe auffüllen und alles zugedeckt bei milder Hitze 45-60 Minuten ausquellen lassen, mit Salz abschmecken.

3. Die Pfefferschoten putzen und waschen, dabei die Kerne entfernen. Schoten quer in feine Streifen schneiden. 1 Bund Petersilie grob, das andere fein hacken.

4. Die Pinienkerne ohne Fett hellbraun rösten, dann 20 g Butter und die Pfefferschoten zugeben, kurz dünsten. Pfanne vom Herd nehmen, die feingehackte Petersilie und die Zitronenschale unterrühren.

5. Die grob gehackte Petersilie unter den Risotto heben, Risotto anrichten und die Pinienkernmischung darüberstreuen.

Vorbereitungszeit: 30 Min.
Garzeit: 45 Minuten
Pro Portion ca. 15 g Eiweiß, 20 g Fett, 58 g Kohlenhydrate = 2050 Joule (490 Kalorien)

NÜSSE UND SAMEN

Geben Würze und Nährwert: Samen und Nüsse

Klößchen aus Vollkorn-Grieß mit Pistaziensauce und Tomatengemüse. Das große Foto steht auf S. 179

Jedes Samenkorn und jede Nuß ist ein kleines Kraftpaket. Es enthält alles, was eine Pflanze zum Start braucht, und all das ist zugleich für unsere Ernährung wichtig: Fett in Form von hochwertigem Keimöl, leichtverdauliches Eiweiß, Kohlenhydrate, Vitamine und Mineralstoffe. Dazu in der schützenden Umhüllung Ballaststoffe.
Außerdem schmecken die meisten Samen und Nüsse aromatisch und würzig. Grund genug, ihnen in der Vollwertküche einen Ehrenplatz einzuräumen. Kann man mit ihnen doch gerade fleischlose Kost nicht nur nahrhafter, sondern auch wohlschmeckender machen. Den am häufigsten verwendeten Samen und Nüssen sind in diesem Buch ganze Kapitel gewidmet. Hier stellen wir weitere vor.

Kokosnuß

Diese tropische Ölfrucht hat weißes, saftiges Fruchtfleisch, das man gerieben oder geraspelt für Süßspeisen, vegetarische Gerichte, Suppen und Gebäck verwenden kann.
100 g enthalten etwa 4,2 g Eiweiß, 34 g Fett, 12,8 g Kohlenhydrate = 1767 Joule (361 Kalorien)

Kaschu-Nüsse

Kaschu-Nüsse, englisch „cashew", kommen vorwiegend aus Indien und Brasilien, aber auch aus Afrika. Die weißen, gebogenen Nüsse gewinnen sehr, wenn man sie vor Verwendung röstet.
Sie passen zu jeder Art von Gemüsegerichten und zu Desserts.

Geöffnete Kokosnuß

Cashew-Kerne

Grießnockerln mit Pistaziensauce

Für 4 Portionen:
200 ccm Milch
90 g Butter
Vollmeersalz
Muskat (frisch gerieben)
250 g Vollkorn-Grieß
3 Eier (Gew.-Kl. 2)
1 Zwiebel
1 El Weizenvollkornmehl
¼ l Gemüsebrühe
70 g Pistazienkerne
1 Bd. glatte Petersilie
⅛ l Schlagsahne
1 Knoblauchzehe
2 Fleischtomaten

1. Milch mit 200 ccm Wasser, 60 g Butter, Salz und einer Prise Muskat aufkochen. Den Grieß einrieseln lassen, die Milch unter ständigem Rühren mit einem Holzlöffel kochen, bis der Grieß bindet und sich die Masse als Kloß vom Topfboden löst.

2. Die Eier trennen. Das Eiweiß zu steifem Schnee schlagen, unter die Grießmasse rühren.

3. In einem weiten Topf Salzwasser zum Sieden bringen. Mit 2 Eßlöffeln Klöße aus der Grießmasse formen und in dem Salzwasser gar ziehen lassen. Das dauert rund 20 Minuten.

4. Inzwischen die Zwiebel pellen, fein würfeln und in 30 g Butter andünsten. Das Mehl darüberstäuben und unter Rühren anschwitzen. Mit Brühe auffüllen und 10 Minuten kochen.

5. 50 g Pistazien mahlen, 20 g halbieren. Petersilie hacken.

6. Eigelb und Sahne verrühren, die Sauce damit binden. Sie darf danach nicht mehr kochen. Gemahlene Pistazien und die Hälfte der Petersilie unterrühren. Sauce mit gepelltem, durchgepreßtem Knoblauch würzen und abschmecken.

7. Tomaten fein würfeln (evtl. vorher häuten), dann im eigenen Saft erhitzen und salzen.

8. Die Nockerln mit einer Schaumkelle herausnehmen und gut abtropfen lassen. Mit Sauce und Tomaten anrichten, mit der restlichen Petersilie und den Pistazien bestreuen.

Vorbereitungszeit: ca. 45 Minuten
Garzeit: 20 Minuten
Pro Portion etwa 17 g Eiweiß, 43 g Fett, 58 g Kohlenhydrate = 3047 Joule (725 Kalorien)

NÜSSE UND SAMEN

100 g enthalten ca. 20 g Eiweiß, 47 g Fett, 24 g Kohlenhydrate = 2345 Joule (561 Kalorien)

Erdnüsse

Genau genommen handelt es sich bei Erdnüssen nicht um Nüsse, denn sie sitzen an den Wurzelenden einer tropischen Pflanze, die zur Familie der Schmetterlingsblütler gehört. Da Erdnüsse ähnlich wie Nüsse zusammengesetzt sind und sich ähnlich verwenden lassen, werden sie hier genannt. Erdnüsse schmecken in Salaten, Saucen und Gemüsegerichten, in Gebäck, Müsli und Desserts.
100 g enthalten ca. 30 g Eiweiß, 44 g Fett, 15 g Kohlenhydrate = 2432 Joule (582 Kalorien)

Mohn

Mohnblumen wachsen zwar in vielen Gärten, doch die wohlschmeckenden blauen Mohnsamen, die sich zum Backen eignen, stammen aus den Kapseln einer rosa blühenden Mohnart, die vorwiegend in Polen angebaut werden. Mohnsamen entwickeln ihren Geschmack erst richtig, wenn sie fein gemahlen werden. Allerdings können sie etwas bitter schmecken, weshalb man den gemahlenen Mohn vor der weiteren Verwendung mit kochender Milch überbrühen und 5 bis 10 Minuten ziehen lassen sollte.
Gemahlener Mohn wird schnell ranzig. Deshalb ist es ratsam, ihn erst unmittelbar vor Gebrauch zu mahlen (oder mahlen zu lassen). Wird gemahlener Mohn nicht sofort verbraucht, kann man ihn luftdicht verpackt kurze Zeit im Kühlschrank und ein bis zwei Monate im Gefriergerät aufbewahren.
Mohn läßt sich gut mit Honig süßen und mit Rosinen, Trockenfrüchten und Mandeln kombinieren. Er eignet sich für Desserts, für Füllungen oder Belag von Gebäck, er schmeckt in Salatdressings, oder – in Butter gebraten – zu Nudeln und Reis.
Ungemahlener Mohn wird gern zur Dekoration von Brot, Brötchen und Käsegebäck verwendet.
100 g enthalten ca. 20 g Eiweiß, 41 g Fett, 19 g Kohlenhydrate = 2243 Joule (536 Kalorien)

Pinienkerne

Diese kleinen, länglichen, elfenbeinfarbenen Samenkerne stammen aus den Zapfen einer im Mittelmeerraum heimischen Schirmpinie. Sie haben ein sehr feines Aroma, das durch Rösten erst richtig herauskommt. Pinienkerne sind teuer, aber für feine Gerichte unschlagbar, sie schmecken zu Obstsalat, Desserts, grünen Salaten und in Füllungen.
100 g enthalten ca. 13 g Eiweiß, 60 g Fett, 21 g Kohlenhydrate = 2654 Joule (632 Kalorien)

Pistazien

Die feineren Verwandten der Mandeln, die Pistazien, stammen aus dem Mittelmeerraum. Geschälte Pistazien sind leuchtend grün und außerordentlich dekorativ. Vor allem sind sie sehr würzig und deshalb sowohl in Füllungen wie für Desserts, Obstsalat und Gebäck beliebt.
100 g enthalten ca. 19 g Eiweiß, 54 g Fett, 19 g Kohlenhydrate = 2483 Joule (594 Kalorien)

Erdnüsse
Geschälte Erdnüsse
Pinienkerne
Mohnsamen

Geröstete Pistazien
Geschälte Pistazien

NÜSSE UND SAMEN

Kichererbseneintopf mit Cashewnüssen

Für 4-6 Portionen:
350 g Kichererbsen
20 g getr. Spitzmorcheln
2 Pfefferschoten
500 g Chinakohl
100 g Cashewkerne
2 El Öl
1/2 Ds. Kidney-Bohnen (EW 270 g)
2 Bund Schnittlauch
Vollmeersalz

1. Kichererbsen über Nacht in 1½ l Wasser einweichen. Am nächsten Tag im Einweichwasser zugedeckt rund 2 Stunden bei milder Hitze kochen.

2. Die Morcheln gründlich abspülen, dann in ¼ l lauwarmem Wasser einweichen. Die Pfefferschoten putzen, Kerne entfernen. Schoten fein hacken.

3. Chinakohl in breiten Streifen vom Strunk schneiden. Die weißen Stielansätze fein würfeln.

4. Die Cashewnüsse hal-

bieren und in heißem Öl hellbraun braten.

5. Die Bohnen im Sieb abbrausen. Schnittlauch in Röllchen schneiden, mit den Kohlwürfeln mischen.

6. Morcheln mit Einweichwasser (ohne Bodensatz) und Kohlstreifen zu den Kichererbsen geben. Salz zufügen, weitere 20 Minuten leise kochen.

7. Bohnen und Pfefferschoten unterrühren und mit erhitzen. Eintopf abschmecken. Beim Anrichten mit Cashewnüssen und Schnittlauchmischung garnieren.

Vorbereitungszeit: 30 Min.
Garzeit: 2½ Stunden
Pro Portion (bei 6 Portionen) ca. 22 g Eiweiß, 14 g Fett, 48 g Kohlenhydrate = 1732 Joule (414 Kalorien)

SOJASPROSSEN

Ein knackiger Salat mit Sojasprossen, Radieschen und Kürbiskernen. Rezept auf Seite 192.

Kartoffelsalat mit Sojasprossen und Radieschen
Sojasprossen-Borschtsch
Sojasprossen-Toast mit Käse
Sojasprossengemüse mit Senfsauce
Chinesische Sojasprossenpfanne mit Erdnüssen
Omelett von Mais und Sojasprossen
Sojasprossen-Warenkunde

SOJASPROSSEN

Sojasprossen-Borschtsch

Für 4 Portionen:
100 g Buchweizen
100 g Zwiebeln
250 g rote Bete
150 g Sellerie
80 g Butter
½ Tl Kümmelpulver
1 ¼ l Gemüsebrühe
1 El Honig
3 El Rotweinessig
250 g Sojasprossen
1 Gewürzgurke
½ Bund glatte Petersilie
Vollmeersalz
200 g Crème fraîche

1. Den Buchweizen waschen und abtropfen lassen.
2. Zwiebeln pellen und würfeln. Rote Bete putzen und in Stifte schneiden. Sellerie schälen, waschen und würfeln.
3. Buchweizen und Zwiebeln in der Butter hellbraun anrösten. Gemüse zugeben und andünsten. Mit Kümmel würzen.
4. Gemüsebrühe zugießen, mit Honig und Essig

abschmecken. Zugedeckt bei milder Hitze 15 Minuten garen.
5. Sojasprossen verlesen, waschen und einmal durchschneiden.
6. Gewürzgurke in dünne Stifte schneiden, Petersilienblätter von den Stielen zupfen.
7. Sojasprossen, Gewürzgurke und Petersilienblätter in die Suppe geben und erhitzen.
8. Die Suppe mit Salz abschmecken. In Teller füllen und mit einer Haube aus Crème fraîche servieren.

Vorbereitungszeit: 35 Min.
Garzeit: ca. 25 Min.
Pro Portion ca. 10 g Eiweiß, 34 g Fett, 33 g Kohlenhydrate = 2032 Joule (486 Kalorien)

Sojasprossen-Toast

Für 4 Portionen:
80 g Butter
1 Knoblauchzehe
8 Scheiben Grahambrot
3 Bund glatte Petersilie
2 Bund Thymian
375 g Sojasprossen
250 g junger Gouda
500 g Tomaten
Vollmeersalz
Pfeffer aus der Mühle

1. Die Butter mit der gepellten, gepreßten Knoblauchzehe würzen.

2. Die Brotscheiben leicht toasten, mit der Butter bestreichen und auf ein Backblech legen.

3. Den Backofen auf 225 Grad (Gas 4) vorheizen.

4. Gewaschene und trockengeschüttelte Kräuter hacken und mischen.

5. Sojasprossen verlesen und abtropfen lassen. In kurze Stücke schneiden.

6. Den Käse grob raffeln, mit Kräutern und Sprossen mischen.

7. Die Tomaten waschen und in Scheiben schneiden. Auf den Broten verteilen. Mit Salz und Pfeffer würzen.

8. Die Mischung aus Kräutern, Käse und Sojasprossen dick auf die Brote häufen.

9. Auf mittlerer Einschubleiste 5–6 Minuten überbacken. Heiß servieren.

Vorbereitungszeit: 25 Min.
Garzeit: 5–6 Minuten
Uml.: 12 Min. b. 200 Grad
Pro Portion ca. 28 g Eiweiß, 36 g Fett, 29 g Kohlenhydrate = 2394 Joule (572 Kalorien)

SOJASPROSSEN

Sojasprossengemüse mit Senfsauce

Für 4 Portionen:
150 g Zwiebeln
40 g Butter
1 Knoblauchzehe
Vollmeersalz
250 g Möhren
1 Tl Honig
¼ l Schlagsahne
100 g Crème fraîche
1 El Senf (mittelscharf)
375 g Sojasprossen
1 Tl Koriander (gestoßen)
Pfeffer aus der Mühle
3 Beete Kresse

1. Zwiebeln pellen, in schmale Längsstreifen schneiden und in der Butter andünsten.

2. Mit der gepellten, gepreßten Knoblauchzehe und Salz würzen. 6 El Wasser zugeben und zugedeckt bei milder Hitze 10 Minuten dünsten.

3. Inzwischen die Möhren

schälen, waschen und in feine Streifen schneiden.

4. Möhrenstreifen zu den Zwiebeln geben, mit Salz und Honig würzen und weitere 5 Minuten zugedeckt dünsten.

5. Nebenbei Sahne und Crème fraîche im offenen Topf auf die Hälfte einkochen, mit Senf und Salz würzen und warm halten.

6. Sojasprossen verlesen und waschen, zum Zwiebelgemüse geben. Heiß werden lassen. Mit Koriander, Pfeffer und der Kresse von zwei Beeten würzen.

7. Mit Senfsauce und Pellkartoffeln servieren, restliche Kresse abschneiden und extra reichen.

Vorbereitungszeit: 30 Min.
Garzeit: ca. 17–20 Min.
Pro Portion ca. 8 g Eiweiß, 37 g Fett, 12 g Kohlenhydrate = 1775 Joule (423 Kalorien)

SOJASPROSSEN

Chinesische Sojasprossenpfanne

Für 4 Portionen:
6 El Sojasauce
6 El trockener Sherry
8 El Weißwein
1 Knoblauchzehe
1 Stück Ingwerwurzel (schalottengroß)
375 g Sojasprossen
300 g Weißkohl
300 g Porree
1 Staudensellerie
30 g Kokosfett (ungehärtet)
½ El Pfeilwurzmehl (Reformhaus)
2 El Sesamöl
30 g Erdnußkerne, geröstet (aus 50 g brutto)
Vollmeersalz

1. Sojasauce, Sherry und Weißwein mischen.
2. Knoblauch pellen, Ingwer schälen. Beides in die Marinade pressen.
3. Sojasprossen verlesen, waschen und abtropfen lassen. Ebenfalls in die Marinade geben.
4. Weißkohl waschen, putzen und in feine Streifen schneiden.
5. Porree putzen, waschen und schräg in Scheiben schneiden.
6. Die äußeren Stengel vom Staudensellerie entfernen (man kann sie für ein anderes Gericht verwenden). Sellerieherz put-

zen, waschen und in Scheiben schneiden. Das Grün grob zerrupfen.
7. Das Fett im Wok oder in einer großen Pfanne sehr heiß werden lassen. Zuerst den Kohl 1 Minute unter Rühren braten. Dann Porree und Sellerie zugeben, ebenfalls 1 Minute unter Rühren braten.
8. Sojasprossen abtropfen lassen, mit dem Selleriegrün unterheben. Kurz erhitzen.
9. Pfeilwurzmehl in der Marinade auflösen, zugießen und einmal aufkochen.
10. Das Gemüse mit Sesamöl und Erdnüssen würzen, evtl. mit Salz abschmecken und mit Reis servieren.

Vorbereitungszeit: 40 Min.
Garzeit: ca. 3 Min.
Pro Portion ca. 10 g Eiweiß, 18 g Fett, 9 g Kohlenhydrate = 1126 Joule (269 Kalorien)

SOJASPROSSEN

Sojasprossen: Kalorienarm, reich an Eiweiß und Vitaminen

Leicht und bekömmlich: Ein Kartoffelsalat mit Sojasprossen und Radieschen. Siehe großes Foto Seite 187

Kartoffelsalat mit Sojasprossen

Für 4 Portionen:
500 g festkochende Kartoffeln
250 g Sojasprossen
1 Bund Frühlingszwiebeln
150 ccm Gemüsebrühe
6 El Obstessig
1 Bund Radieschen
1 Bund Schnittlauch
Vollmeersalz
weißer Pfeffer aus der Mühle
5 El Sonnenblumenkernöl
1 El Kürbiskernöl (beides aus dem Reformhaus)
40 g Kürbiskerne

1. Die Kartoffeln waschen und in der Schale gar kochen. Abgießen und etwas abkühlen lassen.
2. Die Sojasprossen verlesen, waschen und abtropfen lassen.
3. Die Frühlingszwiebeln putzen, waschen und in feine Ringe schneiden, mit den Sprossen in eine Schüssel geben.

4. Die Gemüsebrühe aufkochen (evtl. durchsieben), mit 2 El Essig mischen und darübergießen.
5. Die Kartoffeln pellen und in Scheiben schneiden. In die Schüssel geben und untermischen. 10 Minuten ziehen lassen.
6. Radieschen waschen, putzen und in Scheiben schneiden. Den Schnittlauch in Röllchen schneiden.
7. Aus dem restlichen Essig, Salz, Pfeffer und dem Öl eine Sauce rühren. Unter den Salat mischen.
8. Die Kürbiskerne ohne Fett anrösten und über den Salat streuen.

Vorbereitungszeit: 35 Min.
Garzeit: ca. 20 Min. für Kartoffeln
Pro Portion ca. 9 g Eiweiß, 24 g Fett, 20 g Kohlenhydrate = 1420 Joule (339 Kalorien)

Blanchieren oder nicht?

Ob Sprossen für Salate roh verwendet werden können oder blanchiert werden sollten, darüber gehen die Meinungen auseinander. Roh sind sie am knackigsten. Wer empfindlich ist, sollte sie kurz blanchieren. Zumal durch das Blanchieren einige Bitterstoffe entfernt werden und das in den Sprossen enthaltene Eiweiß besser ausnutzbar ist.

So wird blanchiert:
Sprossen für eine halbe Minute in kochendes Wasser tauchen, am besten in einem Sieb. Oder mit kochendem Wasser übergießen, danach sofort in Eiswasser abschrecken.

Die Sprossen, die in unseren Reformhäusern, Gemüsefachgeschäften und Kaufhäusern als „Sojasprossen" angeboten werden, sind in Wirklichkeit keine Sojasprossen – sondern Mungobohnensprossen. Doch der Name hat sich nun einmal eingebürgert, und so wird es wohl dabei bleiben. Und es ist auch gar kein großer Unterschied zwischen den Mungobohnensprossen und Sojabohnensprossen. Beide, die braune Sojabohne (Glycine hispida) und die grüne Mungobohne (phaseolus mungo aureus) werden seit eh und je in den asiatischen Ländern als Keimlinge in der Küche verwendet. Die Mungobohne jedoch läßt sich leichter keimen und sie ähnelt der echten Sojasprosse. So hat man sie unter dem bekannteren Begriff „Sojasprosse" bei uns eingeführt. Diese Sprossen sind eine große Bereicherung für unsere Küche. Ihr hoher Nährstoffwert ist leicht erklärt: Während des Keimprozesses werden die Fermente im Samen aktiv, sie bilden Vitamine und schließen alle im Samen ruhenden Wertstoffe auf.

So werden Sprossen gezogen

1. Schritt: Bohnenkerne abspülen, dann in reichlich kaltem Wasser etwa 12 Stunden einweichen.
2. Schritt: Bohnenkerne in ein Einmachglas geben, mit luftdurchlässiger Gaze und Gummiband verschließen. Oder in ein Keimgefäß geben.

Eine Tasse Körner – fünf Tassen Keime

Sobald die Bohnen zu keimen beginnen, vervielfachen sie innerhalb weniger Tage ihr Volumen und ihr Gewicht. Daran sollten Sie denken, wenn Sie Bohnen keimen lassen wollen. Wenn Sie Sprossen für vier Portionen Salat oder Gemüse haben wollen, müssen Sie eine Tasse Bohnenkerne zum Keimen bringen. Sie ergibt vier bis fünf Tassen Sojasprossen.

Wichtig: Die Sprossen brauchen Luft und viel Platz, darum Glas höchstens zu einem Fünftel füllen, im Keimgefäß Boden nur mit einer Lage bedecken. Gefäß an einen hellen, jedoch nicht sonnigen Platz stellen. Bei Zimmertemperatur um 21 Grad

Das steckt in Sojasprossen

100 g Sojasprossen enthalten 3,4 g hochwertiges Eiweiß, 0 g Fett, 5,6 g Kohlenhydrate = 121 Joule (29 Kalorien), außerdem 48 mg Vitamin C, Vitamin B_1 und B_2, Vitamin E, dazu noch Fermente und verschiedene Mineralstoffe.

SOJASPROSSEN

Die eingeweichten und wieder abgegossenen Bohnen zeigen nach 1½ Tagen die ersten Sprossen.

Nach drei Tagen sind die Sprossen schon zwei bis drei Zentimeter lang. Man könnte sie bereits essen.

Nach fünf bis sechs Tagen sind die Sprossen vier bis fünf Zentimeter lang und fertig.

Dafür können Sie Sojasprossen verwenden

Sojasprossen schmecken
- in Salaten aller Art, z.B. in grünem Salat, aber auch kombiniert mit Möhren, Mais, Pilzen, Paprika, Spinat, Staudensellerie, Kartoffeln, Nudeln, ferner mit Eiern, Käse oder Tofu (Sojabohnenquark)
- als Gemüse, ebenfalls kombiniert mit den verschiedensten Gemüsen, mit Eiern oder Tofu
- in Suppen und in Eintöpfen
- als Füllung für Omeletts und Eierkuchen
- auf belegten Broten

Diese Gewürze passen zu Sojasprossen:

Sojasauce, Sherry, Pfeffer, Knoblauch, Zwiebeln, Curry, Ingwer, Petersilie, Parmesan

Celsius keimen die Bohnen am besten, zum Beispiel in der Küche.

3. Schritt: Bohnenkerne täglich zweimal mit handwarmem Wasser abspülen, am besten am Morgen und am Abend.

4. Schritt: Nach dem Spülen darauf achten, daß das Wasser wieder völlig abläuft – sonst beginnen die Bohnen leicht zu faulen oder zu schimmeln. Eventuell sollten Sie die Gläser kopfüber etwas schräg stellen, damit noch vorhandene Feuchtigkeit ablaufen kann. Nach fünf bis sechs Tagen sind die Sprossen vier bis fünf Zentimeter lang und fertig zum Gebrauch. Probieren Sie die Sprossen während des Keimens, um herauszufinden, wann sie Ihnen am besten schmecken.

So behandeln Sie Sojasprossen

Sobald die Sprossen die gewünschte Größe erreicht haben, schütten Sie sie in eine Schüssel mit reichlich Wasser und bewegen sie mehrmals darin hin und her. Dabei lösen sich die äußeren grünen Hüllen der Bohnen und schwimmen nach oben. Lassen Sie die Sprossen danach gut abtropfen. Falls Sie sie nicht sofort verbrauchen, können Sie die Sprossen in einem Beutel im Gemüsefach vom Kühlschrank lagern, jedoch höchstens drei bis vier Tage. Achtung bei gekauften Sprossen! Wenn sie schon braune Enden haben, wurden sie bereits längere Zeit gelagert, sie sollten also besser gleich verbraucht werden.

Ideales Schnellgemüse

Zum Garen brauchen Sojasprossen nur zwei bis höchstens drei Minuten. Geben Sie die Sprossen deshalb immer zuletzt an das Gericht. Achten Sie darauf, daß die Garzeit nicht überschritten wird, weil die Sprossen dann schnell an Festigkeit verlieren.

Wo gibt es die Bohnen?

Angeboten werden Mungobohnen zum Keimen
- in allen Reformhäusern und Bioläden – ebenso wie über den auf Reformkost spezialisierten Versandhandel
- in Haushaltsfachgeschäften zusammen mit Keimgefäßen
- in Samenfachgeschäften Achten Sie unbedingt darauf, daß es sich um Saatgut für Keimlinge bzw. Sprossen handelt. Normales Saatgut ist unter Umständen chemisch behandelt und ungeeignet.
- Fertige Sprossen erhalten Sie in Beuteln abgepackt im Reformhaus, in Lebensmittelgeschäften und in den meisten Gemüsegeschäften.

SOJASPROSSEN

Johann Lafer, Restaurant „Le Val d'Or" in Guldental, hat dies Omelett mit Mais und Sojasprossen entwickelt.

Omelett von Mais und Sojasprossen

Für 2–4 Portionen:
1/8 l Milch, 1 Tl Honig
80 g Butter, Vollmeersalz
20 g Polenta (Maisgrieß)
180 g Maiskörner (Dose)
250 g Sojasprossen
1 El Petersilie (gehackt)
3 Tomaten (250 g)
Sojasauce, Pfeffer
2 Eier (Gewichtsklasse 2)
4 Basilikumblätter

1. Milch und Honig mit 40 g Butter, Salz und Polenta aufkochen, vom Herd nehmen und abkühlen lassen.

2. 60 g gehackten Mais, 50 g gehackte Sojasprossen und Petersilie unterrühren.

3. Restliche Sprossen blanchieren, 30 g beiseite stellen.

4. Tomaten häuten, entkernen und würfeln. Mit den blanchierten Sojasprossen mischen, mit Sojasauce und Pfeffer würzen.

5. Eigelb unter die Polentamasse rühren. Eiweiß steifschlagen, unterheben.

6. Mais mit beiseite gestellten Sojasprossen in zwei Pfannen in je 20 g Butter andünsten. Omelettmasse darüber verteilen. Bei 200 Grad (Gas 3) auf der untersten Einschubleiste 10 Minuten backen.

7. Sprossenmischung erwärmen, auf den Omeletts verteilen. Zusammenklappen, mit zerzupftem Basilikum bestreuen, servieren.

8. Dazu Schnittlauchsabayon: 3 Eigelb und 5 El Weißwein warm aufschlagen. Kaltschlagen, dann 60 g weiche Butter unterarbeiten. Mit Salz, Pfeffer, Zitronensaft und Schnittlauchröllchen würzen.

Vorbereitungszeit: 45 Min.
Garzeit: ca. 10 Min.
Uml.: 15 Min. b. 175 Grad
Pro Portion (bei 4 Portionen) ca. 11 g Eiweiß, 22 g Fett, 19 g Kohlenhydrate = 1392 Joule (332 Kalorien)

SPROSSEN

Eier und Pellkartoffeln mit einer herzhaften Sauce aus Schrot, Senfsprossen und Kapern. Rezept auf Seite 200.

Eier mit Senfsprossen-Sauce
Sprossen-Risotto
Bouillon-Kartoffeln mit Sprossen
Zucchini-Alfalfa-Salat
Rosenkohl-Gratin mit Radieschensprossen
Eibrot mit Kressesalat
Das Wichtigste über die Sprossen

SPROSSEN

Sprossen-Risotto

Für 4 Portionen:
150 g Zwiebeln
80 g Butter
250 g Vollreis
Vollmeersalz
250 g Möhren
2 Bund Frühlingszwiebeln
150 g Erbsen (TK)
40 g Parmesan
40 g Mandelstifte
2 Handvoll Alfalfa
2 Handvoll Kresse

1. Die Zwiebeln pellen und fein würfeln. In der aufgeschäumten Butter glasig andünsten.

2. Den Reis untermischen und rühren, bis alle Körnchen mit Butter überzogen sind. Mit Salz würzen.

3. Nach und nach ½ l Wasser zugießen, Reis zugedeckt insgesamt 40 Minuten ausquellen lassen, zwischendurch ab und zu vorsichtig umrühren.

4. Inzwischen die Möhren schälen, waschen und fein würfeln, nach 20 Minuten unter den Reis rühren und mitgaren.

5. Die Frühlingszwiebeln putzen, waschen und in dünne Scheiben schneiden. Mit den Erbsen 5 Minuten vor Ende der Garzeit

auf den Risotto häufen, zugedeckt miterhitzen.

6. Parmesankäse fein raffeln und mit den Mandelstiften über den Risotto streuen, alles vorsichtig mit zwei Gabeln mischen.

7. Die Hälfte der Kresse- und Alfalfa-Sprossen kurz vor dem Servieren unterheben, restliche Sprossen extra reichen.

Vorbereitungszeit: 30 Min.
Garzeit: ca. 40 Minuten
Pro Portion etwa 16 g Eiweiß, 26 g Fett, 62 g Kohlenhydrate = 2367 Joule (566 Kalorien)

SPROSSEN

Bouillon-Kartoffeln mit Sprossen

Für 4 Portionen:
1 kg Kartoffeln
50 g Butter
3 Lorbeerblätter
1 El getrockneter Thymian
1 l Gemüsebrühe
300 g Möhren
350 g Sellerieknolle
3 Stangen Porree (650 g)
¼ Wirsing (450 g)
Vollmeersalz
Pfeffer aus der Mühle
2 Handvoll Senfsprossen

1. Die Kartoffeln schälen, waschen und in Stücke schneiden. In der Butter unter Wenden andünsten.
2. Lorbeerblätter und Thymian zugeben, mit der Brühe aufgießen. Kartoffeln zugedeckt 10 Minuten bei mäßiger Hitze garen.
3. Inzwischen die Möhren und den Sellerie schälen und waschen. Die Möhren in Scheiben und den Sellerie in Würfel schneiden.
4. Die vorbereiteten Gemüse zu den Kartoffeln geben und vorsichtig untermischen, weitere 10 Minuten garen lassen.
5. Den Porree putzen, waschen und in Scheiben schneiden. Den Wirsing

in breiten Streifen vom Strunk schneiden.
6. Beides unter den Eintopf mischen, mit Salz und Pfeffer würzen und weitere 10 Minuten garen. Abschmecken und vor dem Servieren die Senfsprossen unterziehen.

Vorbereitungszeit: 35 Min.
Garzeit: 35 Minuten
Pro Portion etwa 6 g Eiweiß, 8 g Fett, 30 g Kohlenhydrate = 912 Joule (218 Kalorien)

SPROSSEN

Zucchini-Alfalfa-Salat

Für 4 Portionen:
75 g Weizenkörner
1/8 l Gemüsebrühe (Reformhaus)
2 rote Zwiebeln
1 Fenchel (ca. 150 g)
2½ El Weißweinessig
Vollmeersalz
weißer Pfeffer a. d. Mühle
8 El Öl (kalt gepreßt)
350 g Zucchini
1 Bund Schnittlauch
1 Bund Radieschen
2 Handvoll Alfalfa

1. Die Weizenkörner über Nacht in Wasser einweichen. Am nächsten Tag abgießen, in der Gemüsebrühe 10–15 Minuten zugedeckt leise kochen, dann bei mäßiger Hitze ausquellen lassen.
2. Zwiebeln pellen, halbieren und in Scheiben schneiden. Fenchelknolle putzen, waschen und längs vierteln, quer in feine Streifen schneiden.
3. Aus Essig, Salz, Pfeffer und Öl eine Sauce rühren, Zwiebeln und Fenchel in dieser Sauce durchziehen lassen. Inzwischen die anderen Zutaten vorbereiten.
4. Zucchini waschen, die Enden abschneiden, Zucchini erst in Scheiben,

dann in Stifte schneiden. Schnittlauch in Röllchen schneiden.
5. Zucchinistreifen und die Weizenkörner mit der Brühe unter den Salat mischen, mit Salz und Pfeffer abschmecken, dann 5 Minuten durchziehen lassen.
6. Die Radieschen in Scheiben schneiden. Die Alfalfasprossen auseinanderzupfen. Beides unter den Salat mischen, mit Schnittlauch bestreuen und sofort servieren.

Vorbereitungszeit: 30 Min.
Garzeit: Weizen 10–15 Min.
Pro Portion etwa 6 g Eiweiß, 21 g Fett, 23 g Kohlenhydrate = 1310 Joule (313 Kalorien)

SPROSSEN

Rosenkohl-Gratin mit Radieschen-Sprossen

Für 4 Portionen:
750 g Rosenkohl
40 g Butter, Vollmeersalz
50 g Walnußkerne
100 g mittelalter Gouda
1 Handvoll Radieschen-Sprossen

1. Rosenkohl putzen und waschen.

2. Butter aufschäumen lassen, Rosenkohl darin wenden, mit Salz würzen, ½ Tasse Wasser zugießen. Zugedeckt bei milder Hitze 12–15 Minuten dünsten, Topf ab und zu rütteln.

3. Walnußkerne grob hakken. Käse grob raffeln.

4. Backofen auf 225 Grad (Gas 4) vorheizen. Kohl in die Gratinform füllen, mit Nüssen, der Hälfte der

Sprossen und dem Käse bestreuen.

5. Auf der mittleren Einschubleiste 5–7 Minuten gratinieren. Die restlichen Sprossen darüberstreuen.

6. Dazu Bechamelkartoffeln: 750 g geschälte Kartoffeln in Stücke schneiden, in 60 g Butter andünsten, 30 g Weizenvollkornmehl darüberstäuben. Mit ¼ l Brühe und ¼ l Sahne auffüllen, zugedeckt 30 Minuten leise garen lassen. Mit Salz und Pfeffer würzen, gehackte Petersilie darüberstreuen.

Vorbereitungszeit: 20 Min.
Garzeit: 17–20 Minuten
Umluft: 10 Minuten bei 200 Grad
Pro Portion (nur der Gratin) etwa 15 g Eiweiß, 24 g Fett, 7 g Kohlenhydrate = 1313 Joule (314 Kalorien)

SPROSSEN

Ideale Winterkost: vitaminreiche Sprossen

Herzhaft, vollwertig und preiswert: wachsweiche Eier in einer pikanten Sauce mit Senfsprossen. Zum Foto auf Seite 195

Eier mit Senfsprossensauce

Für 4 Portionen:
60 g Butter
40 g Weizenvollkornmehl
1/2 l Gemüsebrühe
200 g Crème fraîche
Vollmeersalz
weißer Pfeffer a. d. Mühle
1 Tl Honig
1 El Zitronensaft
1/2 El Senf (mittelscharf)
8 Eier
40 g Kapern
2 Handvoll Senfsprossen

1. Butter in einen Topf geben und aufschäumen lassen, das Mehl dazugeben und unter Rühren anschwitzen.
2. Unter ständigem Rühren die Brühe nach und nach

zugeben. Sauce bei milder Hitze zugedeckt 10 Minuten leise kochen lassen.
3. Die Crème fraîche unter die Sauce mischen, Sauce ohne Deckel 5 Minuten bei etwas stärkerer Hitze kochen lassen, dabei ständig rühren.
4. Sauce mit Salz abschmecken, mit Pfeffer, Honig, Zitronensaft und Senf würzen.
5. Die Eier in 7 Minuten wachsweich kochen, dann kurz mit kaltem Wasser abschrecken. Eier pellen und in die Sauce geben.
6. Kapern und Senfsprossen kurz abspülen, gut abtropfen lassen, dann in die Sauce geben und kurz darin durchziehen lassen. Zu den Eiern in Senfsprossensauce heiße Pellkartoffeln oder Vollreis servieren.

Vorbereitungszeit: 5 Min.
Garzeit: 20 Minuten
Pro Portion etwa 20 g Eiweiß, 41 g Fett, 12 g Kohlenhydrate = 2145 Joule (512 Kalorien)

Unser Tip: Die Senfsprossen haben eine leichte Schärfe, die gut zu gekochten Eiern paßt. Auch Sprossen von Radieschen eignen sich für dies Rezept. Und natürlich ebenfalls Kresse.

Jedes Samenkorn enthält in konzentrierter Form die Nährstoffe, die zur Bildung einer neuen Pflanze notwendig sind. Feuchtigkeit, Wärme, Sauerstoff und Licht bringen die Samen zum Keimen. Dabei entwickelt sich innerhalb von Tagen, ja von Stunden, eine unglaubliche Aktivität im Samenkorn. Die vorhandenen Enzyme vermehren sich um ein Vielfaches und bewirken, daß die Nährstoffe im Samenkorn verfügbar werden. Sie wandeln Stärke in Zucker um (deshalb schmeckt gekeimtes Getreide süßlich), sie zerlegen Eiweiß in einzelne Eiweißbausteine und Fett in Fettsäuren, Mineralstoffe werden löslich.
Am frappierendsten ist die sprunghafte Neubildung (Synthetisierung) von Vitaminen. So steigert sich der Gehalt an Vitamin C um das 3- bis 27fache, und an Vitaminen der B-Gruppe um das 1- bis 3fache.
Sprossen sind deshalb gerade in den vitaminarmen Wintermonaten eine ideale Zukost.

Welche Samen eignen sich zur Sprossenzucht?

Alle Getreidearten und Hülsenfrüchte lassen sich gut keimen. Ferner Buchweizen, Bockshornklee, Leinsamen und Sesam. In dieser Folge geht es vor allem um grüne Sprossen, d. h. um Samen, die man keimen läßt, bis sich grüne Keimblätter zeigen. Sie enthalten Chlorophyll, einen Stoff, der die Blutbildung anregt.

Die Sorten:

Alfalfa, zu deutsch Luzerne, als Futterpflanze in der Landwirtschaft geschätzt. Ernte nach 5 bis 8 Tagen. Geschmack: neutral, frisch und knackig. Alfalfa wird gelegentlich schon im Obst- und Gemüsehandel angeboten.
Kresse: Besonders gut und ergiebig sind großblättrige Sorten. Ernte nach ca. 8 Tagen. Geschmack: würzig mit leichter Schärfe. Kresse gibt es in jedem Gemüsegeschäft.
Radieschen, Senf, Rettich: Ernte nach 4–6 Tagen. Geschmack: würzig bis scharf. Senfsprossen sind am schärfsten, man verwendet sie als Würze oder in Mischungen.

Vitaminsteigerung bis zu 1000 Prozent

Der Gehalt an Karotin (Vorstufe von Vitamin A) steigt in Weizenkörnern nach 20 Stunden Keimdauer um 190 Prozent. Der Vitamin-B_2-Gehalt in 12 Stunden um 50 Prozent. In Alfalfa steigt der Vitamin-B_2-Gehalt in vier Tagen sogar um 1000 Prozent.

Wo gibt es Samen

Samen zum Keimen führen Reformhäuser, Bioläden, Garten-Fachgeschäfte und auf Biokost spezialisierter Versandhandel.
Angeboten werden sowohl Samen einer Sorte oder Samenmischungen. In den Mischungen ist häufig Rettichsamen enthalten, weil er antibiotische Stoffe enthält, die die keimenden Sprossen vor Schimmelpilzen schützen.
Verwenden Sie auf keinen Fall für den Garten bestimmte Saat zum Keimen, sie ist fast immer chemisch vorbehandelt.

SPROSSEN

Inzwischen gibt es auch Firmen, die Sprossen en gros produzieren und Restaurants und Reformhäuser damit beliefern.

So ziehen Sie Sprossen

Im Handel gibt es verschiedene Keimgefäße. Sie können sich außerdem mit Einmachgläsern von 1 bis 1½ l behelfen, dazu benötigen Sie durchlässigen Stoff und Gummibänder. Keimende Sprossen brauchen viel Platz. 1 El Alfalfa-Saat füllt in 8 bis 10 Tagen ein Litergefäß. Deshalb sollten Sie den Boden eines Glases nur eben mit Samen bedecken. Bei Keimgefäßen müssen Sie sich nach der Gebrauchsanweisung richten.

1. Schritt: Samen mit reichlich Wasser bedeckt 4 bis 6 Stunden aufquellen lassen. Getreide und Hülsenfrüchte brauchen 12 Stunden.

2. Schritt: Wasser abgießen, Samen durchspülen und völlig abtropfen lassen. Mit Stoff und Gummiband verschlossene Gläser kurze Zeit umgedreht auf ein Gitter stellen, bei Keimgefäßen prüfen, ob das Wasser abgelaufen ist.

3. Schritt: Gefäß an einen warmen Platz (19 bis 21 Grad Celsius) stellen, Heizungsnähe und direktes Sonnenlicht meiden.

4. Schritt: Samen täglich 2- bis 3mal zur gleichen Zeit mit lauwarmem Wasser abspülen, wieder völlig abtropfen lassen.

In den letzten Tagen darauf achten, daß die Sprossen Licht bekommen, damit sich die Blättchen grün färben können.

5. Schritt: Sprossen vor Verwendung kalt abspülen. Was nicht gebraucht wird, im Plastikbeutel oder verschlossenen Gefäß im Kühlschrank aufbewahren, jedoch höchstens 4 Tage.

Sprossen in der Küche

Sprossen können Sie in vielen Gerichten verwenden, auch anstelle von Kräutern, so in Blatt- und Gemüsesalaten, in Saucen und Suppen, in Quarkspeisen und Buttermischungen, ferner auf Toast und Sandwiches. Geben Sie Sprossen an heiße Gerichte immer erst im letzten Augenblick, damit sie knackig bleiben.

Keimen auf drei Etagen

In diesem Gerät lassen sich drei verschiedene Samen gleichzeitig keimen. Auf einer Auffangschale für Wasser sitzen übereinander drei Keimschalen mit Abflußöffnungen. Darüber kommt ein Deckel.

Mißerfolge lassen sich vermeiden

Gelegentlich keimen Samen nicht oder nur teilweise. Oder aber sie werden muffig und schimmeln.
● Die Samen keimen nicht. Mögliche Ursachen:
1. Altes Saatgut. Deshalb nur frische Samen nehmen.
2. Das Wasser ist stark kalkhaltig. Wasser gegebenenfalls enthärten.
3. Spülmittelreste an den Keimgefäßen. Darum Gefäße stets gründlich klarspülen.
● Die Sprossen wachsen zu langsam. Mögliche Ursachen: zu geringe Raumtemperatur, starke Temperaturschwankungen. Deshalb Temperatur kontrollieren, Gefäße an einen geeigneteren Platz stellen.
● Die Sprossen sind muffig oder faulen. Ursache:
1. Staunässe im Gefäß. Darum immer ganz abtropfen lassen.
2. Sauerstoffmangel in einem überfüllten Gefäß. Darum Saat sparsam dosieren.
3. Unsaubere Keimgefäße, dadurch Übertragung von Schimmelpilzen. Darum Keimgefäße nach Benutzung gründlich reinigen.

Sprossen im glasklaren Plastikrohr

Das Keimgerät besteht aus einem durchsichtigen Kunststoffrohr, das am Ende mit zwei siebartigen Verschlüssen zugeschraubt wird. Beim Einweichen setzt man eine Dichtungsscheibe auf eine Seite.

201

SPROSSEN

Pierre Pfister, Chefkoch im Hilton, Mainz. Der Vollwert-Trend regte den geborenen Elsässer zu dieser Komposition in Grün an.

Eibrot mit Kressesalat

Für 4 Portionen:
3 Eier (Gew.-Kl. 2)
Vollmeersalz
weißer Pfeffer a. d. Mühle
4 Scheiben Sechskornbrot
1 Knoblauchzehe
20 g Haselnußkerne
1 El Balsamessig
2 El Öl (kalt gepreßt, möglichst Traubenkernöl)
40 g Butter
4 Handvoll Kresse
grobes Meersalz

1. Eier in einer flachen Arbeitsschale mit einer Gabel kräftig verschlagen, herzhaft mit Salz und weißem Pfeffer würzen.

2. Brotscheiben in den Eiern wenden, dann darin liegenlassen.

3. Knoblauchzehe pellen, längs halbieren. Haselnüsse vierteln. Essig, Salz, Pfeffer und Öl verrühren.

4. Butter in einer Pfanne aufschäumen lassen, den Knoblauch darin kurze Zeit durchschwitzen, dann wieder herausnehmen.

5. Brotscheiben in der Butter bei milder Hitze von jeder Seite 2 Minuten braten. Restliches Ei dabei über die Scheiben träufeln.

6. Brote auf Teller legen. Kresse in der Salatsauce wenden, auf den Broten verteilen, mit etwas grobem Meersalz bestreuen.

7. Haselnüsse in einer Pfanne ohne Fett kurz rösten, über die Brote streuen, sofort servieren.

Vorbereitungszeit: 15 Min.
Garzeit: ca. 5 Minuten
Pro Portion etwa 12 g Eiweiß, 23 g Fett, 22 g Kohlenhydrate = 1477 Joule (353 Kalorien)

DESSERTS

Vollkorn-Buchteln mit einer feinen Vanillesauce und in Ahornsirup marinierten Erdbeeren. Rezept Seite 208.

Vollkorn-Buchteln mit Vanillesauce

Bratäpfel mit Sherry-Zabaione

Grüner Obstsalat

Hirse-Crêpes mit Trockenfrüchten

Kokosflan mit Sanddorn-Sauce

Bananen-Split mit Mango-Sorbet

Süßen mit Honig, Ahornsirup und Dattelmus

DESSERTS

Bratäpfel mit Sherry-Zabaione

Für 4 Portionen:
50 g getr. Aprikosen
100 g Walnußkerne
1 kleines Stück Ingwer
1 El Honig
60 g Butter
4 mürbe Äpfel (ca. 600 g)
Zitronensaft
4 Eigelb (Gew.-Kl. 2)
¼ l Cream Sherry
1 El Ahornsirup
Zimt
Minzeblätter

1. Die Aprikosen fein würfeln. 50 g Nüsse zerbrechen oder grob hacken. Ingwer schälen und fein würfeln. Aprikosen, Ingwer, Nüsse, Honig und 20 g weiche Butter verrühren.

2. Die Äpfel waschen und

das Kerngehäuse ausstechen. An der oberen Seite die Öffnung kegelförmig ausschneiden und mit Zitronensaft beträufeln. Die Honig-Nuß-Masse hineinfüllen.

3. Äpfel nebeneinander in einen kleinen Bräter setzen, bei 200 Grad (Gas 3) 25–30 Minuten auf der untersten Einschubleiste im Backofen garen. Zwischendurch mit der restlichen zerlassenen Butter begießen.

4. 10 Minuten vor Ende der Garzeit der Äpfel für die Zabaione Eigelb mit Sherry und Ahornsirup gut verschlagen. Über heißem Wasserbad unter ständigem Schlagen so lange erhitzen, bis die Sauce bindet.

5. Äpfel auf Tellern anrichten, mit der Sauce umgießen. Mit Zimt bestäuben, mit restlichen Walnußkernen und Minze garnieren.

Vorbereitungszeit: 15 Min.
Garzeit: 25–30 Minuten
Pro Portion ca. 9 g Eiweiß, 35 g Fett, 34 g Kohlenhydrate = 2349 Joule (562 Kalorien)

DESSERTS

Grüner Obstsalat

Für 6 Portionen:
4 Kiwis
300 g grüne Trauben
1 Melone (ca. 500 g)
300 g Fenchel
2 Birnen
1 Orange
1/2 Zitrone
1 Limette
200 g Doppelrahmfrischkäse
1/4 l Schlagsahne
2 El Ahornsirup

1. Die Kiwis schälen und längs halbieren, dann in Scheiben schneiden. Die Trauben waschen und abzupfen, danach halbieren und eventuell entkernen.

2. Die Melone halbieren, die Kerne mit einem Löffel herausschaben. Mit einem

Kugelausstecher Kugeln aus dem Melonenfleisch schneiden.

3. Den Fenchel waschen und putzen, längs vierteln und quer in sehr feine Scheiben schneiden.

4. Die Birnen waschen und vierteln. Kerngehäuse herausschneiden. Viertel quer in Scheiben schneiden. Die vorbereiteten Zutaten vorsichtig mischen und mit dem Saft von Orange und Zitrone beträufeln.

5. Die Limette heiß abwaschen und abtrocknen. Die Schale abreiben, die Frucht auspressen. Den Saft und die Hälfte der Schale unter den Salat mischen.

6. Den Frischkäse mit der Sahne und dem Ahornsirup verrühren, mit Limettenschale bestreuen und zu dem Obstsalat servieren.

Vorbereitungszeit: 45 Min.
Pro Portion etwa 8 g Eiweiß, 24 g Fett, 32 g Kohlenhydrate = 1606 Joule (384 Kalorien)

DESSERTS

Hirse-Crêpes mit Trockenfrüchten

Für 6–8 Portionen:
200 g getr. Aprikosen
100 g Korinthen
100 ccm Ahornsirup
1/2 El Rosenwasser
1 El Orangenlikör
50 g Mandeln (abgezogen)
30 g Pistazien
300 ccm Milch
30 g Weizenvollkornmehl
60 g Hirseflocken
Vollmeersalz
1 Tl Honig
4 Eier (Gew.-Kl. 2)
ca. 50 g Fett zum Backen
1 Granatapfel
1/4 l Schlagsahne

1. Aprikosen und Korinthen abspülen. Aprikosen halbieren. 1/8 l Wasser abkochen, lauwarm mit Ahornsirup, Rosenwasser und Likör verrühren, über die Früchte gießen.
2. Mandeln längs halbieren, mit den Pistazien unter die Früchte mischen. Die Mischung im Schraubglas im Kühlschrank zwei Tage durchziehen lassen.
3. Milch, Mehl, Hirseflocken, eine Prise Salz und Honig verquirlen, 30 Minuten quellen lassen. Dann die Eier unterschlagen.
4. Aus dem Teig nacheinander 6–8 dünne Pfannkuchen backen, von jeder Seite ca. 2 Minuten. Teigmischung vor dem Backen jedesmal gut durchrühren.
5. Granatapfel aufschneiden

und die Viertel aufbrechen, die Kerne herauslösen. Sahne steif schlagen. Crêpes mit dem Kompott anrichten, Sahne dazu servieren und mit Granatapfelkernen bestreuen.

Vorbereitungszeit: 40 Min.
Garzeit: pro Crêpe 4 Min.
Pro Portion (bei 8 Portionen) etwa 11 g Eiweiß, 22 g Fett, 44 g Kohlenhydrate = 1828 Joule (437 Kalorien)

DESSERTS

Kokosflan mit Sanddornsauce

Für 4 Portionen:
10 g Butter
50 g Kokosraspeln
350 ccm Schlagsahne
Mark von 1 Vanilleschote
3 Eier (Gew.-Kl. 2)
1 El Honig, Salz
1 Mango, 1 Papaya
½ Ananas
6 El Sanddornsaft m. Honig
1 El Rum
1 El Limettensaft
½ Tl Ingwer (gepreßt)
Limettenscheiben

1. 4 Förmchen (⅛ l Inh.) mit Butter ausfetten, mit Kokosraspeln ausstreuen. Restliche Kokosraspeln mit Sahne und Vanillemark erhitzen.

2. Eier, Honig und Salz verschlagen, heiße Kokosmilch nach und nach unterrühren. Eiersahne in die Förmchen gießen, diese auf die Saftpfanne setzen, mittlere Schiene.

3. 2 l heißes Wasser in die Saftpfanne gießen. Bei 175 Grad (Gas 2) 45 Min. garen.

4. Früchte schälen, Mango in Spalten vom Stein schneiden. Kerne aus der

Papaya entfernen, Papaya und Ananas in Scheiben schneiden.

5. Sanddornsaft, Rum, Limettensaft und durchgepreßten Ingwer mischen, über die Früchte gießen, mit den gestürzten Flans anrichten und mit Limettenscheiben garnieren.

Vorbereitungszeit: 30 Min.
Garzeit: 45 Minuten
Pro Portion ca. 10 g Eiweiß, 40 g Fett, 45 g Kohlenhydrate = 2503 Joule (595 Kalorien)

DESSERTS

Allerlei Süßmittel für die Vollwertküche

Vollkornbuchteln, ein Nachtisch, der garantiert satt macht. Das große Foto sehen Sie auf Seite 203

Auf Süßspeisen und Gebäck brauchen Sie in der Vollwertkost nicht zu verzichten. Doch sollte man Süßes in Maßen essen. Wer es lernt, sparsamer zu süßen, wird entdecken, daß der Eigengeschmack vieler Obstsorten dann besser zur Geltung kommt. Aber womit soll man süßen? Zugegeben, Zucker ist das neutralste aller Süßmittel und unglaublich vielseitig. Doch fehlen ihm sämtliche Begleitstoffe wie Vitamine und Mineralstoffe, weshalb strenge Vollwertköstler Zucker ganz ablehnen. Süßen kann man statt dessen mit Honig, Ahornsirup, Apfel- oder Birnendicksaft und Dattelmus.

Zweierlei müssen Sie dabei beachten. Diese Süßmittel enthalten noch gewisse Aromastoffe, gelegentlich auch Fruchtsäuren. Sie müssen also mit den zu süßenden Gerichten harmonieren. Man kann Zucker auch nicht einfach durch andere Süßmittel ersetzen, ganz besonders nicht beim Backen. Noch etwas: Karies wird nicht allein durch Zucker verursacht, genauso können Honig und andere Süßmittel oder süßes Backobst Karies verursachen, wenn man seine Zähne nicht richtig pflegt.

Vollkorn-Buchteln mit Vanillesauce und Erdbeeren

Für 6 Portionen:
400 g Weizenvollkornmehl (sehr fein ausgemahlen oder Type 1700)
1/4 l Milch
40 g Hefe
4 El Honig
Vollmeersalz
6 Eigelb (Gew.-Kl. 2)
100 g gehackte Mandeln
60 g Butter
500 g Erdbeeren
3 El Ahornsirup
1/4 l Schlagsahne
Mark von 2 Vanilleschoten

1. Das Mehl in eine Schüssel geben, eine Mulde hineindrücken. Die Milch erwärmen, die Hefe und 1 Tl Honig darin auflösen. Diese Mischung in die Mulde gießen und mit etwas Mehl bestreuen.
2. Auf den Mehlrand 2 El Honig, 1 Prise Salz, 2 Eigelb und die Mandeln geben. Alles von der Mitte her mit den Knethaken vom Handrührer verkneten. Dann den Teig mit einem Spachtel gründlich weiterbearbeiten, bis er kaum noch klebt. Teig zugedeckt 25 Minuten gehen lassen.
3. Teig erneut durchkneten. Eine Form mit Butter ausfetten. 10 Klöße formen und nebeneinander in die Form setzen. Restliche Butter schmelzen und über die Klöße gießen. Bei 200 Grad (Gas 3) auf der mittleren Schiene ca. 20 Minuten backen.
4. Die Erdbeeren waschen und putzen, dann halbieren und mit dem Ahornsirup durchziehen lassen.
5. 4 Eigelb mit dem restlichen Honig, der Sahne und dem Vanillemark über einem Wasserbad unter Schlagen so lange erhitzen, bis die Sauce bindet. Buchteln mit der Sauce und den Erdbeeren servieren.

Vorbereitungszeit (ohne Gehzeit): 30 Minuten
Garzeit: ca. 20 Minuten
Pro Portion 20 g Eiweiß, 40 g Fett, 67 g Kohlenhydrate = 3056 Joule (730 Kalorien)

Tip: Zu den Buchteln schmecken auch andere Früchte, zum Beispiel Himbeeren oder gedünstete Zwetschgen.

DESSERTS

Honig
schmeckt nach den Blüten, aus denen die Bienen den Nektar holen. Obstsalat kann man mit Orangenblüten- oder Akazienhonig würzen, Heidehonig schmeckt unter Umständen zu sehr vor.
Beim Backen mit Honig werden einige Wertstoffe zerstört. Es genügt ein preiswerter Importhonig. Honig süßt schwächer als Zucker. Rühr- und Hefeteige gelingen jedoch ohne Probleme. Mürbeteig wird nicht so kroß.

Ahornsirup
ist der dickflüssig eingekochte Saft kanadischer Ahornbäume. Er hat kein spezielles Aroma, aber einen leichten Karamelgeschmack. Er eignet sich zum Süßen von Obstsalaten, Desserts, Pfannkuchen und Salaten.

Sanddornsaft
mit Honig hat einen kräftig säuerlichen Geschmack. Er eignet sich für Milchmixgetränke, für Müslis und Quarkspeisen.

Apfel- oder Birnendicksaft
wird aus dem dick eingekochten Saft dieser Früchte gewonnen. Achten Sie darauf, daß der Dicksaft ohne Zuckerzusatz hergestellt wurde. Dicksäfte schmecken fruchtig und leicht säuerlich. Sie eignen sich zum Würzen von Salat- oder Fleischsaucen, für Obstgerichte, Desserts, Quarkspeisen und Müslis.

Dattelmark
ist dunkelbraun und süß, aber relativ neutral. Es eignet sich zum Süßen von Pfannkuchen, Müslis, Saucen und Quarkspeisen.

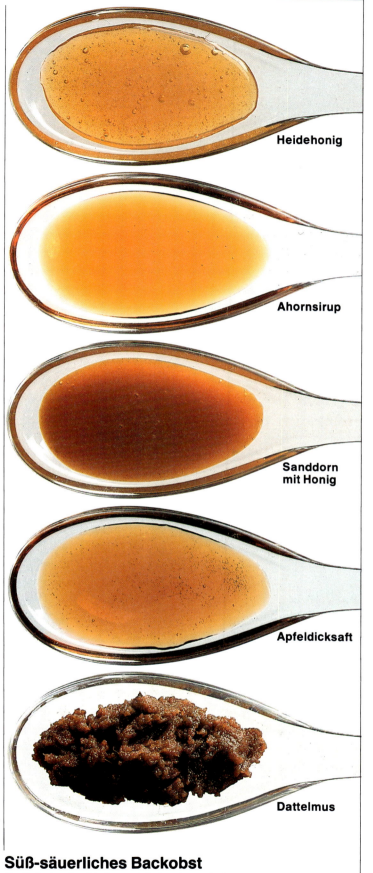

Heidehonig

Ahornsirup

Sanddorn mit Honig

Apfeldicksaft

Dattelmus

Süß-säuerliches Backobst
Beliebt in der Vollwertküche (von links): Apfelringe und Birnenhälften, Datteln, Aprikosen, Pflaumen, Sultaninen, Feigen und Korinthen.

DESSERTS

Bananen-Split mit Mango-Sorbet

Für 4 Portionen:
100 g Fichtenhonig
150 ccm Zitronensaft
1/8 l Birnendicksaft
2–3 Mangos (je nach Größe, insgesamt 750 g brutto, 450 g netto)
50 g Mandelblättchen
4 Bananen
1 Vanilleschote (Mark)
1/4 l Schlagsahne

1. 60 g Honig mit 1/8 l Zitronensaft und Birnendicksaft in einen Topf geben. Leicht erwärmen und dabei gut mischen.

2. Mangos schälen, das

Fruchtfleisch vom Stein schneiden, 450 g abwiegen und mit dem Schneidstab vom Handrührer in der Honigmischung pürieren. In der Eismaschine ca. 40 Minuten unter Rühren gefrieren lassen.

3. Mandelblättchen ohne Fett in einer Pfanne hellbraun rösten, herausnehmen und beiseite stellen.

4. Restlichen Honig und restlichen Zitronensaft verrühren. Geschälte Bananen darin marinieren, ab und zu wenden.

5. Vanilleschote aufschlitzen, Mark herauskratzen. Sahne mit Vanillemark steif schlagen.

6. Mangosorbet und Bananen auf vorgekühlten Tellern anrichten. Bananen mit Mandelblättchen bestreuen. Den Honigsud darüberträufeln. Mit der geschlagenen Sahne garnieren.

Vorbereitungszeit: 30 Min.
Kühlzeit: 40 Minuten
Pro Portion ca. 6 g Eiweiß, 27 g Fett, 71 g Kohlenhydrate = 2402 Joule (573 Kalorien)

210

WILDBEEREN

Preiselbeerspeise mit Äpfeln und Mandeln. Rezept auf Seite 216.

Preiselbeerspeise mit Äpfeln
Brombeertarte
Blaubeereis mit Joghurt
Buchweizentorte mit Blaubeeren
Brombeer-Quark-Auflauf
Preiselbeerbuchteln
Wissenswertes über Wildbeeren

WILDBEEREN

Brombeertarte

Für 8 Stücke:
250 g Weizenvollkornmehl (oder Mehl Type 1050)
1 Ei (Gew.-Kl. 2)
3 Eigelb (Gew.-Kl. 2)
1 Prise Vollmeersalz
150 g Honig
150 g Butter
500 g Brombeeren
1/8 l Schlagsahne
30 g Pinienkerne

1. Das Mehl auf die Arbeitsfläche schütten, in die Mitte eine Mulde drücken.
2. Ei, 1 Eigelb, Salz und 100 g Honig in die Mulde geben. Die Butter in kleinen Flöckchen auf dem Mehlrand verteilen.
3. Alles mit zwei großen Messern zusammenhakken, dann durchkneten, den Teig abgedeckt 30 Minuten kühl stellen.
4. Den Teig auf der mit Mehl bestäubten Arbeitsfläche rund ausrollen (Ø 30 cm). Eine Tarteform (Ø 26 cm) damit auslegen.
5. Ränder andrücken und

glatt schneiden. Boden mit einer Gabel einstechen.
6. Brombeeren verlesen, evtl. abspülen, abgetropft auf dem Boden verteilen.
7. Zwei Eigelb mit dem restlichen Honig 5 Minuten dick aufschlagen, Sahne unterrühren. Alles über die Beeren gießen.
8. Mit Pinienkernen bestreuen. Bei 200 Grad (Gas 3) zuerst 10 Minuten auf dem Backofenboden, dann weitere 10–15 Minuten auf der mittleren Schiene backen.
9 Lauwarm mit eiskalter Schlagsahne (evtl. mit Calvados würzen) servieren.

Vorbereitungszeit: 30 Min.
Backzeit: 20–25 Minuten
Umluft: 30–35 Minuten bei 175 Grad
Pro Stück etwa 9 g Eiweiß, 26 g Fett, 40 g Kohlenhydrate = 1874 Joule (340 Kalorien)

WILDBEEREN

Blaubeereis mit Joghurt

Ergibt 1½ l, also ca. 6–8 Portionen:
500 g Blaubeeren
150 g Honig
⅛ l Rotwein
1 Messerspitze Zimt
4 Eigelb (Gew.-Kl. 2)
2 Sahnejoghurt (300 g)
¼ l Schlagsahne

1. Blaubeeren verlesen, waschen und abtropfen lassen.
2. 200 g Blaubeeren zum Teil mit einer Gabel leicht zerdrücken, dann mit 50 g Honig, Rotwein und Zimt vermischen, Sauce zugedeckt kalt stellen.
3. Die restlichen Blaubeeren mit dem Schneidstab des Handrührers pürieren.
4. Eigelb mit dem restlichen Honig und 2 El warmem Wasser 5 bis 7 Minuten aufschlagen, bis die Masse dicklich-weiß ist.

5. Das Blaubeerpüree und den Joghurt unterrühren.

6. Die Sahne sehr steif schlagen und unterrühren.
7. Die Eismasse entweder im Eisbereiter cremig rühren und dann in Portionsförmchen umfüllen.

8. Oder Eismasse 2 Stunden in einer Schüssel vorgefrieren, ab und zu mit dem Schneidstab pürieren, dann in Förmchen füllen und im Gefriergerät fest werden lassen.
9. Vor dem Servieren ½ Stunde in den Kühlschrank stellen, stürzen und mit Blaubeersauce anrichten.

Vorbereitungszeit: 30 Min.
Kühlzeit: ca. 4 Stunden
Pro Portion (bei 6 Portionen) etwa 9 g Eiweiß, 23 g Fett, 42 g Kohlenhydrate = 1824 Joule (436 Kalorien)

WILDBEEREN

Buchweizentorte mit Blaubeeren

Für 12–14 Stücke:
Fett für die Form
2 El Buchweizengrütze
3 Eier (Gew.-Kl. 2)
150 g Honig
1 Prise Vollmeersalz
60 g Buchweizenmehl
40 g Weizenmehl (Type 1050)
300 g Blaubeeren
½ l Schlagsahne
50 g Walnüsse (gehackt)
30 g Pistazienkerne

1. Springform (Ø 26 cm) am Boden fetten, mit Buchweizengrütze bestreuen.

2. Eier trennen. Eigelb mit 90 g Honig, einer Prise Salz und 2 El warmem Wasser 7 Minuten aufschlagen.

3. Eiweiß sehr steif schlagen. Ein Drittel davon unter die Eimasse rühren.

4. Restlichen Eischnee, Buchweizenmehl und Mehl darübergeben und vorsichtig unterheben. Teig in die Form füllen und glattstreichen.

5. Bei 200 Grad (Gas 3) auf der mittleren Schiene ca. 12–15 Minuten backen. Auskühlen lassen und einmal durchschneiden.

6. Blaubeeren verlesen und waschen. Abtropfen lassen, dann 250 g pürieren. Sahne mit dem restlichen Honig sehr steif schlagen, Menge halbieren.

7. Püree unter eine Sahne-

portion mischen, drei Viertel davon auf den unteren Boden streichen. Walnüsse darüberstreuen, oberes Tortenteil darüberlegen.

8. Die restliche Schlagsahne mit der Blaubeersahne mischen, Torte damit bestreichen. Mit den zurückgelassenen Blaubeeren und Pistazien garnieren, bis zum Servieren kalt stellen.

Vorbereitungszeit: 30 Min.
Backzeit: ca. 12–15 Min.
Umluft: 12 Min. bei 175 Grad
Pro Stück (bei 14 Stücken) etwa 5 g Eiweiß, 16 g Fett, 20 g Kohlenhydrate = 1066 Joule (255 Kalorien)

WILDBEEREN

Brombeer-Quark-Auflauf

Für 4 Portionen:
500 g Brombeeren
5 El Honig
2 El Rumrosinen
2 El Haferflocken
100 g Haselnüsse (gemahlen)
40 g Butter
2 Eier (Gew.-Kl. 2)
2 Eigelb (Gew.-Kl. 2)
1 Prise Vollmeersalz
250 g Sahnequark

1. Brombeeren verlesen und waschen, abtropfen lassen. 450 g mit 2 El Honig beträufeln und mit einer Gabel etwas zerdrücken, dann 10 Minuten Saft ziehen lassen.
2. Brombeeren und Rumrosinen locker mischen, zwei Drittel davon in eine flache Auflaufform füllen.
3. Haferflocken und Haselnüsse in der Butter hell-

gelb braten, über den Brombeeren verteilen.
4. Eier trennen, Eigelb mit dem restlichen Honig und Salz schaumig schlagen, Quark unterrühren.
5. Eiweiß sehr steif schlagen und unter die Quarkmasse heben, Brombeeren damit bedecken.
6. Bei 175 Grad (Gas 2) auf der zweiten Schiene von unten etwa 45 Minuten backen. Mit den restlichen Brombeeren garnieren, warm servieren.

Vorbereitungszeit: 30 Min.
Garzeit: 30—40 Minuten
Umluft: 35 Min. bei 150 Grad
Pro Portion etwa 20 g Eiweiß, 39 g Fett, 43 g Kohlenhydrate = 2668 Joule (637 Kalorien)

WILDBEEREN

Ein Dessert für Spätsommertage: herbe Preiselbeeren und säuerliche Äpfel in einer milden Creme aus Eiern, Joghurt und Sahne. Rezept zum Foto auf Seite 211

Preiselbeerspeise mit Äpfeln

Für 6–8 Portionen:
1 Vanilleschote
500 g Preiselbeeren
150 g Honig
1/8 l Weißwein
1 Zitrone (mit unbehandelter Schale)
3 Eigelb (von Eiern der Gewichtsklasse 2)
1 Sahnejoghurt (150 g)
1/4 l Schlagsahne
100 g Mandelstifte
2 Äpfel

1. Die Vanilleschote längs aufschlitzen, das Mark mit dem Messerrücken herauskratzen.
2. Die Preiselbeeren gut verlesen, dann waschen und abtropfen lassen. Beeren mit der Vanilleschote, 100 g Honig und Weißwein 5 Minuten bei milder Hitze kochen, dann kalt werden lassen. Vanilleschote herausnehmen.
3. Die Zitronenschale abreiben, Zitrone auspressen.
4. Eigelb mit dem restlichen Honig, dem Vanillemark, der Zitronenschale

und 1 El warmem Wasser mit den Quirlen vom Handrührer 5–7 Minuten dicklich-weiß aufschlagen.
5. Den Joghurt unterrühren. Die Sahne steif schlagen und unter die Creme ziehen, Creme für 10 Minuten kalt stellen.
6. Die Mandelstifte in einer Pfanne ohne Fett unter Rütteln hellbraun rösten, aus der Pfanne nehmen und abkühlen lassen.
7. Die Äpfel waschen und grob raffeln, sofort mit dem Zitronensaft beträufeln und etwas durchmischen.
8. Abwechselnd die geraspelten Äpfel, die Mandelstifte, Joghurt-Creme und Preiselbeerkompott in eine Schüssel schichten. Bis zum Servieren sehr kalt stellen.

Vorbereitungszeit: 40 Min.
Garzeit: Preiselbeeren 5 Minuten
Pro Portion (bei 8 Portionen) etwa 7 g Eiweiß, 21 g Fett, 26 g Kohlenhydrate = 1429 Joule (342 Kalorien)

Unübertroffen im Aroma: Wildbeeren

Nichts geht über den Duft, das Aroma und den köstlichen Geschmack einer reifen, sonnenwarmen Brombeere.
Mit Recht heißt es, daß Wildbeeren ein besonders intensives Aroma haben. Ihren Wohlgeschmack verdanken sie dem Gehalt an verschiedenen Fruchtsäuren und Aromastoffen sowie an Trauben- und Fruchtzucker, dazu kommen kräftige Geschmacksstoffe, zum Beispiel Gerb-

Blaubeeren

Die Blaubeere, bot. Vaccinium myrtillus, heißt auch Heidelbeere, Schwarzbeere, Waldbeere oder Bickbeere. Blaubeeren wachsen in lichten Nadel- und Mischwäldern, auf der Heide und im Hochmoor, auch im Gebirge. Die kleinen Zwergsträucher werden 20 bis 35 cm hoch. Die erbsengroßen, blauschwarzen, bereiften Beeren reifen von Juli bis Oktober.
Zum Pflücken braucht man einen gesunden Rücken und Ausdauer, denn die Beeren sitzen einzeln an den Zweigen. Da der Saft stark färbt, sollte man unempfindliche, waschbare Kleidung tragen.
Die Beeren schmecken süß-säuerlich und sehr aromatisch. Blaubeeren sollen gut gegen Nachtblindheit sein. Sie enthalten unter anderem Gerbstoffe, deshalb wirken getrocknete Heidelbeeren entzündungshemmend und adstringierend (zusammenziehend), ein probates Mittel gegen sommerliche Magenverstimmungen.
Rohe Blaubeeren schmecken mit Milch, Sahne, Quarkspeise und Grießpudding. Sie lassen sich ausgezeichnet einfrieren. 100 g Blaubeeren enthalten ca. 0,7 g Eiweiß, 0,6 g Fett, 13,7 g Kohlenhydrate = 267 Joule (63 Kalorien).

WILDBEEREN

säure oder Bitterstoffe. Wildbeeren sind reich an Vitaminen, Mineralstoffen, Pektinen und anderen Ballaststoffen.

Aber – ohne Fleiß kein Preis. Wer Wildbeeren ernten möchte, muß dafür meistens einen weiten Weg zurücklegen, einen großen Teil davon zu Fuß, denn Waldwege sind für Autofahrer verboten. Man sollte beim Ernten folgende Regeln beachten:

- Sammeln Sie niemals in unmittelbarer Nähe von vielbefahrenen Autostraßen. Empfohlen wird ein Abstand von wenigstens 80 Metern. Die Nähe von Fabriken sollten Sie auf jeden Fall meiden.
- Sammeln Sie nur dort, wo das Betreten des Waldes oder der Heide abseits der Wege erlaubt ist.
- Verwenden Sie geeignete Sammelbehälter, so zum Beispiel kleine Eimer oder Milchkannen, für druckempfindliche Beeren auch kleine Körbe.
- Pflücken Sie nur reife Beeren. Überreife Beeren sollten Sie lieber sofort essen, sie verderben rasch.
- Transportieren Sie die Beeren umgehend nach Hause, und verzehren oder verarbeiten Sie sie so bald wie möglich.

Zuletzt zwei Bitten, deren Erfüllung allen Waldbesuchern eigentlich selbstverständlich sein sollte: Nicht im Wald lärmen. Das vergrämt Wild. Keine Picknickreste hinterlassen!

Ein Hinweis: Leider zählen Wildbeeren zu den Pflanzen, die mit ihren Wurzeln radioaktive Stoffe aus dem Boden aufnehmen. Die Höhe der Belastungen ist unterschiedlich und für den Laien nicht nachprüfbar. Deshalb sollte man Wildbeeren nicht in großen Mengen verzehren.

Preiselbeeren

Die Preiselbeere oder Kronsbeere, bot. Vaccinium vitis idaea wächst auf der Heide, im Hochmoor oder in lichten Wäldern. Sie bevorzugt saure Böden. Die immergrünen Zwergsträucher werden bis zu 35 cm hoch. Die Blüten, kleine weiße Glöckchen, sitzen am Ende der Zweige. Daraus bilden sich kleine Beerentäubchen. Sie sind zuerst weiß, im vollreifen Zustand dann leuchtend rot. Je nach Lage reifen Preiselbeeren von August bis Oktober.

Beim Pflücken sollte man zwar möglichst reife Beeren nehmen, doch schadet es nicht, wenn einige halbreife Beeren dazwischen sind. Läßt man die Beeren einige Tage liegen (sie sind relativ unempfindlich), so reifen sie nach. Preiselbeeren schmecken herb-aromatisch und regen den Appetit an. Allerdings verzehrt man sie selten roh, sondern bereitet Kompott oder Konfitüre daraus. Da sie einen natürlichen Konservierungsstoff (das Sorbin) enthalten, kann man Kompott oder schwach gesüßte Konfitüre ohne Einkochen im zugebundenen Glas oder Steintopf aufbewahren.

100 g Preiselbeeren enthalten ca. 1,2 g Eiweiß, 1 g Fett, 8,7 g Kohlenhydrate = 192 Joule (46 Kalorien).

Brombeeren

Die Brombeere, bot. Rubus fructicosus, wächst an Wegen und Waldrändern und im Gebüsch. Es gibt unzählige Sorten, darunter niedrig kriechende und Ranksträucher, die bis zu 1,5 Meter hoch werden. Nicht zu Unrecht nennt man sie auch Kratzbeeren, denn die dicht verzweigten Ranken sind voller Stacheln und verwehren einem den Zugang zu den schönsten Beeren. Wer wilde Brombeeren pflücken will, muß derbes Zeug anziehen. Beine und Arme sollten bedeckt sein.

Brombeeren sind Sammelfrüchte, zusammengesetzt aus kleinen, saftigen Perlen. Reife Beeren lösen sich leicht ab und sind tiefschwarz, bei einigen Sorten auch blau bereift. Ernten kann man Brombeeren von August bis Oktober, die schönsten gibt es im August und September. Brombeeren schmecken aromatisch und süß-säuerlich. Reife Beeren – und nur diese haben das volle Aroma – sind empfindlich und dürfen nicht gedrückt werden. Es empfiehlt sich, die Beeren möglichst rasch weiterzuverarbeiten. Sie lassen sich übrigens sehr gut einfrieren.

100 g Brombeeren enthalten 0,6 g Eiweiß, 0,6 g Fett, 9,7 g Kohlenhydrate = 205 Joule (49 Kalorien).

WILDBEEREN

Diese Buchteln sind eine Kreation von Marianne Kaltenbach, Restaurant „Zum Raben" in Luzern.

Preiselbeerbuchteln

*Für 4 Portionen:
250 g Preiselbeeren
5½ El Honig
1 El Zitronensaft
5 El Milch, 20 g Hefe
300 g Weizenvollkornmehl
(oder Mehl Type 1050)
150 g Butter
1 Prise Vollmeersalz
1 Ei (Gew.-Kl. 2)
1 Eigelb (Gew.-Kl. 2)
1 Tl Zitronenschale (fein abgerieben, unbehandelt)*

1. Die Preiselbeeren verlesen, abbrausen und abtropfen lassen.

2. 150 g Beeren mit 2 El Honig und Zitronensaft 5 Minuten leise kochen, pürieren, durch ein Sieb streichen und kalt stellen.

3. Restliche Beeren mit 1 El Honig zu Mus verkochen, abkühlen lassen.

4. Milch mit 2 El Wasser erwärmen, ½ El Honig und Hefe darin auflösen.

5. Mit Mehl, 75 g zerlassener Butter, Salz, Ei, Eigelb, Zitronenschale und dem restlichen Honig verkneten, zugedeckt 10 Minuten gehen lassen.

6. Teigplatte auf 24x24 cm ausrollen, in 24 Stücke (6x4 cm) schneiden, Stücke mit Preiselbeermus bestreichen und aufrollen.

7. Röllchen in die restliche, zerlassene Butter tauchen, in eine Springform setzen, mit Butter beträufeln.

8. Bei 175 Grad (Gas 3) 25–30 Minuten backen, Buchteln trennen.

9. Buchteln halb in Preiselbeersauce tauchen, auf Teller setzen, mit Sauce umgießen und servieren.

Vorbereitungszeit: 45 Min.
Backzeit: ca. 30 Min.
Uml.: 35–40 Min. b. 150 Grad
Pro Portion ca. 13 g Eiweiß, 37 g Fett, 76 g Kohlenhydrate = 2935 Joule (702 Kalorien)

218

WILDKRÄUTER

Gierschgemüse mit Käsesoufflé. Rezept auf Seite 224.

Gierschgemüse mit Käsesoufflé
Vollkornnudeln mit Wildkräuterbutter und Käse
Wildkräutersalat mit Radieschen
Brennesselsuppe
Gefüllte Zucchini mit Sauerampfersauce
Löwenzahnsalat mit gelben Linsen und Spargel
Wildkräuterkunde

WILDKRÄUTER

Vollkornnudeln mit Wildkräuterbutter und Käse

Für 4 Portionen:
75 g gemischte Wildkräuter (z. B. Sauerampfer, Schafgarbe, Gänseblümchenblätter, Vogelmiere)
125 g weiche Butter
Vollmeersalz
Pfeffer a. d. Mühle
1 Spritzer Zitronensaft
100 g Emmentaler
1 Zucchini (ca. 500 g)
500 g Vollkornspaghetti

1. Die Wildkräuter verlesen, grobe Stengel entfernen, danach waschen und sehr gut abtropfen lassen, am besten in einer Salatschleuder trockenschleudern.

2. Kräuter sehr fein hacken und mit der weichen Butter verkneten. Danach mit Salz, Pfeffer und Zitronensaft würzen.

3. Butter in Alufolie zu einer Rolle formen und kühl stellen. Den Käse fein raffeln.

4. Zucchini putzen, waschen und in Streifen schneiden.

5. Spaghetti in reichlich kochendem Salzwasser nach Packungsvorschrift garen.

5 Minuten vor Ende der Garzeit die Zucchinistreifen zugeben.

6. Nudeln mit Zucchinistreifen in einem Durchschlag abtropfen lassen, mit Käse und Kräuterbutter anrichten.

Vorbereitungszeit: 30 Min.
Garzeit: 20 Min.
Pro Portion etwa 28 g Eiweiß, 37 g Fett, 84 g Kohlenhydrate = 3377 Joule (807 Kalorien)

WILDKRÄUTER

Wildkräutersalat mit Radieschen und Cashewkernen

Für 4 Portionen:
125 g gemischte Wildkräuter (z. B. Löwenzahn, Sauerampfer, Vogelmiere und Gänseblümchenblätter)
½ Bd. Frühlingszwiebeln
1 Bund Radieschen
30 g Cashewkerne
3 El Rotweinessig
Vollmeersalz
Pfeffer a. d. Mühle
1 Knoblauchzehe
5 El kaltgepreßtes Olivenöl

1. Die – möglichst frisch gepflückten – Wildkräuter verlesen und dabei grobe Stiele und ältere Blätter entfernen. Kräuter waschen und im Tuch oder in einer Salatschleuder trockenschleudern.

2. Frühlingszwiebeln und

Radieschen putzen und waschen. Frühlingszwiebeln in Ringe und Radieschen in Stifte schneiden.

3. Die Cashewkerne grob hacken und in einer Pfanne ohne Fett unter Schütteln goldbraun rösten, dann sofort aus der Pfanne nehmen und abkühlen lassen.

4. Rotweinessig mit Salz, Pfeffer und dem gepellten und anschließend durchgepreßten Knoblauch verrühren, zuletzt das Olivenöl unterschlagen.

5. Die Sauce über die vorbereiteten Zutaten gießen und alles locker durchmischen, danach sofort servieren.

Vorbereitungszeit: 35 Min.
Pro Portion etwa 2 g Eiweiß, 18 g Fett, 4 g Kohlenhydrate = 824 Joule (197 Kalorien)

Unser Tip: Am besten servieren Sie diesen Salat als Vorspeise. Die kräftigen und leicht bitterlichen Wildkräuter regen den Appetit an und machen das nachfolgende Essen besonders bekömmlich.

WILDKRÄUTER

Brennesselsuppe

Für 4 Portionen:
500 g Kartoffeln
2 Zwiebeln
30 g Butter
1 l Gemüsebrühe
ca. 75 g junge Brennesseln
Vollmeersalz
Pfeffer a. d. Mühle
1–2 Tl Zitronensaft
1 Becher Crème fraîche
(200 g)
50 g Mandeln (gehäutet und gehackt)
1 Möhre (ca. 150 g)

1. Kartoffeln waschen, schälen, waschen und in Würfel schneiden. Zwiebeln pellen und fein würfeln. Die Butter in einem Topf schmelzen lassen, Kartoffelwürfel und Zwiebelwürfel unter Wenden darin glasig dünsten.

2. Die heiße Gemüsebrühe über die angedünsteten Kartoffeln gießen, alles zum Kochen bringen und zugedeckt ca. 10 Minuten garen.

3. Die Brennesseln mit Gummihandschuhen waschen, die Blätter von den groben Stielen zupfen und nach 10 Minuten in die Suppe geben.

4. Die Suppe weitere 10 Minuten leise kochen lassen. Dann mit dem

Schneidstab vom Handrührer pürieren.

5. Suppe mit Salz, Pfeffer, Zitronensaft und 100 g Crème fraîche verrühren.

6. Die gehackten Mandeln in einer Pfanne ohne Fett hellbraun rösten.

7. Die Möhre schälen, waschen und fein raffeln.

8. Die Suppe anrichten, Möhren, restliche Crème fraîche und geröstete Mandeln darübergeben, sofort servieren.

Vorbereitungszeit: 40 Min.
Garzeit: 20 Minuten
Pro Portion ca. 8 g Eiweiß, 29 g Fett, 22 g Kohlenhydrate = 1623 Joule (387 Kalorien)

WILDKRÄUTER

Gefüllte Zucchini mit Sauerampfersauce

Für 4 Portionen:
500 g Kartoffeln
Vollmeersalz
4 Zucchini (ca. 750 g)
100 g Butter
50 g jungen Gouda
2 Eigelb (Gew.-Kl. 2)
80 g Pinienkerne
40 g Parmesan (gerieben)
1 Zwiebel
2 Handvoll Sauerampfer
1/8 l Schlagsahne
Zitronensaft

1. Kartoffeln schälen, waschen und in Salzwasser 20 Minuten kochen.

2. Zucchini längs aufschneiden und aushöhlen, das Innere hacken und mit den Kartoffeln noch 5 Minuten kochen.

3. Zucchinihälften salzen, in 40 g Butter von jeder Seite 5 Minuten dünsten.

4. Zucchini in eine ausgebutterte Auflaufform legen, mit geraffeltem Gouda ausstreuen.

5. Kartoffeln und Zucchinifleisch durchpressen, mit Eigelb, 50 g gemahlenen Pinienkernen und Parmesan verrühren, würzen.

6. Kartoffelmasse in die Zucchinihälften spritzen.

7. 15 Minuten bei 175 Grad (Gas 2) überbacken, mit restlichen gerösteten Pinienkernen bestreuen.

8. Für die Sauce Zwiebelwürfel in 20 g Butter glasig dünsten, feingeschnittenen Sauerampfer und Sahne zugeben, 5 Minuten offen kochen. Restliche Butter mit dem Schneidstab einarbeiten, mit Salz und Zitronensaft würzen.

Vorbereitungszeit: 45 Min.
Garzeit: 15 u. 5 Minuten
Uml.: 20 Min. b. 150 Grad
Pro Portion etwa 20 g Eiweiß, 50 g Fett, 22 g Kohlenhydrate = 2696 Joule (644 Kalorien)

WILDKRÄUTER

Reich an Eiweiß, Vitaminen und Mineralstoffen: Wildgemüse

Gierschgemüse mit Sauerampfer und Tomatenwürfeln zu Käsesoufflé. Großes Foto siehe Seite 219

Gierschgemüse mit Sauerampfer, dazu Käsesoufflé

Für 4 Personen:
ca. 750 g Giersch
ca. 50 g Sauerampfer
1 Bund Frühlingszwiebeln
250 g Tomaten
30 g Butter
Vollmeersalz
Pfeffer a. d. Mühle
1 Tl Apfeldicksaft
Für das Käsesoufflé:
80 g Butter
70 g Parmesan
70 g Emmentaler
4 Eier (Gew.-Kl. 2)
Vollmeersalz
Muskatnuß (frisch gerieben)

1. Giersch und Sauerampfer gründlich waschen, grobe Stiele entfernen. Blätter am besten in einer Salatschleuder oder in einem Küchentuch trockenschleudern.
2. Frühlingszwiebeln putzen, waschen und in Ringe schneiden.
3. Tomaten über Kreuz einritzen, kurz in kochendes Wasser tauchen, mit kaltem Wasser abschrecken, dann häuten und halbieren. Kerne herausdrücken. Fruchtfleisch in Würfel schneiden.
4. Die Butter in einem Topf aufschäumen lassen, dann Giersch und Sauerampfer zugeben, Topf zudecken und die Blätter bei milder Hitze gar dünsten. Nach etwa 8 Minuten die Tomatenwürfel zufügen, kurz mit erhitzen. Das Gemüse mit Salz und Pfeffer gut abschmecken.
5. Für das Käsesoufflé den Ofen rechtzeitig auf 175 Grad (Gas 2) vorheizen. Die Böden von 4 Tassen mit 10 g Butter ausfetten.
6. Den Käse fein raffeln. Die Eier trennen. Die restliche Butter schaumig rühren, dann nach und nach erst Eigelb, anschließend den Käse unterrühren.
7. Eiweiß mit einer Prise Salz sehr steif schlagen, etwas Muskat darüberreiben. Eischnee vorsichtig unter die Eimasse ziehen, sofort auf die vier Tassen verteilen. Im Backofen auf der zweiten Einschubleiste von unten 18 bis 20 Minuten garen. Sofort mit dem heißen Gierschgemüse servieren.

Vorbereitungszeit: 1 Std.
Garzeit: Gemüse 15 bis 20 Minuten, Soufflé ca. 20 Minuten
Umluft: 20–25 Min. b. 150 Grad
Pro Portion etwa 19 g Eiweiß, 35 g Fett, 7 g Kohlenhydrate = 1803 Joule (430 Kalorien)

Wenn Sie jetzt in Ihrem Garten auf dem Rasen Löwenzahn und Gänseblümchen, unter der Hekke Giersch und Brennesseln und auf den Beeten die Vogelmiere entdecken, dann sollten Sie das böse Unkraut nicht voller Wut ausrupfen, sondern die zarten grünen Blätter und Triebspitzen vorsichtig ernten. Denn dieses Unkraut ist, wie noch viele andere Pflanzen, nicht nur eßbar, es ist überdies schmackhaft und reich an wertvollen Nährstoffen, also ideal für eine Frühjahrskur. Wildgemüse enthält Vitamine, Mineralstoffe, Eiweiß und Ballaststoffe in einer Konzentration, wie sie bei Gartengemüse kaum zu finden ist. Ferner enthält Wildgemüse ätherische Öle, Bitterstoffe und weitere Stoffe, die teils appetitanregend und verdauungsfördernd, teils blutreinigend oder stoffwechselbelebend wirken.

Sauerampfer

Vogelmiere

WILDKRÄUTER

Wildgemüsesamen für Gartenbesitzer

Wer Brennesseln, Löwenzahn und Sauerampfer ziehen möchte, kann die Samen kaufen. Auch Gartenmelde (nicht im Foto) gibt es.

Was Wildgemüse so wertvoll macht

Zwar sind die Inhaltsstoffe von Wildgemüsen erst teilweise erforscht, doch aus den vorliegenden Untersuchungsergebnissen läßt sich sehen, wie wertvoll sie sind. An Vitamin C finden sich im Durchschnitt in 100 g
- Brennesseln 333 mg
- Löwenzahn 115 mg
- Sauerampfer 117 mg
- Vogelmiere 89 mg
- Schafgarbe 86 mg
- Gänseblümchen (Blätter) 87 mg

dagegen in 100 g
- Kopfsalat 13 mg
- Spinat 52 mg
- Rosenkohl 114 mg

Der Tagesbedarf an Vitamin C ließe sich bereits mit 100 g Gänseblümchen, aber erst mit 600 g Kopfsalat decken. Für Vollwertköstler interessant ist die Tatsache, daß das Eiweiß in Wildgemüsen hochwertig ist und sich besonders gut mit Getreideeiweiß ergänzt. 100 g Brennesseln enthalten 7,37 g Rohprotein, 100 g Giersch 8,37 g und 100 g Löwenzahn 3,13 g. Bei Gartengemüsen liegt der Eiweißgehalt im allgemeinen niedriger.

Wichtige Sammeltips

- Nur bekannte Pflanzen sammeln, auf keinen Fall geschützte!
- Nur zarte, junge Triebe und Blätter von sauberen Pflanzen pflücken. Ältere Blätter schmecken herb und sind leicht zäh.
- Nur im Abstand von mindestens 80 bis 100 Meter zu befahrenen Straßen sammeln, nie in Fabriknähe.
- Möglichst bei trockenem Wetter ernten.
- Wildgemüse möglichst am Tag der Ernte verwenden, bis dahin locker in einer abgedeckten Schüssel aufbewahren, evtl. mit etwas Wasser besprengen.

Mild: Vogelmiere

Ein niedriges zartes Kraut mit kleinen Blättchen und sternartigen weißen Blüten. Es wächst überall im Garten und schmeckt mild, mit einem Hauch von Säure. Ernte: April bis September. Verwendung: Gehackt in Salaten oder als Gemüse.

Würzig: Die große Brennessel

Blätter und Triebspitzen schmecken spinatähnlich und würzig. Ernte: März bis Mai (mit Handschuhen!) Verwendung: Gemüse, Suppen, Salate (vorher hacken).

Kräftig sauer: Sauerampfer

Auf feuchten, lehmigen Wiesen gedeiht der Sauerampfer am besten. Die pfeilförmigen Blätter schmecken kräftig sauer. Erntezeit: April/Mai. Verwendung: Suppen, Saucen, Salate, Kräuterbutter, Kräuterquark.

Leicht bitter: Löwenzahn

Im Rasen, auf Wiesen und eigentlich überall findet man die flachen Rosetten vom Löwenzahn. Die gezähnten Blätter schmecken etwas bitter. Erntezeit: April bis Juni. Verwendung: Salate, Saucen, Blütenknospen für Gemüse.

Spinatähnlich: Giersch oder Geißfuß

Ein gemeines Unkraut, das sich mit flachen Wurzeln im Gebüsch oder an halbschattigen Stellen ausbreitet. Die fein gezähnten Blätter schmecken wie Spinat, sie enthalten viel Eiweiß. Erntezeit: März bis Mai. Verwendung: Gemüse, Suppe, eventuell im Salat.

WILDKRÄUTER

Josef Viehauser, Restaurant „Le Canard" in Hamburg, schätzt Frischkost. Für die Frühlingszeit kreierte er einen raffinierten Löwenzahnsalat.

Löwenzahnsalat mit gelben Linsen

Für 4 Portionen:
75 g gelbe Linsen
Vollmeersalz
250 g Spargel
35 g Butter, 1 Prise Zucker
250 g Austernseitlinge
Pfeffer aus der Mühle
250 g Löwenzahn
250 g Tomaten
2 Möweneier
2 El Balsamessig
4 El Haselnußöl

1. Die Linsen in kochendes Salzwasser geben und 20 bis 25 Minuten garen. Spargel schälen und in kochendem Salzwasser zusammen mit 5 g Butter und der Prise Zucker 20 Minuten kochen lassen.

2. Die Pilze putzen und – falls erforderlich – kurz abspülen, dann in mundgerechte Stücke schneiden. Die restliche Butter erhitzen, Pilze darin 5 Minuten braten, mit Salz und Pfeffer würzen.

3. Den Löwenzahn putzen, waschen und gut trockenschütteln, dann grob zerzupfen. Die Tomaten brühen, kalt abschrecken und häuten, dann vierteln und entkernen. Die Eier in kochendem Wasser 8 bis 10 Minuten garen, danach kalt abschrecken.

4. Aus Essig, Salz, Pfeffer und Öl eine Salatsauce rühren. Löwenzahn darin wenden und auf vier Teller anrichten. Pilze, Spargel und Tomaten darauf verteilen.

5. Die abgetropften Linsen darüberstreuen, die restliche Salatsauce darüberträufeln. Die Eier pellen und halbieren, je eine Eihälfte auf einen Teller legen.

Vorbereitungszeit: 30 Min.
Garzeit: Insgesamt 15 Min.
Pro Portion ca. 10 g Eiweiß, 19 g Fett, 12 g Kohlenhydrate = 1125 Joule (269 Kalorien)

TOFU

Ein lauwarmer Salat aus gebratenen Tofuscheiben mit Zuckerschoten und Radieschenstreifen. Rezept auf Seite 231.

Gebratener Tofu mit Zuckerschoten und Radieschen
Tofu-Creme mit Backkartoffeln und Avocado
Panierter Tofu mit Spargelragout
Gemüse-Tofu-Suppe
Tofu-Risotto auf Blattspinat
Kleine Tofu-Warenkunde

TOFU

Tofu-Creme mit Backkartoffeln und Avocado

Für 4 Portionen:
8 gleich große Kartoffeln
Salz
2 El Öl
1 El Kümmel
200 g Tofu
2 El saure Sahne (24 %)
2 Tomaten
1 Avocado
2 El Zitronensaft
4 Frühlingszwiebeln

1. Kartoffeln waschen und gründlich abbürsten, dann halbieren und auf der Schnittfläche salzen. Backofen auf 250 Grad (Gas 5–6) vorheizen.

2. Das Backblech mit Öl bepinseln und mit Kümmel bestreuen. Die Kartoffeln mit der Schnittfläche auf das Blech legen, 25–30 Minuten auf der 2. Einschubleiste von unten backen.

3. Tofu in Würfel schneiden, in der sauren Sahne mit dem

Schneidstab vom Handrührer pürieren, leicht salzen.

4. Die Tomaten waschen und in Scheiben schneiden. Die Avocado halbieren, den Stein herausnehmen. Avocado in Viertel schneiden und mit Zitronensaft beträufeln. Frühlingszwiebeln putzen, waschen und diagonal in dünne Ringe schneiden.

5. Die Kartoffeln mit den Tomatenscheiben und Avocadovierteln anrichten, Tofu-Creme darübergeben, die in Ringe geschnittenen Frühlingszwiebeln darüberstreuen.

Vorbereitungszeit: 20 Min.
Garzeit: ca. 20–30 Min.
Pro Portion ca. 10 g Eiweiß, 24 g Fett, 22 g Kohlenhydrate = 1475 Joule (352 Kalorien)

TOFU

Panierter Tofu mit Spargelragout

Für 4 Portionen:
1 kg weißer Spargel
500 g grüner Spargel
1 Orange (unbehandelt)
2 El Butter, 2 El Mehl
Salz, Pfeffer a. d. Mühle
1 Bund glatte Petersilie
400 g Tofu
2 Eigelb, 2 Tl Sojasauce
3 El Semmelbrösel
3 El Gomasio (Ref.Hs)
2 El Öl

1. Spargel schälen, schräg in Stücke schneiden. Schalen in 1 l Wasser mit einer Orangenscheibe 20 Minuten kochen.

2. Spargelwasser durchsieben, Spargelstücke 3 Minuten darin blanchieren, herausnehmen.

3. Butter aufschäumen lassen, Mehl darin 2 Minuten anschwitzen. 1/2 l Spargelwasser unter Rühren zugießen, mit Salz und Pfeffer würzen. Spargelstücke darin gar ziehen lassen.

4. Petersilie fein hacken. Tofu in 16 Scheiben schneiden. Eigelb mit Sojasauce verquirlen. Semmelbrösel und Gomasio mischen.

5. Tofuscheiben in Eigelb wälzen, dann mit Semmel-

bröselmischung panieren. In einer beschichteten Pfanne in heißem Öl von jeder Seite bei milder Hitze 2–3 Minuten braten.

6. Tofu mit Spargel anrichten, mit Petersilie bestreuen.

Vorbereitungszeit: 50 Min.
Garzeit: 30 Minuten
Pro Portion etwa 22 g Eiweiß, 24 g Fett, 15 g Kohlenhydrate = 1550 Joule (372 Kalorien)

TOFU

Gemüse-Tofu-Suppe

Für 4 Portionen:
200 g Tofu
4 El Sojasauce
500 g Suppengrün
2 Knoblauchzehen
60 g Mungokeime
1 ½ l klare Gemüsebrühe
(a. d. Reformhaus)
1 Bund glatte Petersilie
2 El Paprikamark
4 Weizenschrotbrötchen
(o. Vollkorntoast)

1. Tofu in Streifen schneiden und in Sojasauce marinieren. Suppengrün waschen, putzen und in dünne Streifen schneiden. Knoblauch pellen und fein hakken.

2. Mungokeime abspülen und abtropfen lassen. Die Brühe aus der Suppenpaste bereiten und durch ein Sieb gießen, erhitzen. Gemüsestreifen, Knoblauch und Mungokeime darin 5 Minuten bei milder Hitze kochen.

3. Petersilie waschen und trockenschütteln, dann hakken. Tofustreifen mit Sojasauce in die Suppe geben und 2 Minuten darin ziehen lassen.

4. Suppe mit Paprikamark abschmecken und mit Petersilie bestreuen. Brötchen aufbacken und dazu servieren.

Vorbereitungszeit: 40 Min.
Garzeit: 5 Minuten
Pro Portion etwa 19 g Eiweiß, 6 g Fett, 41 g Kohlenhydrate = 1269 Joule (301 Kalorien)

Tip: Wenn Sie Vollwertkost schätzen, aber nicht Vegetarier sind, können Sie diese Suppe auch mit einer kräftigen Rinderbrühe zubereiten.

TOFU

Schmeckt als Vorspeise oder kleine Zwischenmahlzeit: Salat mit gebratenen Tofuscheiben. Großes Foto Seite 227

Gebratener Tofu mit Zuckerschoten und Radieschen

Für 4 Portionen:
400 g Tofu
4 El Sojasauce
400 g Zuckerschoten
Salz, 20 g Radieschen
2 El Distelöl (ersatzweise Sonnenblumenöl)
4 Tl Gomasio (Reformhaus)

1. Tofu in Scheiben schneiden, die Scheiben diagonal halbieren und mit Sojasauce 15 Minuten marinieren.
2. Zuckerschoten waschen, putzen, dabei die Fäden abziehen. Zuckerschoten 2–3

Minuten in leicht gesalzenem Wasser blanchieren. Abtropfen lassen.
3. Radieschen waschen, Blätter als Strauß abschneiden. Radieschen erst in Scheiben, dann in Streifen schneiden.
4. Öl in einer beschichteten Pfanne erhitzen. Die Tofuscheiben darin bei mäßiger Hitze von jeder Seite 1 Minute braten, warm stellen.
5. Schoten, Radieschenstreifen und -grün in die Pfanne geben und darin kurz erhitzen, mit der zurückgebliebenen Sojasauce der Tofuscheiben würzen. Alle Zutaten anrichten und mit Gomasio bestreuen.

Vorbereitungszeit: 45 Min.
Garzeit: 5 Minuten
Pro Portion etwa 18 g Eiweiß, 15 g Fett, 14 g Kohlenhydrate = 1113 Joule (265 Kalorien)

Asiatische Gewürze

Besonders gut zu Tofu passen typisch asiatische Gewürze. Drei davon haben wir für die Tofu-Rezepte in diesem Kapitel verwendet: Sojasauce, auch Shoyu genannt. Außerdem Miso und Gomasio, zwei Gewürze, die Sie in Öko- und Asienläden erhalten. Gomasio gibt es auch in Reformhäusern.
Gomasio besteht zu 10 Teilen aus geröstetem Sesam und 1 Teil Salz. Man kann es selbst zubereiten: Sesam ohne Fett rösten, zerdrücken, mit etwas Salz mischen.
Miso ist eine milchsauer vergorene Würzpaste aus Sojabohnen und Salz. Dazu kommt je nach Sorte eventuell etwas Getreide. Bekannte Sorten sind das kräftige Hatcho-Miso (ohne Getreide), das mildere Mugi-Miso (mit Gerste) und das leichtere Kome-Miso (mit Reis). Die Rezepte wurden mit Mugi-Miso zubereitet.

Vielseitig und anpassungsfähig: Tofu, der Sojabohnenquark

„Fleisch ohne Knochen" oder „Fleisch vom Feld" nennt man den aus Sojamilch gewonnenen Bohnenkäse in fernöstlichen Ländern. Bohnenkäse, in Asien eines der ältesten Grundnahrungsmittel, ist ein sehr preiswerter Eiweißlieferant.

So entsteht Tofu

Auf japanisch heißt „To" Bohne und „Fu" Gerinnung oder Gärung. Das deutet auf die Herstellung von Sojabohnenkäse oder -quark hin: Eingeweichte Sojabohnen werden fein zerkleinert, gekocht und abgepreßt. Die so gewonnene Sojamilch muß – wie bei der Herstellung von Käse aus Milch – zum Gerinnen gebracht werden. Dafür setzt man Bittersalz zu, ein natürliches Mittel, das aus Meersalz gewonnen wird. Die geronnene Sojamilch kommt in Preßkästen, der zurückbleibende Quark wird ausgepreßt. Je nach Gerinnungsmittel und Grad der Auspressung entstehen verschiedene Sorten: Seidentofu enthält den größten Wasseranteil und ist sehr weich, japanischer Tofu ist mittelfest, chinesischer am trockensten. Das erklärt die unterschiedlichen Nährwertangaben.
Für unsere Rezepte wurde mittelfester Tofu verwendet.
100 g Tofu enthalten ca. 10 g Eiweiß, 4–6 g Fett, 1–2 g Kohlenhydrate = 336 Joule (80 Kalorien), ferner Vitamine der B-Gruppe, Vitamin E, Eisen, Phosphor, Kalium und reichlich Kalzium.

Tofu ist ein Frischprodukt

Tofu gibt es in Reformhäusern, in Ökoläden, in Geschäften mit asiatischen Produkten und in Lebensmittelabteilungen großer Kaufhäuser. Tofu sollte so frisch wie möglich verbraucht werden. Man legt die Stücke in Wasser ein (das täglich zu wechseln ist) und bewahrt ihn im Kühlschrank auf, jedoch höchstens eine Woche. Vakuumverpackter Tofu hält sich ca. 14 Tage.

Tofu in der Küche

Tofu ist neutral im Geschmack, er läßt sich süß

So wird Tofu verkauft
Sie bekommen Tofu in Blocks, lose oder in Folie verschweißt. Neben reinem Tofu gibt es gekräuterten Tofu (rechts vorn) und geräucherten Tofu (links vorn).

und salzig zubereiten. Er eignet sich für Frikadellen, Klöße, Füllungen, Saucen, Cremes und Salate. Man kann ihn dünsten, kochen, braten oder fritieren. Legt man ihn vorher in Sojasauce ein, wird er würziger. Aber – Tofu sollte weder zu lange noch zu hoch erhitzt werden.
Übrigens, die Eiweißbausteine von Tofu und Getreide ergänzen sich auf ideale Weise. Kombiniert man beide Produkte in einem Gericht, so wird das darin enthaltene Eiweiß zu 95 % genutzt.

TOFU

Tofu-Risotto auf Blattspinat

Für 4 Portionen:
750 g Blattspinat
100 g Langkorn-Wildreis-Mischung
Salz
300 g Tofu
2 Eier (Gew.-Kl. 2)
30 g Parmesan (frisch gerieben)
2 Knoblauchzehen
500 g Magerquark
4 El Butter
2 El Gomasio

1. Spinat verlesen und mehrmals gründlich waschen. Dann mit dem Tropfwasser in einen Topf geben, zugedeckt zusammenfallen lassen. Abtropfen lassen.

2. Reis nach der Anweisung auf der Packung in Salzwasser garen. Tofu würfeln und mit Reis, Ei und Parmesan mischen. 10 Min. kalt stellen.

3. Knoblauch pellen, fein hacken und mit etwas Salz unter den Quark mischen.

4. 2 El Butter zerlassen, eine Gratinform mit etwas zerlassener Butter auspinseln. Die Reismasse mit einer kleinen Suppenkelle zu 8 Halbkugeln formen und in die Form setzen. Mit der restlichen zerlassenen Butter beträufeln. Form in den vorgeheizten Backofen schieben, bei 250 Grad (Gas 5–6) 10 Minuten backen.

5. 2 El Butter zerlassen, Spinat dazugeben und mit Gomasio würzen. Spinat 3–4 Minuten dünsten.

6. Quarkcreme auf 4 Teller verteilen, Spinat daraufgeben, zuletzt die Reiskugeln daraufsetzen.

Vorbereitungszeit: 35 Min.
Garzeit: 10 Minuten
Pro Portion ca. 41 g Eiweiß, 20 g Fett, 29 g Kohlenhydrate = 1948 Joule (468 Kal.)

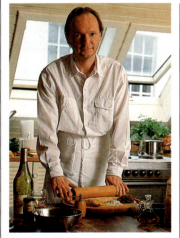

Peter Fürst Lieven ist der Erfinder der delikaten Tofu-Gerichte auf diesen Seiten.

KLEINE MAHLZEITEN

Buchweizenklöße und Frühlingsgemüse auf Senfhollandaise. Rezept auf Seite 235.

Buchweizenklöße mit Senfhollandaise
Spinatauflauf mit Cashewkernen
Zucchini-Tarte mit Leinsamenkruste
Rote-Bete-Rohkost mit Orangen, grüne Spätzle, Apfelgratin
Polentaschnitten, Auberginen-Pilzgemüse, Sommersalat
Gefüllte Vollkornpfannkuchen
Weizengnocchi, gratinierte Zucchini
Vollkorn-Lasagne – Grünkernplätzchen

KLEINE MAHLZEITEN

Spinatauflauf mit Sommergemüse und gerösteten Cashewkernen

Für 4 bis 6 Portionen:
1 kg Spinat
2 Bund Frühlingszwiebeln (ca. 600 g)
100 g Butter
50 g ganze Buchweizenkörner
Salz
Pfeffer aus der Mühle
Muskatnuß
100 g Cashewkerne
30 g Weizenmehl (aus 30 g Weizen sehr fein gemahlen oder Weizenmehl Type 1050)
1/4 l Milch
3 Eier (Gew.-Kl. 2)
1/4 l Schlagsahne
1 rote Paprikaschote
375 g Tomaten
300 g Erbsen

1. Spinat verlesen, grobe Stengel entfernen. Spinatblätter mehrfach gründlich waschen, dann abtropfen lassen. Frühlingszwiebeln putzen, waschen und in Scheiben schneiden, etwa ein Drittel vom Grün mitverwenden.

2. 30 g Butter im Topf aufschäumen lassen, die Buchweizenkörner darin anbraten, dann das Weiße von den Frühlingszwiebeln zugeben und darin andünsten. Danach den Spinat zugeben, zusammenfallen lassen.

3. Alles gut mischen und mit Salz, Pfeffer und Muskatnuß würzen. 50 g Cashewkerne fein hacken und untermischen.

4. 30 g Butter erhitzen, das Mehl einrühren und anschwitzen. Die Milch zugießen und alles unter Rühren zu einer dicken Bechamelsauce kochen. Die Sauce etwas abkühlen lassen, dann die Eier einzeln nacheinander unterrühren. Sauce mit Salz und Pfeffer würzen und mit der Spinatmasse mischen.

5. Eine Puddingform oder eine hohe Auflaufform von 2 l Inhalt mit 10 g Butter ausfetten. Die Masse einfüllen, sie darf jedoch nicht ganz bis zum Rand reichen. Die Form verschließen.

6. Form in einem großen Topf in siedendem Wasser 1 bis 1 1/2 Stunden garen.

7. Inzwischen die Sahne im offenen Topf leicht cremig einkochen. Die Paprikaschote putzen, waschen und fein würfeln. Die Tomaten überbrühen, häuten und vierteln, die Kerne herausdrücken.

8. In 20 g Butter zuerst die restlichen Frühlingszwiebeln, dann die Paprikaschote andünsten. Erbsen und Sahne zufügen, alles bei milder Hitze zugedeckt knapp 10 Minuten dünsten. Zuletzt die Tomatenviertel untermischen, nur eben mit erhitzen, sie sollen nicht zerfallen. Gemüse mit Salz würzen.

9. Die restlichen Cashewkerne halbieren und in der restlichen Butter goldbraun braten.

10. Den Spinatauflauf stürzen, das Gemüse rundherum anrichten. Mit den Cashewkernen bestreuen und servieren.

Vorbereitungszeit: 1 Std.
Garzeit: 1 1/2 Stunden
Pro Portion (bei 6 Portionen) ca. 19 g Eiweiß, 40 g Fett, 41 g Kohlenhydrate = 2619 Joule (626 Kalorien)

Buchweizen-Klöße mit Senfhollandaise

(Rezept zum Foto auf Seite 233)
Für 4 Portionen:
100 g Zwiebeln
250 g Butter
200 g Buchweizengrütze
3/4 l Brühe
2 Eier
2 El Schnittlauch
Salz
Pfeffer aus der Mühle
500 g Möhren
1 Tl Honig
2 Bund Frühlingszwiebeln
3 Eigelb
1 El Dijonsenf
2 El Zitronensaft
Kresse

1. Die Zwiebeln schälen und fein würfeln. 40 g Butter erhitzen, Zwiebelwürfel und Buchweizen darin andünsten.

2. Brühe dazugießen, alles zugedeckt 10 Minuten ausquellen und dann etwas abkühlen lassen.

3. Eier und Schnittlauchröllchen unter die Masse rühren, mit Salz und Pfeffer würzen.

4. Einen Topf mit gesalzenem Wasser zum Sieden bringen. Mit zwei Löffeln von der Masse Klöße abstechen und in dem Wasser in 10 Minuten gar ziehen lassen. Mit einer Schaumkelle herausnehmen, abtropfen lassen und warm halten.

5. Möhren putzen, waschen und in dünne Scheiben schneiden. In 40 g Butter mit Salz, Honig und 1/2 Tasse Wasser zugedeckt 10 Minuten dünsten.

6. Frühlingszwiebeln putzen, in schräge Stücke schneiden. In 30 g Butter mit Salz und wenig Wasser zugedeckt 5 Minuten dünsten.

7. Die restliche Butter schmelzen lassen. Eigelb mit Senf, Zitronensaft und 4 El Wasser gut verschlagen. Über einem Wasserbad oder auf der Automatikplatte bei mäßiger Hitze aufschlagen, bis die Eier binden. Butter nach und nach unter die Sauce schlagen. Sie darf nicht mehr kochen.

8. Klöße mit Kresse bestreuen, mit den Gemüsen und der Senfhollandaise servieren.

Vorbereitungszeit: 45 Min.
Garzeit: insges. 35 Min.
Pro Portion ca. 14 g Eiweiß, 62 g Fett, 50 g Kohlenhydrate = 3530 Joule (840 Kalorien)

KLEINE MAHLZEITEN

Zucchini-Tarte mit Leinsamenkruste

Für 6 Portionen:
50 g Leinsamen
200 g Roggenmehl
(Type 1150)
75 g Roggen-Vollkornschrot
(aus Roggen, fein gemahlen oder Type 1800)
2 Eigelb (Gew.-Kl. 2)
Salz
200 g Butter
Fett für die Form
2 El Sesam (ca. 20 g, ungeschält)
Linsen zum Blindbacken
5 mittelgroße Zucchini
2 Handvoll Sauerampfer
1 Handvoll Kerbel
2 El Sonnenblumenöl
2 kleine Knoblauchzehen
4 Eier (Gew.-Kl. 2)
200 g Crème fraîche
Pfeffer aus der Mühle
2 Becher Sahnejoghurt
(à 150 g)
Zitronensaft

1. 25 g Leinsamen schroten, mit Roggenmehl und Roggenschrot mischen und auf einem Backbrett aufhäufen. In die Mitte ein Mulde drükken, Eigelb und 2 El Eiswasser hineintun. Salz und die in Flöckchen geschnittene Butter auf dem Rand verteilen. Eigelb und Wasser mit etwas Mehl verrühren, dann alles zu einem glatten Teig verkneten. Eine Teigkugel formen, mit Folie abdecken und kühl stellen, so 30 Minuten ruhenlassen.

2. Eine Tarteform (30 cm ⌀) ausfetten und gleichmäßig mit den Sesamkörnern ausstreuen.

3. Den Teig ausrollen, die Form damit auslegen. Teig am Rand glattschneiden. Die Teigreste zusammenkneten und wieder kühl stellen. Den Teigboden mit Pergamentpapier belegen und die Linsen daraufschütten. Teigboden bei 200 Grad (Gas 3) auf der mittleren Einschubleiste 15 Minuten vorbacken. Nach 5 Minuten Papier und Linsen entfernen.

4. Inzwischen die Zucchini in stark gesalzenem, kochendem Wasser 3 Minuten blanchieren. Herausnehmen, Stielansatz abschneiden, Zucchini längs in 1/2 cm dicke Scheiben schneiden.

5. Sauerampfer und Kerbel fein hacken. Je 1 Eßlöffel davon mit dem Öl und einer gepellten, durchgepreßten Knoblauchzehe verrühren. Zucchinischeiben damit einpinseln.

6. Die Eier mit Crème fraîche, den restlichen ganzen Leinsamen und den restlichen Kräutern verrühren, mit Salz und Pfeffer würzen.

7. Die Zucchinischeiben fächerförmig auf den vorgebackenen Teigboden legen. Teigreste zu einer Rolle formen und auf den Rand der Tarte legen, fest andrücken.

8. Die Eiersahne über die Zucchini gießen. Tarte im vorgeheizten Backofen bei 200 Grad (Gas 3) auf der zweiten Einschubleiste von oben 25 bis 30 Minuten bakken. Dann 5 Minuten im ausgeschalteten, geöffneten Backofen ruhenlassen.

9. Joghurt mit Zitronensaft, Salz und der restlichen, gepellten und durchgepreßten Knoblauchzehe würzen und zu der Zucchini-Tarte servieren.

Dazu gibt es Petersilien-Radieschen-Salat.

Vorbereitungszeit: 1 Stunde mit Vorbacken
Garzeit: 25–30 Minuten
Pro Portion etwa 21 g Eiweiß, 59 g Fett, 51 g Kohlenhydrate = 3561 Joule (851 Kalorien)

Petersilien-Radieschen-Salat

Für 6 Portionen:
3 Kopfsalat
1 Bund glatte Petersilie
3 kleine Zwiebeln
1 großes Bund Radieschen
2–3 El Essig
Salz
Pfeffer aus der Mühle
6 El Sonnenblumen- oder Distelöl

1. Kopfsalat putzen, nur die Salatherzen verwenden. (Die äußeren Blätter nach dem Waschen abtropfen lassen, in einem gut schließenden Plastikbehälter im Kühlschrank für eine andere Mahlzeit aufheben.) Die inneren Blätter vom Strunk lösen, waschen und trockenschleudern. Petersilienblätter von den Stielen zupfen, waschen und trockenschwenken.

2. Zwiebeln pellen und in feine Ringe schneiden. Radieschen waschen und in dünne Scheiben schneiden.

3. Aus Essig, Salz, Pfeffer und Öl eine Sauce rühren. Die vorbereiteten Salatzutaten darin wenden. Salat sofort servieren.

Zubereitungszeit: 15 Min.
Pro Portion etwa 2 g Eiweiß, 12 g Fett, 4 g Kohlenhydrate = 565 Joule (135 Kalorien)

KLEINE MAHLZEITEN

Rohkost aus Roter Bete, Orangen und Radicchio

Für 4 Portionen:
3 große Orangen
schwarzer Pfeffer
aus der Mühle
1 Kopf Radicchio (ca. 400 g)
2 mittelgroße Knollen
Rote Bete (ca. 375 g)
4–5 El Sonnenblumenöl
knapp 2 El Rotweinessig
Salz

1. Die Orangen wie Äpfel schälen, die weiße, bittere Innenhaut dabei gänzlich entfernen. Die Filets aus den Trennwänden lösen, auf vier Portionsteller verteilen. Etwas Pfeffer darübermahlen. Die Orangenrückstände über einer Schüssel auspressen.

2. Vom Radicchio die äußeren Blätter entfernen. Radicchio quer in vier dicke Scheiben schneiden. Die Scheiben auf die Teller verteilen. Rote Bete schälen und grob raffeln.

3. Orangensaft mit Öl, Essig und Salz zu einer Sauce verrühren. Rote Bete darin wenden, etwas abtropfen lassen, dann auf die Teller verteilen. Die restliche Sauce über die Radicchioscheiben gießen.

Zubereitungszeit:
20–25 Minuten
Pro Portion ca. 4 g Eiweiß, 15 g Fett, 23 g Kohlenhydrate = 1055 Joule (252 Kalorien)

Grüne Spätzle mit Buchweizenbutter und rohen Champignons

Für 4 Portionen:
125 g Spinat
3 El Schlagsahne (50 ccm)
250 g Roggenmehl (Type 1150)
Salz
4 Eier (Gew.-Kl. 2)
60 g Butter
1½ El Buchweizengrütze
1 Knoblauchzehe
250 g große Champignons
2 Beete Kresse

1. Spinat verlesen und gründlich waschen. Mit dem Tropfwasser in einen Topf geben und erhitzen, bis er zusammengefallen ist. Dann abtropfen lassen, Sahne und ⅛ l Wasser zufügen und mit dem Schneidstab vom Handrührer pürieren.

2. Das Mehl in eine Schüssel sieben, mit dem Spinatpüree, etwas Salz und den Eiern verrühren.

3. Einen Topf mit gesalzenem Wasser zum Kochen bringen. Die Hälfte des Teiges durch einen Spätzlehobel drücken, gleich in das siedende Wasser hinein. Garzeit etwa 3 Minuten. Spätzle mit einer Schaumkelle herausnehmen, wenn sie oben schwimmen. Mit lauwarmem Wasser abspülen, dann warm halten. Die zweite Portion ebenso garen.

4. Butter in einer kleinen Pfanne langsam erhitzen, die Buchweizengrütze darin bei milder Hitze hellbraun werden lassen. Die Knoblauchzehe pellen und in das Fett pressen. Mit den fertigen Spätzle mischen.

5. Die rohen Champignons grob raffeln, die Kresse vom Beet schneiden. Beides ebenfalls unter die Spätzle mischen, sofort servieren.

Vorbereitungszeit: 25 Min.
Garzeit: insges. 6 Min.
Pro Portion ca. 17 g Eiweiß, 24 g Fett, 56 g Kohlenhydrate = 2241 Joule (535 Kalorien)

Apfelgratin mit Vanillesauce

Für 4 Portionen:
100 g Weizenschrot
50 g brauner Zucker
75 g Butter
4 säuerliche Äpfel
6 El Orangensaft
4 El Zitronensaft
50 g Honig
50 g Walnußkerne
Für die Sauce:
1 Vanilleschote
¼ l Milch, 30 g Honig
2 Eigelb (Gew.-Kl. 2)

1. Weizenschrot und Zucker mischen, Butter in Flöckchen dazugeben, alles zu Streuseln verkrümeln, dann kalt stellen.

2. Die Äpfel schälen und in Spalten schneiden, Kerngehäuse entfernen. Die Apfelspalten auf vier feuerfeste Portionsformen verteilen oder in eine große Auflaufform legen.

3. Orangen- und Zitronensaft mit dem Honig leicht erwärmen, bis sich der Honig gelöst hat, gleichmäßig über die Äpfel gießen.

4. Die Walnußkerne grob hacken und über die Äpfel streuen, Streusel darüber verteilen.

5. Form auf die zweite Einschubleiste von oben stellen und bei 175 Grad (Gas 2) 40 Minuten backen.

6. Für die Sauce die Vanilleschote längs aufschlitzen, das Mark herauskratzen. Schote, Mark, Milch und Honig langsam erhitzen, bei milder Hitze 2–3 Minuten leise kochen lassen. Schote aus der Milch nehmen.

7. Eigelb mit etwas heißer Milch verrühren, dann langsam in die nicht mehr kochende Milch gießen. Die Mischung unter ständigem Rühren erhitzen, bis die Sauce bindet. Sauce in Eiswasser stellen und schlagen, bis sie kalt ist.

Vorbereitungszeit: 20 Min.
Garzeit: insges. 40 Min.
Pro Portion (Auflauf und Sauce) ca. 19 g Eiweiß, 31 g Fett, 81 g Kohlenhydrate = 2724 Joule (651 Kalorien)

KLEINE MAHLZEITEN

Weizenschrot-Gnocchi

Für 4 Portionen:
1/4 l Gemüsebrühe
(Paste aus Reformhaus)
1/8 l Milch
Salz
Muskatnuß
60 g Butter
200 g Weizenschrot
(Type 1700)
2 Eier (Gew.-Kl. 2)
2 Knoblauchzehen
8 frische Salbeiblätter
(ersatzw. 4 getrocknete)

1. Die Gemüsebrühe mit Milch, Salz, etwas frisch geriebener Muskatnuß und 20 g Butter in einem Topf zum Kochen bringen. Das Weizenschrot auf einmal hineinschütten und unter Rühren kochen, bis sich ein Kloß zusammenballt und vom Topfboden löst. Topf vom Herd nehmen, Masse kurz abkühlen lassen.

2. Eier einzeln nacheinander unter die Masse rühren, Masse mit Salz und Muskat abschmecken, auskühlen lassen.

3. Mit nassen Händen ovale Gnocchi formen.

4. Gesalzenes Wasser zum Sieden bringen, Gnocchi hineinlegen und 15 Minuten darin ziehen (nicht kochen!) lassen. Dann herausnehmen und in einem Durchschlag abtropfen und auskühlen lassen.

5. Die Knoblauchzehen pellen und längs in dünne Scheiben schneiden. Die restliche Butter erhitzen, Gnocchi darin von allen Seiten goldbraun braten. Zum Schluß die Knoblauchscheiben und die Salbeiblätter zugeben und kurz mitbraten.

Vorbereitungszeit: 15 Min.
Garzeit: ca. 20 Min.
Pro Portion ca. 17 g Eiweiß, 21 g Fett, 26 g Kohlenhydrate = 1620 Joule (387 Kalorien)

Gratinierte Zucchini

Für 4 Portionen:
6 kleine Zucchini
Salz
2 Tl Öl für die Form
weißer Pfeffer a. d. Mühle
2 El Zitronensaft
150 g Emmentaler
75 g Mandeln
4 Eigelb (Gew.-Kl. 2)
6 El Schlagsahne

1. Zucchini waschen, Stielansatz abschneiden. Zucchini längs halbieren und in stark gesalzenem Wasser 5 Minuten kochen. Abtropfen lassen und mit der Schnittfläche nach oben in eine mit Öl ausgepinselte Auflaufform setzen. Oberflächen herzhaft mit Salz und Pfeffer würzen und mit Zitronensaft beträufeln.

2. Käse grob raffeln. Mandeln überbrühen, häuten und in Stifte schneiden, mit dem Käse mischen. Eigelb und Sahne verquirlen, unter die Käsemischung rühren.

3. Die Eier-Käse-Mischung auf den Zucchini verteilen und leicht andrücken.

4. Zucchini im vorgeheizten Backofen auf der zweiten Einschubleiste von oben bei 200 Grad (Gas 3) 10 Minuten überbacken.

Vorbereitungszeit: 15 Min.
Garzeit: ca. 15 Min.
Pro Portion ca. 18 g Eiweiß, 46 g Fett, 15 g Kohlenhydrate = 2136 Joule (511 Kalorien)

Bohnengemüse

Für 4 Portionen:
500 g Schneidebohnen
1/2 Bund Staudensellerie
1 Zwiebel
40 g Butter
Salz
weißer Pfeffer a. d. Mühle
100 ccm Schlagsahne
100 ccm Crème fraîche

1. Die Bohnen waschen, putzen und schräg in Stücke schneiden. Den Staudensellerie ebenfalls waschen und putzen. Die Stangen quer in Streifen schneiden. Etwas von dem zarten Grün fein hacken. Zwiebel pellen und fein würfeln.

2. Butter in einem breiten Topf schmelzen, Zwiebelwürfel darin glasig dünsten, dann Selleriestreifen und Bohnen zugeben. Mit Salz und Pfeffer würzen. Die Sahne zugeben und einmal aufkochen lassen. Gemüse zugedeckt bei milder Hitze 15 Minuten garen.

3. Bohnen aus der Sahne heben und warm stellen. Crème fraîche in die Sauce gießen, bei starker Hitze cremig einkochen lassen. Das Selleriegrün unterziehen, Sauce abschmecken und mit dem Gemüse servieren.

Vorbereitungszeit: 15 Min.
Garzeit: ca. 20 Min.
Pro Portion ca. 5 g Eiweiß, 26 g Fett, 12 g Kohlenhydrate = 1292 Joule (309 Kalorien)

Kleiner Arbeitsplan

Mit diesem kleinen Menü können Sie auch bei Gästen alle Ehre einlegen. Wichtig ist, daß Sie sich die Arbeit dafür richtig einteilen. Am besten geht es so:

1. Gnocchi-Teig zubereiten.

2. Zucchini vorgaren, mit der Käsemischung bestreichen.

3. Bohnen und Staudensellerie putzen und dünsten.

4. Gnocchi formen und vorgaren.

5. Zucchini überbacken, gleichzeitig Gnocchi in der Pfanne braten.

KLEINE MAHLZEITEN

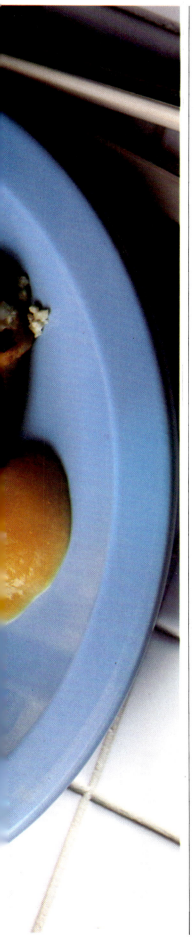

Gemüsesalat mit Käseraspeln

Für 4 Portionen:
1 grüne Paprikaschote
1 rote Paprikaschote
1 Fenchelknolle
1 Stange Porree
1 Bund Dill
2 El Apfelessig
Salz
Pfeffer aus der Mühle
5 El Sonnenblumenöl
1 El Kürbiskernöl
100 g milder Gouda
(im Stück)

1. Die Paprikaschoten putzen und vierteln, den inneren Teil mit den Kernchen entfernen. Paprikaviertel gut abspülen, dann in feine Streifen schneiden.

2. Fenchel putzen, waschen und längs halbieren. Die Hälften quer in dünne Scheiben schneiden.

3. Porree putzen, waschen und in sehr dünne Ringe schneiden. Dill kurz abspülen, trockenschütteln, grobe Stiele entfernen.

4. Aus Essig, Salz, Pfeffer und den beiden Ölsorten eine Salatsauce rühren. Gemüse und Dill darin wenden und mindestens 10 Minuten darin ziehen lassen. Käse grob raffeln und darüber verteilen. Salat als Vorspeise servieren.

Zubereitungszeit: 30 Min.
Pro Portion ca. 8 g Eiweiß, 21 g Fett, 10 g Kohlenhydrate = 1190 Joule (286 Kalorien)

Vollkornpfannkuchen mit Quark-Hirsefüllung

Für 4 Portionen:
250 g Weizen-Vollkornmehl (frisch gemahlen bei feinster Einstellung oder Type 1700)
½ l Milch
Salz
50 g Hirse
1 Zitrone (unbehandelt)
100 g Rosinen
3 El Rum
3 Eier (Gew.-Kl. 2)
ca. 3 El Öl
Für die Füllung:
200 g Mandeln
500 g Sahnequark (40 %)
3–4 El Honig
500 g frische Früchte (z. B. Aprikosen, Erdbeeren oder Himbeeren)
50 g Mandelblättchen

1. Mehl und Milch mit einer Prise Salz gut verrühren, 20 Minuten ausquellen lassen.

2. Hirse mit 150 ccm Wasser und wenig Salz einmal aufkochen und dann zugedeckt bei milder Hitze 20 Minuten ausquellen lassen.

3. Zitrone mit heißem Wasser abwaschen, abreiben und auspressen. Rosinen mit Saft und Schale der Zitrone und dem Rum mischen, zugedeckt ziehen lassen.

4. Eier unter den Mehlteig schlagen. Eine – besser noch zwei – Pfannen von 26 cm Durchmesser dünn mit Öl auspinseln. Nacheinander 8 Pfannkuchen darin backen, jeder Pfannkuchen braucht pro Seite 3–4 Minuten.

5. Die Mandeln überbrühen, häuten und grob hacken.

6. Hirse, Mandeln, Quark und Honig mit den eingeweichten Rosinen gut vermischen. Diese Füllung auf die Pfannkuchen verteilen, aufrollen.

7. Eine flache Auflaufform mit Öl auspinseln. Die gefüllten Pfannkuchen dicht nebeneinander in die Auflaufform legen.

8. Bei 225 Grad (Gas 4) auf der mittleren Einschubleiste in ca. 30 Minuten heiß werden lassen. Form nach 15 Minuten locker mit Alufolie abdecken.

9. Die Früchte putzen, dann kurz waschen und pürieren, mit etwas Honig süßen.

10. Mandelblättchen in einer trockenen Pfanne kurz rösten, herausnehmen. 1 El Honig erwärmen.

11. Die heißen Pfannkuchen mit dem erwärmten Honig bestreichen und Mandelblättchen darüberstreichen. Pfannkuchen mit dem Fruchtpüree servieren.

Vorbereitungszeit: 1 Stunde, 20 Minuten
Garzeit: 30 Minuten
Pro Portion etwa 45 g Eiweiß, 65 g Fett, 118 g Kohlenhydrate = 5624 Joule (1345 Kalorien)

Tip: Dieses kleine Essen schmeckt besonders gut an heißen Sommertagen. Die Pfannkuchen lassen sich vorbereiten, ebenso das Fruchtpüree.

KLEINE MAHLZEITEN

Polentaschnitten

Für 4 Portionen:
Salz
150 g Maisgrieß (Ref.Hs.)
80 g Butter

1. Am Vortag ¼ l Wasser mit Salz zum Kochen bringen. Unter ständigem Rühren den Maisgrieß einrieseln lassen und dann bei milder Hitze 45 Minuten ausquellen lassen. Dabei alle paar Minuten umrühren, damit die Polenta nicht klumpig wird oder ansetzt.

2. Eine Bratpfanne, am besten eine mit Beschichtung, mit 20 g Butter auspinseln. Die Polenta in die Pfanne schütten, die Oberfläche glattstreichen. Polenta abkühlen lassen, dann abdecken und so bis zum nächsten Tag stehenlassen.

3. Die restliche Butter in Flöckchen auf den Polentarand geben, Polenta bei mittlerer Hitze auf der Unterseite goldbraun braten und danach wenden. Auch die zweite Seite goldbraun braten.

4. Polenta in Achtel schneiden (wie eine Torte) und mit dem Bratfett übergießen. Mit Gemüse servieren.

Vorbereitungszeit: 5 Min.
Garzeit: 45 Min. (ausquellen) und 20 Min. (braten)
Pro Portion ca. 4 g Eiweiß, 17 g Fett, 30 g Kohlenhydrate = 1237 Joule (296 Kalorien)

Auberginen-Pilz-Gemüse

Für 4 Portionen:
300 g Gemüsezwiebeln
3 Knoblauchzehen
300 g Auberginen (1 mittelgroße Frucht)
2 El Öl, Salz, 1 Prise Zucker
Cayennepfeffer
375 g kleine, reife Tomaten
250 g Champignons
200 g Pfifferlinge
30 g Butter
6 El Tomatensaft
⅛ l Schlagsahne

1. Gemüsezwiebeln pellen und fein würfeln. Knoblauchzehen pellen und fein hacken. Aubergine waschen und den Stielansatz abschneiden. Das Auberginenfleisch klein würfeln.

2. Öl in einer breiten Pfanne mäßig heiß werden lassen, Zwiebeln und Knoblauch darin langsam glasig dünsten. Dann die Hitze heraufschalten und die Auberginenwürfel schnell von allen Seiten anschmoren. Mit Salz, Zucker und Cayennepfeffer herzhaft würzen, dann zugedeckt 5 Minuten bei milder Hitze dünsten.

3. Inzwischen die Tomaten einritzen, den Stielansatz herausschneiden. Tomaten kurz in kochendes Wasser tauchen, abschrecken und häuten. Die Tomaten vierteln, die Kerne herausdrücken. Tomatenfleisch zu den Auberginen geben und kurz mitziehen lassen.

4. Die Pilze putzen und rasch waschen, die Champignons vierteln. Butter heiß werden lassen, Pilze zufügen und unter Rühren 3–4 Minuten braten. Mit Salz würzen und vorsichtig unter das Auberginengemüse heben.

5. Tomatensaft in die Pfanne geben und die Röststoffe damit loskochen. Sahne zufügen, bei starker Hitze schnell cremig einkochen. Sauce über das Gemüse geben.

Vorbereitungszeit: 30 Min.
Garzeit: ca. 15 Minuten
Pro Portion ca. 6 g Eiweiß, 23 g Fett, 20 g Kohlenhydrate = 1327 Joule (317 Kalorien)

Sommersalat

Für 4 Portionen:
½ Salatgurke (250 g)
½ Rettich (300 g)
1 Bund Radieschen
½ grüne Paprikaschote
1 rote Zwiebel
2 El Weißweinessig
Salz
Pfeffer aus der Mühle
3 El Olivenöl
8 El Schlagsahne
1 Glas schwarze Oliven (85 g Einwaage)
40 g Sonnenblumenkerne
80 g milder Schafskäse

1. Die Gurke waschen, den Rettich dünn schälen, die Radieschen waschen und putzen. Alles in dünne Scheiben schneiden.

2. Die Paprikaschote waschen und putzen, in dünne Streifen schneiden. Die Zwiebel pellen und in dünne Ringe schneiden.

3. Aus Essig, Salz, Pfeffer und Öl eine Sauce rühren, nach und nach die Sahne unterrühren, bis die Sauce dickflüssig und homogen ist.

4. Die vorbereiteten Gemüse unterheben und etwas durchziehen lassen.

5. Die Oliven entsteinen. Die Sonnenblumenkerne ohne Fett in einer Pfanne goldbraun rösten. Den Schafskäse fein raffeln.

6. Den Salat auf Portionstellern anrichten. Mit Oliven und Sonnenblumenkernen bestreuen, den Schafskäse darüber verteilen.

Zubereitungszeit: 30 Min.
Pro Portion ca. 8 g Eiweiß, 35 g Fett, 9 g Kohlenhydrate = 1590 Joule (380 Kalorien)

KLEINE MAHLZEITEN

Vollkorn-Lasagne mit Pinienkernen

Für 4–6 Portionen:
650 g Weizenvollkornschrot (fein gemahlen oder Type 1700)
Salz
6 Eier (Gew.-Kl. 2)
2½ El Olivenöl
(ersatzw. Sonnenblumenöl)
1 kg reife runde Tomaten
400 g Sellerie
400 g Möhren
1 kg Porree
300 g mittelalter Gouda
3 Bund Basilikum
100 g Butter
1 l Milch
⅛ l Schlagsahne
Cayennepfeffer
60 g Pinienkerne

1. 500 g Weizenschrot in eine Schüssel geben, in die Mitte eine Mulde drücken. 1 Tl Salz auf den Rand streuen. Eier und 2 El Olivenöl in die Mulde geben. Von der Mitte aus alles zu einem glatten Teig kneten. Eine Kugel aus dem Teig formen, dünn mit dem restlichen Öl einpinseln (das geht am besten mit angefeuchteten Händen). Zugedeckt bei Zimmertemperatur eine Stunde ruhenlassen.

2. Für die Füllung die Tomaten an der Oberseite kreuzförmig einritzen, den Stielansatz keilförmig herausschneiden. Tomaten kurz in kochendes Wasser tauchen, kalt abschrecken und häuten.

3. Sellerie und Möhren schälen, waschen und in etwa 4 cm lange, nicht zu dünne Stifte schneiden. Gemüse nacheinander je 2 Minuten in kochendem Salzwasser blanchieren, danach sofort kalt abschrecken. Porree putzen und gut waschen, in etwa 4 cm lange Streifen schneiden. 1 Minute in dem kochenden Salzwasser blanchieren.

4. Den Käse grob raffeln und in vier Portionen teilen.

5. Die Basilikumblätter von den Stielen zupfen und in grobe Streifen schneiden.

6. Für die Bechamelsauce die Butter in einem Topf aufschäumen lassen, 100 g Weizenschrot einrühren und durchschwitzen. Dann mit der Milch auffüllen, unter kräftigem Rühren mit dem Schneebesen zum Kochen bringen. Bei milder Hitze unter gelegentlichem Rühren 10 Minuten kochen lassen. Mit Salz abschmecken, Sahne und Basilikumstreifen unterrühren.

7. Eine flache Auflaufform von 24 x 30 cm Größe dünn mit dem restlichen Öl ausfetten.

8. Den Nudelteig kurz durchkneten, dann auf der mit dem restlichen Schrot bestreuten Arbeitsfläche zu einem Rechteck von 48 x 60 cm Größe ausrollen. Die Oberfläche dünn mit Schrot bestreuen, damit der Teig nicht an der Kuchenrolle klebt. Das Teigstück längs und quer in 4 Streifen schneiden. So erhält man 16 Lasagnenudeln von 12 x 15 cm Größe.

9. Jeweils 4 Nudeln in reichlich leise kochendem Salzwasser 3 Minuten vorgaren. Mit einem Schaumlöffel herausheben und nebeneinander zum Abtropfen auf Küchentücher legen.

10. Die Form mit 4 Lasagnenudeln auslegen. Die Hälfte Porree darauf verteilen, eine Kelle Bechamelsauce darübergeben und eine Portion Käse darüberstreuen. Mit 4 Lasagnenudeln abdecken. Dann Möhren- und Selleriestifte und 30 g Pinienkerne darüber verteilen, wieder eine Kelle Sauce und eine Portion Käse daraufgeben. Mit Nudeln abdecken.

11. Den restlichen Porree darüber verteilen, die restliche Sauce und die dritte Portion Käse daraufgeben, mit Nudeln bedecken.

12. Die Tomaten halbieren, mit der Schnittfläche nach unten auf die Nudeln setzen, mit Salz und Cayennepfeffer würzen. Den restlichen Käse mehr zwischen die Tomaten als darüberstreuen, die restlichen Pinienkerne darüber verteilen.

13. Form in den vorgeheizten Backofen schieben (zweite Einschubleiste von unten). Bei 200 Grad (Gas 3) 1 Stunde backen. Aus dem Ofen nehmen und 5 Minuten ziehen lassen. Dann servieren. Dazu paßt ein grüner Salat.

Vorbereitungszeit: 1¼ Std.
Garzeit: 1 Stunde
Pro Portion (bei 6 Portionen) ca. 60 g Eiweiß, 65 g Fett, 919 g Kohlenhydrate = 5309 Joule (1269 Kalorien)

KLEINE MAHLZEITEN

Spitzkohlauflauf mit Nüssen

Für 4 Portionen:
500 g Kartoffeln
1 Spitzkohl (ca. 600 g)
Vollmeersalz
7 Eier (Gew.-Kl. 2)
Fett für die Form
1/8 l Brühe
1/4 l Schlagsahne
1 Tl Senf
Pfeffer aus der Mühle
Muskat (frisch gerieben)
100 g Haselnußkerne
50 g Butter
100 g Brösel aus Vollkornzwieback

1. Kartoffeln in der Schale garen. Kohl putzen, vierteln und den Strunk entfernen. Kohlblätter quer in Streifen schneiden. In kochendem Salzwasser 5 Minuten blanchieren, dann abtropfen lassen.

2. 4 Eier hart kochen. Die Kartoffeln pellen und in Scheiben schneiden, auf dem Boden der ausgefetteten Form verteilen. Kohl darüber schichten. Die gekochten Eier pellen und hacken, auf dem Kohl verteilen.

3. Die restlichen Eier mit Brühe, Sahne und Senf verrühren, mit Salz, Pfeffer und Muskat würzen. Diese Mischung über die eingeschichteten Zutaten gießen.

4. Die Nüsse hacken, Butter zerlassen, Nüsse und Vollkornbrösel darin anrösten, dann über dem Auflauf verteilen. Im vorgeheizten Backofen bei 200 Grad (Gas 3) auf der zweiten Einschubleiste von unten 20–30 Minuten überbacken.

Vorbereitungszeit: 35 Min.
Garzeit: 20–30 Minuten
Pro Portion etwa 27 g Eiweiß, 58 g Fett, 37 g Kohlenhydrate = 3367 Joule (804 Kalorien)

KLEINE MAHLZEITEN

Gemüse-Eintopf mit Grünkern

Für 6 Portionen:
1 kleiner Blumenkohl
(ca. 700 g)
350 g Möhren
40 g Butter
75 g Grünkernschrot
1 1/8 l Gemüsebrühe
100 g Zuckerschoten
Vollmeersalz
Pfeffer aus der Mühle
abgeriebene Schale
einer Zitrone (unbehandelt)
2 Bund Basilikum

1. Den Blumenkohl putzen, waschen und in Röschen zerteilen. Die Möhren schälen, dann waschen und schräg in nicht zu dünne Scheiben schneiden.

2. Butter in einem Topf aufschäumen lassen, Grünkernschrot hineinschütten und unter Rühren goldbraun anrösten. Blumenkohlröschen und Möhren zugeben, mit der Brühe auffüllen. Alles zugedeckt in 15 Minuten bei milder Hitze leise kochen lassen.

3. Die Zuckerschoten putzen und waschen, ebenfalls untermischen, Gemüsetopf weitere 5 Minuten garen.

4. Eintopf mit Salz, Pfeffer und der fein abgeriebenen Zitronenschale würzen. Basilikumblätter von den Stielen zupfen, nicht zu fein hacken und unmittelbar vor dem Servieren darüberstreuen.

Vorbereitungszeit: 30 Min.
Garzeit: 20 Minuten
Pro Portion etwa 5 g Eiweiß, 7 g Fett, 14 g Kohlenhydrate = 610 Joule (145 Kalorien)

KLEINE MAHLZEITEN

Mangoldrouladen mit Reis-Pilz-Füllung

Für 4 Portionen:
120 g Naturreis
625 ccm Gemüsebrühe
8 große Mangoldblätter
Vollmeersalz
3 Zwiebeln (120 g)
100 g Haselnußkerne
500 g Champignons
20 g Butter
Pfeffer aus der Mühle
2 Eier (Gew.-Kl. 2)
6 El Paprikamark
1 Vollmilchjoghurt (150 g)
1 Bund glatte Petersilie

1. Reis abspülen, in 500 ccm kochender Brühe 25—30 Minuten garen.
2. Den Mangold putzen und waschen, die Rippen der Blätter flach schneiden. Blätter in reichlich kochendem Salzwasser 1 Minute vorgaren, abtropfen lassen.
3. Zwiebeln pellen und würfeln, Nüsse hacken. Champignons putzen und abspülen, grob hacken.
4. Zwiebelwürfel in Butter andünsten, dann Pilze und Nüsse zugeben. Alles unter Rühren 5—10 Minuten garen, mit Salz und Pfeffer würzen.
5. Die Pilzmasse mit den Eiern unter den Reis mischen, mit Salz und Pfeffer abschmecken.
6. Je zwei Mangoldblätter so nebeneinander legen, daß sie sich leicht überlappen. Reis-Pilz-Masse darauf geben, Blätter seitlich einschlagen, dann aufrollen. Rouladen in ein Tuch wickeln und leicht zusammendrücken.
7. Rouladen in der restlichen Brühe 10 Minuten erhitzen, warm stellen. Paprikamark und Joghurt unter die Brühe rühren, Sauce abschmecken, die feingehackte Petersilie unterrühren.

Vorbereitungszeit: 20 Min.
Garzeit: 40 Minuten
Pro Portion etwa 19 g Eiweiß, 26 g Fett, 33 g Kohlenhydrate = 1924 Joule (460 Kalorien)

KLEINE MAHLZEITEN

Pilzragout im Hirserand

Für 4 Portionen:
150 g Hirse (geschält)
1/2 l Gemüsebrühe (aus dem Reformhaus)
2 Bund Frühlingszwiebeln
2 Bund Kerbel
1 kg Champignons
3 Eier (Gew.-Kl. 2)
Vollmeersalz
Pfeffer aus der Mühle
Muskat (frisch gerieben)
Fett für die Form
1 El Grieß
100 g Cashewkerne
3 El Öl
1 El Weizenmehl (Type 1800)
200 g Crème fraîche

1. Hirse in 3/8 l Brühe aufkochen, bei milder Hitze in 15–20 Minuten ausquellen lassen.
2. Frühlingszwiebeln putzen, waschen und schräg in Ringe schneiden. Kerbel abzupfen und hacken. Champignons putzen, abspülen und halbieren.
3. Die abgekühlte Hirse mit Eiern und Gewürzen verrühren und abschmecken. Kerbel unterheben.
4. Eine Ringform ausfetten und mit Grieß ausstreuen, die Hirsemasse hineinfüllen. Im Backofen bei 200 Grad (Gas 3) auf der zweiten Leiste von unten 25 Minuten backen.
5. Die Cashewkerne in 1 El Öl goldbraun rösten, zur Seite stellen. Die Champignons in dem restlichen Öl anbraten, Weizenmehl darüber streuen und kurz andünsten. 1/8 l Brühe, Crème fraîche und die Frühlingszwiebeln dazugeben. Alles 5 Minuten leise kochen lassen.
6. Das Ragout mit Salz, Pfeffer und Muskat abschmecken. Den Hirserand stürzen und das Ragout hineinfüllen, mit Cashewkernen bestreuen.

Vorbereitungszeit: 20 Min.
Garzeit: 25 Minuten
Pro Portion etwa 25 g Eiweiß, 42 g Fett, 44 g Kohlenhydrate = 2825 Joule (675 Kalorien)

KLEINE MAHLZEITEN

Grünkernplätzchen mit Kürbiskernen und Kräuterquark

Für 4 Portionen:
200 g Grünkernschrot
40 g Butter
250 g Möhren
150 g saure Sahne
200 g Schlagsahne
4 Eier (Gew.-Kl. 2)
Salz
500 g Quark (20 % Fett)
1 kleine Zwiebel
1 kleine Knoblauchzehe
1 Bund Schnittlauch
1 Bund Dill
1 Bund Petersilie
4 El Sonnenblumenöl
100 g Kürbiskerne

1. Grünkernschrot in 20 g Butter anrösten, zum Auskühlen beiseite stellen.
2. Möhren putzen, waschen und grob raffeln, mit dem Grünkernschrot mischen.
3. Die saure Sahne mit 100 g Schlagsahne verrühren und über die Schrotmischung gießen. 30 Minuten quellen lassen. Dann die verquirlten Eier unterrühren. Die Masse mit Salz würzen.
4. Den Quark mit der restlichen Sahne glattrühren. Die Zwiebel pellen und sehr fein würfeln, die Knoblauchzehe pellen und durchpressen. Beides unter den Quark rühren. Die Kräuter fein hacken und mit etwas Salz unter den Quark mischen. Abschmecken.
5. Aus der Grünkernmasse in heißem Sonnenblumenöl kartoffelpuffergroße Plätzchen backen. Jeweils auf die noch weiche Oberfläche Kürbiskerne streuen und in den Teig drücken, dann wenden, jeweils 5 g Butter zugeben und fertig braten. Die fertigen Plätzchen warm halten. Die Masse ergibt ungefähr 12 Plätzchen.
6. Die Grünkernplätzchen mit dem eiskalten Quark servieren. Dazu paßt Blattspinat.

Vorbereitungszeit: 30 Min.
Garzeit: insges. 30 Min.
Pro Portion ca. 35 g Eiweiß, 63 g Fett, 49 g Kohlenhydrate = 4047 Joule (969 Kalorien)

FÜR GÄSTE UND FESTE

Wenn Sie Gästen Vollwertiges vorsetzen möchten, dann muß das wirklich so gut sein, daß Fleisch gar nicht vermißt wird. Es ist klar, daß sich Vollwert-Anhänger über ein solches Essen freuen. Und die anderen? Versuchen Sie nicht, sie mit Worten zu überzeugen. Gute Gerichte sprechen für sich selbst. Sie sollten jedoch kein Risiko eingehen. Alle Gerichte müssen vorher in der Familie ausprobiert werden, damit nichts schiefgehen kann. Vermeiden Sie es, Gästen Gerichte mit ganzen Körnern vorzusetzen, wenn Sie nicht in den Ruf des „Körndl-Fressers" kommen wollen.

Dieses Kapitel beginnt mit zwei festlichen Menüs, eines für den Frühling oder Frühsommer, das andere für den Herbst. Laden Sie gerne zum kalten Büfett ein? Auf den weiteren Seiten finden Sie Salate, kleine Gerichte und viele kalte Snacks, die sich sowohl für kalte Platten wie für Vorspeisen eignen. Alle lassen sich selbstverständlich gut vorbereiten. Kleingebäck für eine nachmittägliche Tee-Einladung, zum Beispiel in der Adventszeit, stehen auf den Seiten 272 bis 275. Und wenn Sie Ihren Gästen salzige Knabbereien zu Wein und Bier anbieten wollen, können Sie sich auf den Seiten 276 bis 277 etwas aussuchen. Sollten Sie ein Brunch-Liebhaber sein, so müssen Sie die Seiten 278 bis 285 aufschlagen, da gibt es Rezepte für Brot und Brötchen.

Außerdem finden Sie in den verschiedenen Kapiteln in diesem Buch immer wieder Rezepte, die sich für die Gästebewirtung eignen, so zum Beispiel die Desserts auf den Seiten 203 bis 210. Vollwertige Gästebewirtung wird mit diesen Ratschlägen für Sie gewiß ein Leichtes sein.

Frühlings-Menü
Herbst-Menü
Snacks und kleine Gerichte für das kalte Büfett
Süßes Gebäck zu Tee und Kaffee
Salzige Knabbereien zu Wein und Bier

FÜR GÄSTE UND FESTE

Die Vorspeise für unser Frühlings-Menü sehen Sie oben, den Hauptgang – gefüllte Tomaten mit Spargel – rechts. Das Dessert ist auf Seite 257 zu sehen. Rezepte Seite 256/57.

FRÜHLINGS-MENÜ

Menü
Zuckerschoten-Salat mit Radieschen
*
Mit Risotto gefüllte Tomaten, grüner und weißer Spargel mit Spargelsauce, Spinat
*
Grießklößchen mit Beeren und Vanillesauce

Daß wir heute bereits im Frühjahr und Frühsommer ein so vielseitiges Menü auf den Tisch bringen können, verdanken wir modernen Anbaumethoden und Importen aus Europa und aller Welt.
Vor gut 30 Jahren waren Frühkartoffeln vor Juni kaum zu haben. Zuckerschoten, grünen Spargel oder gar Staudensellerie kannte man bei uns nicht. Gar nicht zu reden von Crème fraîche, Wildreis oder Ahornsirup.
Alle diese Zutaten finden Sie in unserem Menü. Denn die Vollwertküche ist eine Küche, die sich nach dem Angebot des Marktes richtet. Frische Zutaten stehen an oberster Stelle.

Zuckerschoten-Salat

(Zum Foto auf Seite 254)
Für 4 Portionen:
375 g Zuckerschoten
150 g Staudensellerie
(die zarten inneren
Stangen mit dem Grün)
1 Bund Radieschen
1 Zwiebel
3 El Weißweinessig
Vollmeersalz
schwarzer Pfeffer
aus der Mühle
6 El Öl

1. Zuckerschoten waschen und putzen, dabei abfädeln.

2. Staudensellerie zerteilen, Stangen putzen, abfädeln und waschen. Dann quer in dünne Scheiben schneiden. Das Grün grob hacken.

3. Die Radieschen waschen, putzen und längs vierteln, dann quer in dünne Scheiben schneiden. Die Zwiebel pellen und sehr fein würfeln.

4. Aus Essig, Salz, Pfeffer und Öl eine Vinaigrette rühren, die Zuckerschoten darin 5 Minuten marinieren, dann abgetropft wie Rosetten auf Teller verteilen.

5. Radieschen, Zwiebel und Sellerie in der restlichen Vinaigrette wenden und in der Mitte der Rosette aufhäufeln. Das Selleriegrün über die Zuckerschoten streuen. Salat mit Vollkornbrötchen servieren.

Zubereitungszeit: 30 Min.
Pro Portion etwa 3 g Eiweiß, 18 g Fett, 11 g Kohlenhydrate = 954 Joule (228 Kalorien)

Risotto-Tomaten mit Spargel und Spinat

(Zum Foto auf Seite 255)
Für 4 Portionen:
1 Zwiebel
80 g Butter
100 g Vollreis
300 ccm Gemüsebrühe
1/2 Tütchen Safranpulver
4 Fleischtomaten (ca. 800 g)
Vollmeersalz
1 kg Blattspinat
1 kg weißer Spargel
1 kg grüner Spargel
1 Tl Zucker
1 Bund glatte Petersilie
2 El Parmesan
(frisch gerieben)
100 g Crème fraîche
Schale von 1 Zitrone
Schale von 1 Limette

1. Die Zwiebel pellen und sehr fein würfeln. In 30 g Butter glasig dünsten, dann den Reis unterrühren und so lange wenden, bis alle Körner mit Butter überzogen sind.

2. Die Gemüsebrühe dazugießen, alles aufkochen. Den Safran in der Brühe auflösen. Reis bei milder Hitze zugedeckt in ca. 40 Minuten garen.

3. Inzwischen von den Tomaten jeweils den Deckel abschneiden, die Tomaten aushöhlen und innen salzen. Den Spinat verlesen, gründlich waschen und abtropfen lassen. Den Spargel waschen und schälen.

4. 1/8 l Wasser mit 30 g Butter, etwas Salz und dem Zucker zum Kochen bringen. Spargel hineingeben und im zugedeckten Topf dünsten. Zwischendurch den Topf rütteln, um die Spargelstangen zu wenden, damit sie gleichmäßig gar werden.

5. Die Petersilie hacken und unter den gegarten Reis ziehen, Parmesan untermischen, Reismischung in die Tomaten füllen.

6. Tomaten in eine feuerfeste Form setzen und auf der mittleren Schiene bei 175 Grad (Gas 2) 15 Minuten backen.

7. Die restliche Butter in einem Topf zerlassen. Den tropfnassen Spinat dazugeben und im zugedeckten Topf zusammenfallen lassen.

8. Etwa die Hälfte des grünen Spargels aus dem Topf nehmen und kleinschneiden, die Stücke in einen Rührbecher geben. Den restlichen Spargel aus dem Kochsud heben und zugedeckt im Ofen warm stellen. Den Kochsud mit Crème fraîche verrühren, über die grünen Spargel gießen und alles pürieren, Sauce abschmecken.

9. Die Tomaten und den abgetropften und leicht mit Salz gewürzten Spinat auf vorgewärmten Tellern anrichten. Die Tomaten mit Zitronenschale bestreuen. Den Spargel daneben verteilen, mit der Spargelsauce begießen und Limettenschale darüberstreuen. Sofort servieren.

Vorbereitungszeit: 60–70 Minuten
Garzeit: Reis 40 Minuten, Spargel 12–15 Minuten, Tomaten 15 Minuten und Spinat 3–4 Minuten.
Pro Portion etwa 16 g Eiweiß, 27 g Fett, 32 g Kohlenhydrate = 1886 Joule (452 Kalorien)

Arbeitsplan für das festliche Menü:

Ein paar Stunden vor dem Essen:
- Zuckerschoten und Staudensellerie putzen und feucht abdecken
- Radieschen waschen
- Vinaigrette anrühren
- Risotto zubereiten und in die Tomaten füllen
- Spinat verlesen und waschen
- Spargel schälen und feucht abdecken
- Die Vanillesauce zubereiten und im Eiswasserbad kalt schlagen, damit sie sich nicht absetzt

1 Stunde vor dem Essen:
- Die Masse für die Pistazienklöße zubereiten, die Klöße 10 Minuten garen und aus dem Wasser nehmen, abdecken
- Die Beeren waschen, putzen und marinieren
- Zwiebeln würfeln, Radieschen in Scheiben schneiden

Kurz bevor die Gäste da sind:
- Zuckerschoten marinieren und anrichten
- Den Ofen auf 175 Grad vorheizen
  Den Spargelsud aufkochen, Spargel hineingeben

Nach der Vorspeise:
- Tomaten in den Ofen schieben
  Spinat dünsten
  Spargelsauce zubereiten
- Bevor der Hauptgang serviert wird, Salzwasser für die Klöße aufsetzen
  Vanillesauce im Wasserbad erwärmen

Nach dem Hauptgang:
- Klöße 10 Minuten ziehen lassen
- Dessert anrichten

FÜR GÄSTE UND FESTE

Grießklößchen Vanillesauce und Beeren

Für 4 Portionen:
3/8 l Schlagsahne
30 g Butter
Vollmeersalz
60 g Vollkorngrieß
100 g Pistazien
1 Ei (Gew.-Kl. 2)
1 Eiweiß (Gew.-Kl. 2)
3 Eigelb (Gew.-Kl. 2)
1 El Honig
Mark von 1 Vanilleschote
125 g Himbeeren
250 g Erdbeeren
6 El Ahornsirup

1. 1/8 l Sahne mit 75 ccm Wasser mischen, mit der Butter und einer Prise Salz aufkochen. Den Grieß zuschütten und so lange rühren, bis sich die Masse vom Topfboden löst.
2. Die Pistazien mahlen und mit dem Ei unter die Grießmasse rühren. Das Eiweiß zu steifem Schnee schlagen und unterheben.

3. Salzwasser zum Sieden bringen. Mit 2 nassen Löffeln kleine Klöße aus der Grießmasse formen und in dem Wasser in ca. 20 Minuten gar ziehen lassen.
4. Eigelb und die restliche Sahne mit Honig und Vanillemark verrühren. Über dem heißen Wasserbad unter ständigem Schlagen erhitzen, bis die Sauce bindet.
5. Die Himbeeren verlesen. Die Erdbeeren waschen und putzen, dann halbieren. Früchte mit Ahornsirup beträufeln. Die abgetropften Klöße auf Tellern anrichten, die Beeren daneben verteilen und die Sauce darübergeben.

Vorbereitungszeit: 35 Min.
Garzeit: 20 Minuten
Pro Portion etwa 16 g Eiweiß, 56 g Fett, 49 g Kohlenhydrate = 3254 Joule (777 Kalorien)

FÜR GÄSTE UND FESTE

Wirsingröllchen (oben) bilden den Auftakt dieses Menüs,
es folgen Grünkern-Timbales (rechts) und Mohnparfait (Foto Seite 261).
Die Rezepte finden Sie auf Seite 260.

HERBSTLICHES MENÜ

Menü
Wirsing-Röllchen mit
Kräuterbutter und
geschmolzenen Tomaten
*
Grünkern-Timbales mit
Suppengemüse auf
Muskat-Zabaione
*
Mohnparfait mit Blaubeersauce

Wenn Sie Gäste zu einem festlichen Menü einladen, müssen Sie vorher ganz genau überlegen, wie sich die Arbeit dafür einteilen läßt. Das Frühlings-Menü auf den vorangegangenen Seiten enthält besonders viele frische Zutaten. Das bedeutet, man muß sich einige Stunden vor dem Essen intensiv mit den Vorarbeiten beschäftigen. Bei unserem Herbst-Menü lassen sich einige Dinge sehr gut vorher fertigmachen. Zum Beispiel können Sie das Mohnparfait einige Tage vorher einfrieren. Am Tag davor können Sie die Kräuterbutter für die Wirsingröllchen und die Grünkernmasse für die Timbales zubereiten.

Wirsing-Röllchen mit Kräuterbutter und geschmolzenen Tomaten

(Zum Foto auf Seite 258)
Für 4 Portionen:
90 g Butter
1/2 Bund Dill
1/2 Bund Schnittlauch
1/2 Bund glatte Petersilie
Salz, 1 Tl Zitronensaft
1/2 El Rotisseur-Senf
6 Wirsingblätter (ca. 400 g)
50 g ungeschälte Mandeln
60 g Gruyère
500 g Fleischtomaten
1 El Olivenöl
Schale von 1/2 Zitrone (unbehandelt)

1. Eine ofenfeste, flache Form mit etwa 10 g Butter ausfetten. Die restliche Butter in kleine Flöckchen schneiden.
2. Die Kräuter, falls nötig, waschen, trockenschütteln und fein hacken. Mit 1 Messerspitze Salz, Zitronensaft, Senf und Butterflöckchen verkneten. Zur Rolle formen, in Alufolie wickeln und kalt stellen.
3. Wirsingblätter waschen und in leise kochendem Salzwasser 5–8 Minuten vorkochen. Mit einer Schaumkelle herausnehmen, auf Küchenpapier ausbreiten, abtropfen lassen.
4. Mandeln mahlen, Käse fein raffeln. Die Rippen aus den Wirsingblättern herausschneiden, Blätter dabei halbieren. Die Blatthälften mit Mandeln und Käse bestreuen und aufrollen.
5. Die Röllchen nebeneinander in die Form legen und zugedeckt auf der 2. Einschubleiste von oben bei 175 Grad (Gas 2) 20 Minuten backen.
6. Inzwischen die Tomaten an der runden Seite einritzen. Tomaten kurz mit kochendem Wasser überbrühen, kalt abschrecken, häuten und achteln. Die Kerne herausdrücken. Die Achtel in Olivenöl bei milder Hitze heiß werden lassen, mit Salz würzen und mit der fein abgeriebenen Zitronenschale bestreuen.
7. Die Kräuterbutter bei milder Hitze schmelzen und mit den Tomaten zu den Wirsingröllchen servieren. Dazu paßt Vollkorn-Toast oder Nußbrot.
Vorbereitungszeit: ca. 45 Minuten
Garzeit insges. ca. 25 Min.

Pro Portion (ohne Toast) ca. 11 g Eiweiß, 9 g Fett, 22 g Kohlenhydrate = 1182 Joule (283 Kalorien)

Grünkern-Timbales

(Rezept zum Foto auf Seite 259)
Für 4 Portionen:
1 Tütchen Steinpilze (getrocknet, ca. 5 g)
50 g Butter
2 Tl Sesamsaat
250 g Wurzelspinat
Salz
1 Bund Dill
2 Zwiebeln
200 g Grünkernschrot (a. d. Reformhaus)
400 ml Gemüsebrühe (Instant, a. d. Ref.-Hs.)
2 Eier
1 Eigelb (Gew.-Kl. 2)
Pfeffer aus der Mühle

1. Die Steinpilze in einem Haarsieb abbrausen, dann in 200 ml lauwarmem Wasser einweichen. 8 ofenfeste Portionsförmchen (je 1/8 l Inhalt) mit 10 g Butter ausfetten, den Boden mit der Sesamsaat ausstreuen.
2. Den Spinat putzen und verlesen, dann sehr gründlich mehrmals waschen. Blätter ganz kurz in kochendes, leicht gesalzenes Wasser tauchen. Sofort herausnehmen und kurz mit kaltem Wasser abschrecken. Blätter auf Küchenpapier vorsichtig ausbreiten und abtropfen lassen.
3. Förmchen so mit den Spinatblättern auslegen, daß der Boden bedeckt ist und die Blätter halb über den Rand hängen. Den Dill von den groben Stielen zupfen und hacken. Die Zwiebeln pellen und fein würfeln. Die Steinpilze abtropfen lassen und hacken. Die Abtropfflüssigkeit aufheben.
4. Zwiebeln in der restlichen Butter unter Rühren glasig dünsten, Grünkernschrot zugeben und unter Rühren bei etwas stärkerer Hitze anrösten. Gehackte Steinpilze untermischen. Einweichflüssigkeit von den Pilzen (ohne Bodensatz) und Gemüsebrühe zufügen.
5. Alles unter Rühren einmal aufkochen, zugedeckt auf ausgeschalteter Platte 10 Minuten ausquellen lassen.
6. Die Eier trennen. Eigelb unter die heiße Grünkernmasse rühren. Mit Dill, Pfeffer und Salz würzen.
7. Das Eiweiß zu steifem Schnee schlagen und unter die Masse heben.
8. Grünkernmasse auf die Förmchen verteilen. Spinatblätter über der Füllung zusammenschlagen. Förmchen auf die Saftpfanne setzen und auf der 2. Einschubleiste von unten in den Backofen schieben. Zweifingerhoch heißes Wasser in die Saftpfanne einfüllen. Förmchen im Wasserbad ca. 30 Minuten bei 175 Grad (Gas 2) garen.
9. Grünkern-Timbales auf eine vorgewärmte Servierplatte stürzen und mit dem Suppengemüse auf Muskat-Zabaione servieren.
Vorbereitungszeit: 60 Min.
Garzeit: ca. 30 Minuten

Pro Portion etwa 16 g Eiweiß, 18 g Fett, 41 g Kohlenhydrate = 1690 Joule (404 Kalorien)

Suppengemüse auf Muskat-Zabaione

(Zum Foto auf Seite 259)
Für 4 Portionen:
300 g Möhren
400 g Sellerie (netto ca. 300 g)
750 g Porree (netto ca. 400 g)
80 g Butter
Salz, 1 Tl Zucker
1 El Zitronensaft
4 Eigelb (Gew.-Kl. 2)
150 ml Gemüsebrühe
Muskatnuß (frisch gerieben)
1/8 l Schlagsahne
2 Beete Kresse

1. Möhren waschen, putzen und in dünne Scheiben schneiden. Sellerie großzügig schälen und in sehr dünne Scheiben schneiden. Die Scheiben erst in breite Streifen, diese dann schräg in Rauten schneiden. Porree waschen, putzen und schräg in Scheiben schneiden.
2. In einem breiten Topf 40 g Butter aufschäumen lassen. Die Möhren darin unter Rühren andünsten und mit Salz und Zucker würzen. 4 El Wasser zugeben, die Möhren zugedeckt 6–8 Minuten dünsten.
3. Möhren im Topf zur Seite schieben. Sellerierauten danebengeben und unter Rühren andünsten. Mit Salz und Zitronensaft würzen, 4–5 El Wasser zugeben, Topf zudecken. Gemüse in weiteren 6–8 Minuten fertig garen.
4. Die restliche Butter in einem zweiten Topf schmelzen lassen, den Porree darin andünsten, mit Salz würzen und mit 3–4 El Wasser zugedeckt 10 Minuten bei milder Hitze garen.
5. Für die Sauce Eigelb und Brühe in einen Topf geben, mit dem Schneebesen gründlich verrühren, dann bei milder Hitze schlagen, bis die Sauce bindet. Achtung, die Sauce darf nicht kochen, sonst gerinnt sie.
6. Sauce mit Salz und Muskat würzen, die Sahne steif schlagen und mit dem Schneebesen unterziehen. Kresse vom Beet schneiden. Einen Teil davon über die Sauce streuen, den Rest extra servieren.
7. Sauce auf vorgewärmte Teller verteilen, Gemüse und Grünkern-Timbales darauf anrichten.
Vorbereitungszeit: 35 Min.
Garzeit: Gemüse insges. 20 Min., Sauce ca. 6 Min.

Gemüse mit Sauce pro Portion ca. 8 g Eiweiß, 34 g Fett, 11 g Kohlenhydrate = 1648 Joule (394 Kalorien)

FÜR GÄSTE UND FESTE

Mohnparfait mit Blaubeersauce

Für 8 Portionen:
30 g Mohn (frisch gemahlen)
1/2 l Schlagsahne
3 Eigelb (Gew.-Kl. 2)
75 g Tannenhonig
1/2 El Orangenschale (fein gerieben, von einer unbehandelten Frucht)
150 g Blaubeeren (TK)
1/4 l Birnendicksaft (aus dem Reformhaus)
30 g Mandeln

1. Den Mohn in 1/8 l Sahne einmal aufkochen, dann zum Abkühlen beiseite stellen. Eigelb und Honig über einem mäßig heißen Wasserbad 10 Minuten mit den Quirlen des Handrührers auf höchster Stufe dick aufschlagen.

2. Die Orangenschale und die Mohnsahne unterrühren, die Masse im Eiswasserbad kalt schlagen. Die restliche Sahne sehr steif schlagen und mit dem Schneebesen unterziehen. Parfaitmasse in eine Kastenform von 1 l Inhalt füllen, mindestens 4 Stunden durchfrieren lassen.

3. Für die Sauce die Blaubeeren eine halbe Stunde antauen lassen, 15 Minuten vor dem Servieren mit dem Birnendicksaft verrühren. Die Mandeln halbieren und mit der Schnittfläche nach unten in eine Pfanne legen. Ohne Fett hellbraun rösten. Sauce und Mandeln auf vorgekühlte Teller verteilen.

4. Das Parfait ungefähr 45 Minuten vor dem Servieren zum Antauen in den Kühlschrank stellen. Vor dem Servieren mit einem Eisportionierer Kugeln ausstechen und auf die Sauce setzen. Sofort servieren.

Vorbereitungszeit: ca. 35 Minuten
Kühlzeit: 4 Stunden

Pro Portion ca. 5 g Eiweiß, 26 g Fett, 31 g Kohlenhydrate = 1648 Joule (394 Kalorien)

FÜR GÄSTE UND FESTE

KALTE PLATTEN

Geschmorte Paprikascheiben mit Schafskäsecreme

Für 10 Portionen:
750 g Paprikaschoten
(2 rote, 2 grüne)
Salz
1 El Rotweinessig
2 El Olivenöl
10 schwarze Oliven
1 Knoblauchzehe
1 Tl frische Rosmarinnadeln
1 rote Chilischote
200 g milder Schafskäse
100 g weiche Butter
5 El Schlagsahne (zimmerwarm)
1 Tl frischer Oregano
1 El Tomatenmark

1. Paprika putzen und waschen, jede Schote in 5 Teile schneiden, jedes Teil auf der Arbeitsfläche flachdrücken. Paprikastücke mit der Hautseite nach oben auf dem Rost vom Backofen verteilen.

2. Grill einschalten. Rost auf die obere Einschubleiste setzen, ein Blech darunterschieben. Paprika so lange grillen, bis sich die Haut schwarz färbt und Blasen wirft. Paprika vom Rost nehmen, flach nebeneinanderlegen und ein feuchtes Tuch darüberdecken. Nach dem Auskühlen die Haut sorgfältig abziehen.

3. Paprikastücke halbieren und flach auf eine Platte legen, salzen, mit Essig und Öl beträufeln.

4. Oliven entsteinen, Olivenfleisch würfeln. Knoblauch pellen und pürieren. Rosmarinnadeln fein hacken oder zerdrücken. Chilischote in sehr dünne Ringe schneiden.

5. Schafskäse durch ein feinmaschiges Drahtsieb streichen, mit weicher Butter mit den Quirlen des Handrührers cremig aufschlagen, dabei nach und nach die Sahne zugießen.

6. Knoblauch, Oliven, Rosmarin, Oregano und Tomatenmark unter die Käsecreme mischen. Creme in einen Spritzbeutel mit großer Lochtülle füllen.

7. Auf einer Servierplatte jeweils ein grünes und ein rotes Paprikastück leicht überlappend hinlegen, mit Käsecreme bespritzen. Je zwei Chiliringe auf die Käsecreme legen. Bis zum Servieren kühl stellen.

Vorbereitungszeit: 1 Std.
Grillzeit: 10–12 Minuten
Pro Portion etwa 4 g Eiweiß, 18 g Fett, 2 g Kohlenhydrate = 802 Joule (192 Kalorien)

Raffinierte Häppchen für kalte Platten (von oben): geschmorte Paprikascheiben mit Schafskäsecreme, Sellerie-Möhren-Flan, gefüllte Eier mit Avocado-Püree, Käseterrine mit Nüssen, Spinatbällchen auf Mandelsauce. Rezepte links und auf Seite 264/265

FÜR GÄSTE UND FESTE

Sellerie-Möhren-Flan mit Kürbiskern-Mayonnaise

Für 10 Portionen:
Flan:
300 g Möhren
350 g Knollensellerie
Salz
70 g Butter
2 El Vollkorngrieß
2 Eier (Gew.-Kl.2)
2 Eigelb
60 ccm Schlagsahne
weißer Pfeffer a. d. Mühle
20–25 Basilikumblättchen
Mayonnaise:
1 Eigelb
Salz
weißer Pfeffer a. d. Mühle
1 Tl mittelscharfer Senf
1 El Zitronensaft
75 ccm Öl
75 ccm Kürbiskernöl (Reformhaus)
1 El Vollmilchjoghurt
Garnitur:
Eisbergsalatblätter

1. Möhren und Sellerie putzen und waschen. Möhren in Scheiben, Sellerie in Würfel schneiden. Gemüse separat mit etwas Salz und je 1/8 l Wasser im zugedeckten Topf in 10–12 Minuten garen. Anschließend abgießen.

2. Jedes Gemüse mit 20 g Butter mit dem Schneidstab pürieren, auskühlen lassen.

3. 10 kleine Becherformen mit 30 g Butter ausfetten, mit Grieß ausstreuen und kalt stellen.

4. Mit dem Schneidstab vom Handrührer unter jedes Gemüsepüree je 1 Ei, 1 Eigelb und 30 ccm Sahne arbeiten. Püree salzen und pfeffern.

5. Die vorbereiteten Förmchen zuerst zur Hälfte mit Möhrenpüree füllen, darauf die Basilikumblättchen verteilen und als zweite Schicht Selleriepüree darüber einfüllen.

6. Förmchen leicht auf der Arbeitsfläche aufstoßen. Backofen auf 180 Grad (Gas 2–3) vorheizen. Förmchen in die Saftpfanne setzen, Pfanne auf die unterste Einschubleiste setzen. Kochendes Wasser in die Saftpfanne gießen. Flans in etwa 25–30 Minuten im Backofen stocken lassen. Danach aus dem Wasserbad nehmen und kalt werden lassen.

7. Für die Mayonnaise Eigelb mit Salz, Pfeffer, Senf und Zitronensaft verquirlen. Öl und Kürbiskernöl verrühren, zuerst tropfenweise, dann in dünnem Strahl mit den Quirlen vom Handrührer unterarbeiten. Die fertige Mayonnaise mit Joghurt verrühren.

8. Salatblätter auf einer Platte verteilen, Flans daraufstürzen, je 1 El Kürbiskern-Mayonnaise darüber verlaufen lassen.

Vorbereitungszeit: 1 Stunde
Garzeit: 10–12 Min. für das Gemüse; 30 Min. für die Flans.
Pro Portion etwa 4 g Eiweiß, 26 g Fett, 4 g Kohlenhydrate = 1147 Joule (274 Kalorien)

Gefüllte Eier mit Avocadopüree

Für 10 Portionen:
5 Eier (Gew.-Kl.2)
30 g Schalotten
1 reife Avocado (300 g)
1 El Zitronensaft
1 Tl Sambal Oelek (ersatzw. Tabasco)
Salz
2–3 Beete Kresse

1. Eier hart kochen, abschrecken, pellen und in kaltem Wasser auskühlen lassen.

2. Schalotten pellen und fein würfeln. Avocado der Länge nach halbieren, den Stein entfernen. Fruchtfleisch mit einem Eßlöffel herausheben.

3. Avocado, Schalotten und Zitronensaft mit dem Pürierstab vom Handrührer pürieren, mit Sambal Oelek und Salz würzen. Farce kalt stellen.

4. Eier der Länge nach halbieren. Eigelbhälften vorsichtig herausheben, zur Seite legen. Avocadopüree in einen Spritzbeutel mit mittlerer Tülle füllen. Kresse abschneiden und in kleinen Büscheln auf eine Platte legen, etwas Kresse zurücklassen.

5. Jeweils eine Eiweißhälfte in ein Kressebüschel setzen. Die Eiweißhälften mit Avocadopüree füllen. Auf jede Hälfte ein halbes Eigelb mit der flachen Seite nach oben setzen, leicht eindrücken. Mit etwas Kresse dekorieren.

Vorbereitungszeit: 30 Min.
Garzeit: für die Eier 9 Min.
Pro Portion etwa 5 g Eiweiß, 9 g Fett, 1 g Kohlenhydrate = 447 Joule (107 Kalorien)

Käseterrine mit Haselnüssen

Für 10 Portionen:
100 g Haselnußkerne
200 g Cheddar
200 g alter Gouda
200 g Crème fraîche
4 Eier
2 Tl mittelscharfer Senf
Muskatnuß (frisch gerieben)
20–30 g weiche Butter
5–6 Salzbiskuits (Cracker)

1. Nüsse ohne Fett in einer Pfanne bei mittlerer Hitze unter Wenden goldbraun rösten, dann in ein Sieb schütten. Die braunen Häutchen darin abreiben.

2. Cheddar und Gouda klein würfeln. Crème fraîche mit Eiern und Senf verrühren, mit Muskat würzen.

3. Eine kleine Kastenform (3/4 l Inhalt) mit Butter ausstreichen. Cracker zerkrümeln, Form damit ausstreuen. Ofen auf 200 Grad (Gas 3) vorheizen. Saftpfanne auf die zweite Einschubleiste von unten in den Ofen schieben, bis zum Rand mit kochendem Wasser füllen.

4. Käsewürfel mischen und in die Form füllen. Als letzte Schicht die Nüsse obenauf geben. Crème-fraîche-Mischung darübergießen. Die Terrine auf die Saftpfanne setzen, in 50–55 Minuten stocken lassen.

5. Terrine aus dem Wasserbad nehmen. Nach dem Abkühlen aus der Form stürzen und bis zum Anschneiden noch eine Stunde in den Kühlschrank geben.

6. Zum Anrichten Käseterrine mit einem nassen Messer in 10 Scheiben schneiden.

Vorbereitungszeit: 20 Min.
Garzeit: 50–55 Minuten
Pro Portion ca. 16 g Eiweiß, 29 g Fett, 3 g Kohlenhydrate = 1449 Joule (347 Kalorien)

FÜR GÄSTE UND FESTE

Spinatbällchen auf Mandelsauce

Für 10–12 Portionen:
1 kg frischer Blattspinat
Salz
schwarzer Pfeffer a.d. Mühle
Muskatnuß (frisch gerieben)
1 El Olivenöl
1 Becher Sahnejoghurt
1 Knoblauchzehe
2 El Mandelmus (Ref.-Hs.)
etwas Öl zum Formen
10 g geschälte Sesamsaat
2 unbehandelte Zitronen

1. Spinat putzen, mehrmals waschen, dann tropfnaß in einen Topf geben, zugedeckt bei milder Hitze zusammenfallen lassen. Spinat in einem Sieb abtropfen lassen, gut ausdrücken und grob hacken, mit Salz, Pfeffer und Muskat würzen. Olivenöl untermischen.
2. Joghurt im Sieb abtropfen lassen. Knoblauch pellen und pürieren. Mandelmus verrühren, damit sich das abgesetzte Öl verteilt.
3. Joghurt, Knoblauch und Mandelmus verrühren, mit Salz und Pfeffer würzen.
4. Aus der Spinatmasse mit leicht geölten Händen 10–12 Kugeln formen.
5. Sesamsaat ohne Fett in einer Pfanne bei mäßiger Hitze unter Wenden goldbraun rösten.
6. Die Zitronen in 10–12 dünne Scheiben schneiden. Jeweils eine Spinatkugel auf eine Zitronenscheibe setzen, mit der Mandelsauce überziehen und mit geröstetem Sesam bestreuen.

Vorbereitungszeit: 75 Min.
Garzeit: 10–15 Minuten
Pro Portion (bei 12 Portionen) etwa 3 g Eiweiß, 5 g Fett, 2 g Kohlenhydrate = 280 Joule (68 Kalorien)

Vollwertiges Salatbüfett

(ohne Foto)

Ein vollwertiges Salatbüfett bedarf keiner genauen Rezepte. Es hat den Vorteil, daß Sie sich ganz nach dem Angebot der Jahreszeit richten können und die meisten Zutaten gut vorzubereiten sind. Wenn Sie dazu noch das ein oder andere Gericht von den auf den vorangegangenen Seiten gezeigten Salatplatten dazu reichen, zum Beispiel die Käseterrine oder die gefüllten Eier auf Seite 264, dann werden Ihre Gäste bestimmt zufrieden sein. Ein paar Anhaltspunkte, was die Mengen betrifft: Rechnen Sie pro Kopf rund 125–150 g geputztes Gemüse, dazu 30–50 g weitere Zutaten zum Darüberstreuen und etwa 1/8 l Salatdressing.
Sollten die Salate nur Vorspeise sein, kommen Sie mit rund der Hälfte aus.
Wählen Sie Zutaten, die auch bei längerem Stehen ansehnlich bleiben. Empfindliche Blattsalate gehören nicht auf ein Salatbüfett.
Hier nun eine Auswahl der Zutaten, die Sie auf einem Salatbüfett aufbauen können, dazu einige Vorbereitungstips.

Salate

Eisbergsalat, Frisée, Batavia-Salat, Feldsalat, Römischer Salat, Radicchio, Chicoree
Vorbereitung: Salate zerteilen, waschen und gründlich ausschleudern, bis zum Anrichten in Folienbeuteln oder abgedeckten Schüsseln kühl aufbewahren, jedoch höchstens 12–18 Stunden.

Gemüse

Tomaten, Paprika, Radieschen, Zucchini, Stangensellerie, Möhren, Kohlrabi, Blumenkohl, Fenchel, Frühlingszwiebeln
Vorbereitung: Alle Zutaten putzen und waschen. In Beuteln oder Schüsseln bis zum Anrichten aufbewahren. Erst dann zerkleinern, Tomaten in Scheiben oder Viertel, Paprika, Kohlrabi und Stangensellerie in Streifen, Blumenkohl, Zucchini und Fenchel in dünne Scheiben, Frühlingszwiebeln in Röllchen schneiden. Möhren grob raspeln.

Gekochte Zutaten

Weiße oder rote Trockenbohnen, Kartoffeln, ganze Getreidekörner, z. B. Grünkern oder Weizen
Vorbereitung: Alle Zutaten am Vortag garen, danach kühl stellen. Die Bohnen sollte man ganz leicht salzen und mit wenig Essig und Öl marinieren.

Salatsaucen

<u>Vinaigrette:</u> Rühren Sie eine große Portion Vinaigrette an, die Sie dann auf zwei oder drei Schälchen verteilen und zum Beispiel mit a) Kräutern, b) Schalottenwürfeln, c) gehackten Eiern abwandeln.

<u>Mayonnaise:</u> Rühren Sie eine große Portion Mayonnaise an, sie kann anschließend mit saurer Sahne oder Sahnejoghurt verlängert und dann nach Belieben abgewandelt werden, zum Beispiel mit a) grünem Pfeffer, b) Curry und geriebenem Apfel und c) kleinen Paprikawürfeln und etwas Chili.

Zum Darüberstreuen

Folgende Zutaten können Sie in kleinen Schälchen bereitstellen:
hartgekochte Eier, halbiert, geviertelt oder gewürfelt;
Tofu, in Streifen geschnitten und in Sojasauce mariniert;
Knoblauch-Croûtons, also gewürfeltes Vollkornbrot, in Butter und etwas Knoblauch kroß gebraten;
gehackte Kräuter;
geröstete Nüsse, z. B. Erdnüsse und Cashewnüsse;
geröstete Sesamsaat;
gekeimte Weizenkörner, sie müssen zwei bis drei Tage vorher angesetzt werden

Sie sehen, es gibt viele Möglichkeiten, ein Salatbüfett zusammenzustellen. Suchen Sie aus, was Ihnen gefällt!

FÜR GÄSTE UND FESTE

Melone mit Rettich und Pfefferschotensauce

Für 10 Portionen:
1 kl. rote Pfefferschote
1 kl. grüne Pfefferschote
300 g Rettich
50 ccm trockener Weißwein
Salz
Pfeffer aus der Mühle
3 El Öl
1 mittelgroße Ogenmelone (ca. 1250 g)

1. Pfefferschoten putzen, entkernen, waschen und sehr fein würfeln. Rettich schälen und auf einer Reibe grob raffeln.
2. Weißwein, Salz und Pfeffer verrühren, Öl und dann Pfefferschoten und Rettich untermischen.
3. Melone halbieren, die Kerne mit einem Löffel herausschaben. Die Melonenhälften in je 5 Spalten schneiden.
4. Melonenspalten auf einer Platte anrichten, Rettich mit Sauce darauf verteilen.

Zubereitungszeit: 20–25 Minuten
Pro Portion etwa 1 g Eiweiß, 4 g Fett, 12 g Kohlenhydrate = 391 Joule (93 Kalorien)

Petersilienmousse auf Tomatenscheiben

Für 10 Portionen:
2 Schalotten
6 Bund glatte Petersilie
1/8 l Schlagsahne
200 g Doppelrahmfrischkäse
2 El Zitronensaft
Vollmeersalz
weißer Pfeffer a. d. Mühle
2 Frühlingszwiebeln
4 Fleischtomaten (ca. 700 g)
Cayennepfeffer

1. Kleine Förmchen (75 ccm Inhalt) im Kühlschrank vorkühlen. Schalotten pellen und fein würfeln. Petersilie von den Stielen zupfen und fein hacken.
2. Sahne und Frischkäse glattrühren. Schalottenwürfel, Petersilie und Zitronensaft unter die Masse rühren. Mit Salz und Pfeffer würzen, dann in die Förmchen füllen und für 2 Stunden kühl stellen.
3. Frühlingszwiebeln putzen, waschen und in sehr feine Ringe schneiden. 2 Tomaten würfeln, mit Salz und Cayennepfeffer würzen und mit den Frühlingszwiebeln mischen. 2 Tomaten in dicke Scheiben schneiden.
4. Petersilienmousse mit einem Messer vom Formrand lösen, Förmchen kurz in warmes Wasser tauchen, dann auf die Tomatenscheiben stürzen. Jeweils mit 1 El Tomatensalat anrichten.

Zubereitungszeit: 1 Stunde
Pro Portion etwa 3 g Eiweiß, 10 g Fett, 4 g Kohlenhydrate = 527 Joule (126 Kalorien)

Vollkorn-Windbeutel mit Käsecreme

Für 25–30 Windbeutel:
Brandteig:
65 g Butter
Salz
1 Tl Honig
125 g Weizenvollkornmehl (fein gemahlen)
4 Eier (Gew.-Kl. 2)
Füllung:
300 g Roquefort
60 g weiche Butter
1/8 l Schlagsahne
1 El weißer Portwein
2 El Zitronensaft
1 El Senf
2 Bund Basilikum

1. Für den Brandteig 1/4 l Wasser mit Butter, 1 Prise Salz und Honig aufkochen. Das Mehl unter Rühren auf einmal hineinschütten. Aufkochen und dabei so lange rühren, bis sich die Masse vom Topfboden löst. Weiterrühren, bis sich ein Häutchen am Topfboden bildet.
2. Topf vom Herd nehmen, mit einem Holzlöffel ein Ei unterrühren. Etwas warten, dann die restlichen Eier einzeln unterrühren.
3. Backofen auf 225 Grad (Gas 4) vorheizen. Backblech mit Backtrennpapier auslegen. Den Brandteig in einen Spritzbeutel mit großer Sterntülle füllen. 25–30 Tupfer (etwa 4 cm Ø) auf das Papier spritzen.
4. Windbeutel auf der mittleren Einschubleiste etwa 25 Minuten backen. Beim Einschieben 1 Tasse mit heißem Wasser auf den Boden des Backofens stellen. Die fertigen Windbeutel auf einem Kuchengitter auskühlen lassen, dann quer durchschneiden.
5. Roquefort zerbröckeln und mit den weichen Butterflöckchen schaumig rühren. Nach und nach Sahne, Portwein, Zitronensaft und Senf mit dem Schneidstab des Handrührers unterarbeiten.
6. Windbeutel mit der Käsecreme füllen, jeweils ein Blatt Basilikum auf die Füllung legen. Windbeutel nach dem Füllen sofort servieren.

Vorbereitungszeit: 30 Min.
Garzeit: 25 Minuten
Pro Windbeutel etwa 4 g Eiweiß, 9 g Fett, 4 g Kohlenhydrate = 494 Joule (118 Kalorien)

Gurken mit Mozzarella und Auberginenpüree

Für 8 Portionen:
4 Auberginen
Vollmeersalz
4 El Zitronensaft
2 Knoblauchzehen
600 g Mozzarella
schwarzer Pfeffer (grob)
4 El Olivenöl
3–4 El Balsamessig
1 Salatgurke
2 Tomaten
1 Bund glatte Petersilie

1. Die Auberginen unter dem Grill oder bei 200 Grad (Gas 3) auf der obersten Einschubleiste 20 Minuten rösten, dabei einmal wenden. Herausnehmen und abkühlen lassen.
2. Stielansatz der Auberginen abschneiden, Früchte längs halbieren. Das Fruchtfleisch mit einem Löffel aus der Schale kratzen und in einen Rührbecher geben. Salz und Zitronensaft zufügen, alles mit dem Schneidstab des Handrührers pürieren. Die Knoblauchzehen pellen und durchpressen, unter das Püree rühren, kalt stellen.
3. Den Mozzarella in 32 Scheiben schneiden, die Scheiben nebeneinanderlegen. Salz und grob geschroteten Pfeffer darüberstreuen, mit Olivenöl und Balsamessig beträufeln.
4. Die Gurke waschen und in 32 Scheiben schneiden. Die Tomaten waschen und vierteln. Stielansatz herausschneiden, Kerne aus den Vierteln herausdrücken. Tomatenviertel in schmale Streifen schneiden. Von der Petersilie die Blätter abzupfen.
5. Gurkenscheiben mit Mozzarella belegen und auf einer Platte anrichten. Auberginenpüree auf dem Mozzarella verteilen, jede Portion mit Tomatenstreifen und Petersilienblättchen garnieren.

Zubereitungszeit: ca. 40 Minuten
Pro Portion etwa 17 g Eiweiß, 18 g Fett, 4 g Kohlenhydrate = 1072 Joule (256 Kalorien)

FÜR GÄSTE UND FESTE

Vollwertige Snacks (von oben): Melone mit Rettich und Pfefferschotensauce, Petersilienmousse auf Tomatenscheiben, Vollkorn-Windbeutel mit Käsecreme, Gurken mit Mozzarella und Auberginenpüree. Rezepte linke Seite.

FÜR GÄSTE UND FESTE

Gefüllte Weinblätter auf Feigen

Für 10 Portionen:
10 eingelegte Weinblätter (Glas oder Dose)
100 g Hafer
Öl
50 g Zwiebeln
1 El Sojasauce
½ Tl scharfes Currypulver
10 g Ingwerwurzel (frisch gerieben)
Vollmeersalz
⅛ Cidre (franz. Apfelwein)
⅛ l trockener Weißwein
10 frische Feigen

1. Weinblätter in kaltes Wasser legen. Hafer in ¼ l Wasser 40 Minuten garen, in Sieb abtropfen lassen. Zwiebeln pellen und sehr fein würfeln.

2. Öl in einer Pfanne erhitzen. Zwiebeln darin glasig andünsten. Hafer zugeben und kurz mitbraten, mit Sojasauce, Curry und Ingwer mischen, mit Salz abschmecken.

3. Weinblätter auf Küchenkrepp flach ausbreiten. Hafermischung darauf verteilen, Blätter zu kleinen Rouladen aufrollen, dabei seitlich einschlagen.

4. Die gefüllten Weinblätter mit der Nahtstelle nach unten dicht an dicht in eine Pfanne oder einen flachen Topf legen. Mit Cidre und Weißwein begießen, zugedeckt bei milder Hitze 10–12 Minuten garen, danach im Sud kalt werden lassen.

5. Die Feigen vorsichtig waschen und mit Küchenkrepp abtupfen, dann so halbieren, daß sie noch etwas zusammenhängen. Je ein gefülltes Weinblatt in eine Feige legen, anrichten.

Vorbereitungszeit: 40 Min.
Garzeit: Hafer 40 Minuten, Weinblätter 10–12 Min.
Pro Portion etwa 2 g Eiweiß, 1 g Fett, 13 g Kohlenhydrate = 331 Joule (79 Kalorien)

Cheddarcreme auf Sellerie und Chicoree

Für 12 Portionen:
100 g Cheddar
⅛ l Schlagsahne
2 Eigelb
500 g Sellerieknolle
2 El Zitronensaft
1 Chicoreekolben
80 g Butter
12 Walnußhälften (30 g)

1. Den Cheddar auf der groben Seite der Reibe raffeln. Die Schlagsahne in einen kleinen Topf geben. 1 El abnehmen und mit dem Eigelb verquirlen.

2. Die Sahne zum Kochen bringen. Den Cheddar mit dem Schneebesen unterrühren, bis er sich völlig aufgelöst hat. Das verquirlte Eigelb mit dem Schneebesen unterrühren, danach nicht mehr kochen lassen, sondern zum Abkühlen zur Seite stellen.

3. Sellerie putzen, waschen und in 1 cm dicke Scheiben schneiden. ½ l Wasser mit Zitronensaft zum Kochen bringen. Selleriescheiben darin 12–15 Minuten garen, dann herausnehmen und abtropfen lassen. Mit einem Ausstecher (etwa 6 cm Ø) 12 Taler ausstechen.

4. Chicoree waschen und zerteilen, die Blätter einmal quer durchschneiden.

5. Zum Anrichten jeweils zwei Chicoreeblatthälften übereinanderlegen und mit einer Selleriescheibe belegen.

6. Die Käsemasse mit der weichen Butter wie eine Buttercreme aufschlagen, in einen Spritzbeutel mit mittelgroßer gezackter Tülle füllen, Creme auf die Sellerietaler spritzen, jeweils mit einer Nußhälfte belegen.

Vorbereitungszeit: 40–45 Minuten. Garzeit insgesamt: 20–25 Minuten
Pro Portion etwa 4 g Eiweiß, 14 g Fett, 2 g Kohlenhydrate = 658 Joule (157 Kalorien)

Staudensellerie mit Gorgonzolacreme

Für 10 Portionen:
1 Staudensellerie
200 g Gorgonzola (ohne Rinde)
250 g Mascarpone

1. Staudensellerie zerteilen. Die zarten, hellgrünen Blätter aus der Mitte zur Seite legen. Die Stiele putzen und waschen. Von den besten Stangen Stücke von je 10–12 cm schneiden. Die restlichen Stangen anderweitig verwenden.

2. Gorgonzola durch ein Sieb in eine Schüssel streichen, mit dem Mascarpone schaumig rühren. Die Käsemasse in einen Spritzbeutel mit mittelgroßer Sterntülle füllen, in die Staudenselleriestücke spritzen.

3. Selleriestangen anrichten und mit dem zarten Selleriegrün dekorieren.

Zubereitungszeit: 30 Min.
Pro Portion etwa 9 g Eiweiß, 14 g Fett, 1 g Kohlenhydrate = 707 Joule (169 Kalorien)

Paprikastreifen mit Kreuzkümmel und Koriander

Für 12 Portionen:
600 g rote Paprikaschoten
2–3 Knoblauchzehen
4 El Olivenöl
2 Tl Koriander (frisch gemahlen)
2 Tl Kreuzkümmel (frisch gemahlen)
1 Tl Chilipaste (Sambal Oelek)
5 Stiele Korianderblätter (ersatzw. glatte Petersilie)
Vollmeersalz

1. Die Paprikaschoten aufschneiden, putzen und waschen. Die Schoten sechsteln, die Streifen quer halbieren.

2. Die Knoblauchzehen pellen und durchpressen.

3. Olivenöl in einer Pfanne gerade heiß werden lassen, Knoblauch kurz darin andünsten. Dann die Paprikastreifen, Koriander, Kreuzkümmel und Chilipaste zufügen. Paprika unter Wenden 4 bis 5 Minuten bei mäßiger Hitze dünsten.

4. Korianderblätter oder Petersilie, wenn nötig, abspülen, dann von den Stielen zupfen und hacken. Paprikastreifen mit Salz würzen, mit Koriander oder Petersilie bestreuen und lauwarm servieren.

Vorbereitungszeit: 20 Min.
Garzeit: ca. 5 Minuten
Pro Portion etwa 1 g Eiweiß, 4 g Fett, 1 g Kohlenhydrate = 190 Joule (45 Kalorien)

FÜR GÄSTE UND FESTE

Snacks für das kalte Büfett (von oben): gefüllte Weinblätter auf Feigen, Cheddarcreme auf Sellerie und Chicoree, Staudensellerie mit Gorgonzolacreme, gewürzte Paprikastreifen. Rezepte linke Seite.

FÜR GÄSTE UND FESTE

Kichererbsenpüree

Für 12 Portionen:
250 g Kichererbsen
3 Knoblauchzehen
150 g Sesampaste
6 El Zitronensaft
2 gestr. Tl Vollmeersalz
2 El Olivenöl
Granatapfelkerne zum Garnieren

1. Kichererbsen mit kaltem Wasser gut bedecken und über Nacht ausquellen lassen.
2. Kichererbsen mit der Einweichflüssigkeit und ½ l Wasser 2½ bis 3 Stunden bei mäßiger Hitze im geschlossenen Topf garen (im Schnellkochtopf dauert es nur ca. 45 Minuten). Kichererbsen nach dem Garen abgießen und kalt werden lassen.
3. Knoblauch pellen und durchpressen.
4. Einen Löffel voll Kichererbsen zum Garnieren beiseite legen. Die übrigen mit dem Knoblauch und der Sesampaste mit dem Schneidstab vom Handrührer pürieren, dabei den Zitronensaft und ¼ l Wasser zufügen. Mit Salz würzen.
5. Das Püree in einer Schüssel anrichten und mit dem Olivenöl beträufeln. Zurückgelegte Kichererbsen und Granatapfelkerne darüberstreuen.

Vorbereitungszeit: 25 Min.
Garzeit: ca. 3 Stunden
Pro Portion etwa 7 g Eiweiß, 9 g Fett, 12 g Kohlenhydrate = 664 Joule (159 Kalorien)

Petersilien-Salat mit Weizengrütze

Für 12 Portionen:
65 g feine Weizengrütze (Burghul)
1 Bd. Frühlingszwiebeln
250 g reife Tomaten
6 Bund glatte Petersilie
4 El Zitronensaft
3–4 El Olivenöl
Vollmeersalz

1. Die Weizengrütze mit kaltem Wasser übergießen und 1½ Stunden ausquellen lassen.
2. Die Frühlingszwiebeln putzen und waschen. Nur die weißen und hellgrünen Teile verwenden, fein hacken.
3. Die Tomaten waschen, Stielansätze keilförmig herausschneiden. Tomaten vierteln und nicht zu fein würfeln.
4. Die Petersilie kurz abspülen und trockenschütteln, dann die Blätter von den Stielen zupfen und grob hacken.
5. Die Weizengrütze abtropfen lassen und in einem Tuch ausdrücken.
6. Weizengrütze, Frühlingszwiebeln, Tomatenwürfel und Petersilie kurz vor dem Servieren mischen, Zitronensaft, Öl und Salz dazugeben und alles locker durchheben, dann anrichten.

Zubereitungszeit: 30–35 Minuten (ohne Ausquellzeit)
Pro Portion etwa 1 g Eiweiß, 4 g Fett, 5 g Kohlenhydrate = 255 Joule (61 Kalorien)

Anmerkung: Weizengrütze (Burghul) bekommen Sie in Geschäften, die türkische Lebensmittel führen.

Joghurtbällchen mit Walnüssen

Für 20 Bällchen:
1 kg Vollmilchjoghurt
4 El Olivenöl
20 Walnußhälften
Außerdem:
1 Mulltuch

1. Das Mulltuch feucht machen, dann ein Sieb damit auslegen. Den Joghurt hineinfüllen und – an einem kühlen Platz – über Nacht abtropfen lassen.
2. Den Joghurt im Mulltuch noch etwas ausdrücken. Es sollten noch etwa 300 g zurückbleiben.
3. Das Öl auf einen flachen Teller geben und verlaufen lassen.
4. Aus dem Joghurt mit nassen Händen 20 Bällchen formen, auf den Teller setzen.
5. Joghurtbällchen mit je einer Walnußhälfte garnieren.

Zubereitungszeit: 20 Minuten (ohne Abtropfzeit)
Pro Bällchen etwa 2 g Eiweiß, 6 g Fett, 3 g Kohlenhydrate = 315 Joule (75 Kalorien)

Zucchinischeiben mit Joghurt-Zimt-Sauce

Für 12 Portionen:
400 g mittelgroße Zucchini
2 El Öl
Vollmeersalz
2 Knoblauchzehen
250 g Vollmilchjoghurt
1 Eiweiß
1 Tl Zimt

1. Zucchini putzen, waschen und in nicht zu dünne Scheiben schneiden.
2. Die Zucchinischeiben in Öl unter Wenden von beiden Seiten je 1 Minute braten, dann mit Salz würzen.
3. Die Knoblauchzehen pellen und durchpressen.
4. Joghurt mit Salz, Eiweiß und 2 El lauwarmem Wasser in einem Topf verquirlen. Bei milder Hitze unter ständigem Rühren ungefähr 10 Minuten kochen lassen. Dann Zimt und Knoblauch zugeben.
5. Die warmen Zucchinischeiben mit der Sauce anrichten.

Vorbereitungszeit: 20–25 Minuten
Garzeit: insgesamt 13 Minuten
Pro Portion etwa 5 g Eiweiß, 5 g Fett, 4 g Kohlenhydrate = 370 Joule (81 Kalorien)

Vorspeisen nach türkischer Art: Kichererbsenpüree (rechts oben), Petersilien-Salat mit Weizengrütze (links oben), Joghurtbällchen mit Walnüssen (rechts unten), Zucchinischeiben mit Joghurt-Zimt-Sauce (links unten). Rezepte linke Seite.

FÜR GÄSTE UND FESTE

ZU KAFFEE UND TEE

Mohnkuchen mit Haselnüssen

Für etwa 24 Scheiben:
2 Vanilleschoten
200 g Haselnüsse
7 Eier (Gew.-Kl. 2)
250 g flüssiger Honig
250 g weiche Butter
5 cl Rum, 1 Prise Salz
1 gestr. Tl Zimt
250 g Mohn (frisch gemahlen)
Fett für die Form

1. Vanilleschoten aufschlitzen und das Mark herausschaben. 150 g Haselnüsse fein mahlen. 50 g hobeln. Die Eier trennen. Vom Honig 2 El abnehmen und zur Seite stellen.
2. Die Butter schaumig rühren. Abwechselnd den restlichen Honig und die Eigelb unter die Butter schlagen, Rum, Salz, Vanillemark und Zimt unterrühren.
3. Eiweiß zu einem sehr steifen Schnee schlagen. Etwa ¼ davon unter die Eimasse rühren, damit sie locker wird. Dann im Wechsel den restlichen Eischnee, die gemahlenen Haselnüsse und den Mohn locker, aber gründlich unterheben.
4. Eine Kastenform (30 cm Länge, 1½ l Inhalt) dünn ausfetten, den Boden mit Backtrennpapier auslegen. Den Teig einfüllen und die Oberfläche glattstreichen.
5. Auf der zweiten Einschubleiste von unten zuerst 30 Minuten bei 150 Grad (Gas 1), dann weitere 45 Minuten bei 175 Grad (Gas 2) backen. 5 Minuten im abgeschalteten Ofen stehenlassen.
Dann herausnehmen und abkühlen lassen. Nach 15 Minuten mit einem spitzen Messer Kuchen vom Rand lösen und stürzen.
6. Den zurückgestellten Honig in einem kleinen Topf etwas einkochen, Kuchen auf der Oberfläche damit bestreichen und die gehobelten Haselnüsse darüberstreuen.

Vorbereitungszeit: 30 Min.
Garzeit: 75 Minuten
Pro Scheibe etwa 6 g Eiweiß, 20 g Fett, 9 g Kohlenhydrate = 1055 Joule (252 Kalorien)

Aprikosen-Ingwer-Konfekt

Für ca. 1 kg:
250 g getrocknete Aprikosen
100 g Rosinen (ungeschwefelt)
250 g Honig
300 g Mandeln
40 g frische Ingwerwurzeln (ersatzweise 1 Tl Ingwerpulver)
4 cl Orangenlikör
2 Tl abgeriebene Orangenschale (von unbehandelter Frucht)
Zum Garnieren:
feingehackte Mandelblätter
Kürbisgranulat (Ref.-Hs.)
Mandelstifte
Pistazienkerne

1. Aprikosen und Rosinen im Honig unter Rühren aufkochen, wieder abkühlen lassen.
2. Von den Mandeln 200 g mahlen. 100 g überbrühen, häuten und fein hacken. Die Ingwerwurzel schälen, dann fein würfeln.
3. Aprikosen und Rosinen durch die mittlere Scheibe des Fleischwolfes drehen. Zum Schluß ein zusammengeknülltes Stück Pergamentpapier in den Fleischwolf geben und kurz weiterdrehen, um die Reste herauszudrücken.
4. Die Frucht-Honig-Masse mit den vorbereiteten Zutaten, Orangenlikör und Orangenschale verkneten, ein paar Stunden kühl stellen.
5. Aus der Masse Kugeln von ca. 2 cm Durchmesser formen, gleich in Mandelblättchen oder Kürbis-Granulat wälzen, mit Mandelstiften oder Pistazien garnieren.
6. Das Konfekt bis zum Verzehr in Blechdosen mit Zwischenlagen von Alufolie aufbewahren.

Zubereitungszeit: 1 Std., 45 Minuten
Insgesamt ca. 86 g Eiweiß, 191 g Fett, 427 g Kohlenhydrate = 16 704 Joule (3998 Kalorien)

Pflaumen-Dattel-Konfekt

Für ca. 900 g:
250 g Datteln
500 g Kurpflaumen ohne Stein
60 g Haselnußmus (Ref.-Hs.)
30 g Mandelmus (Ref.-Hs.)
50 g kernige Haferflocken
50 g Walnußkerne
4 cl Pflaumengeist
Zum Garnieren:
Sesamsaat (geröstet)
Walnußkerne

1. Die Datteln entsteinen. Dattelfleisch und Kurpflaumen zweimal durch die mittlere Scheibe vom Fleischwolf drehen. Zum Schluß ein Stück zusammengeknülltes Pergamentpapier in den Fleischwolf geben und so lange drehen, bis die Fruchtmasse ganz durchgedrückt ist.
2. Die Fruchtmasse mit Haselnuß- und Mandelmus in eine Schüssel geben.
3. Die Haferflocken ohne Fett in eine Pfanne geben und unter ständigem Rühren goldbraun rösten. Danach zusammen mit den Walnußkernen fein hacken. Zu der Fruchtmasse geben.
4. Die Masse mit dem Pflaumengeist durchkneten. Dann Rollen von 2–3 cm Durchmesser formen, in Alufolie wickeln und einige Stunden kühl stellen.
5. Aus der Masse kleine Würste formen und in Cellophanpapier wickeln, Enden zubinden. Oder die Würste in geröstetem Sesam wälzen, dann in Scheiben schneiden und mit Walnußhälften garnieren.
6. Konfekt in gut schließende Dosen zwischen Alufolie schichten und mindestens 2 Wochen durchziehen lassen.

Zubereitungszeit: 1 Stunde, 45 Minuten
Insgesamt ca. 53 g Eiweiß, 115 g Fett, 480 Kohlenhydrate = 13 994 Joule (3345 Kalorien)

Tip: Wenn Sie beides, Aprikosen-Ingwer-Konfekt wie auch Pflaumen-Dattel-Konfekt, zubereiten, können Sie die beiden auch kombinieren. Sie formen zwei Rollen Pflaumen-Dattel-Masse und eine Rolle Aprikosen-Ingwer-Masse, drücken jede Rolle mit der Teigrolle leicht flach und schichten die Aprikosen-Ingwer-Rolle zwischen die beiden anderen. Dann formen Sie aus dem Ganzen wieder eine Rolle und schneiden diese in dünne Scheiben. Sie sehen solche Scheiben auf dem Foto rechts ganz oben im Körbchen.

FÜR GÄSTE UND FESTE

Rechts vorn Mohnkuchen, links Aprikosen-Ingwer-Konfekt und Pflaumen-Dattel-Konfekt, hinten eine Kombination aus beiden. Rezepte links.

FÜR GÄSTE UND FESTE

Kokos-Aprikosen-Makronen

Für ca. 70 Stück:
125 g Butter
60 g Honig
Vollmeersalz
2 Eier (Gew.-Kl. 2)
200 g Weizenschrot (fein gemahlen o. Type 1700)
100 g getr. Aprikosen
4 cl Aprikosengeist
4 El Orangensaft
10 g frische Ingwerknolle
100 g Kokosraspel
Fett fürs Blech

1. Butter mit Honig und einer Prise Salz schaumig rühren, nacheinander die Eier und dann das Schrot untermischen. Teig 30 Minuten quellen lassen.

2. Aprikosen durch die mittlere Scheibe vom Fleischwolf geben oder sehr fein hacken. Aprikosengeist und Orangensaft erhitzen, durchgedrehte Aprikosen hineingeben und kurz ziehen lassen. Ingwerknolle schälen, fein hacken, zu den Aprikosen geben.

3. Die Mischung mit den Kokosraspeln unter den Teig rühren.

4. Teig in einen Spritzbeutel mit Sterntülle (Nr. 7) füllen und makronengroße Tupfer auf ein gefettetes Backblech setzen.

5. Bei 175 Grad (Gas 2) in 20–25 Minuten goldbraun backen.

Vorbereitungszeit: 30 Min.
Backzeit: 20–25 Minuten
Pro Stück etwa 1 g Eiweiß, 2 g Fett, 4 g Kohlenhydrate = 174 Joule (42 Kalorien)

Tip: In Ausnahmefällen – Weihnachten ist sicher einer – kann man die Makronen noch verschönern. Dafür werden Streifen von Trockenaprikosen mit etwas erwärmter Kuvertüre als Garnitur auf die Makronen gesetzt.

Hirse-Nuß-Kuchen mit Früchten

Für eine Kastenform mit 1½ l Inhalt:
125 g Nußkerne (gemischt)
100 g Kurpflaumen
3 Eier (Gew.-Kl. 2)
60 g Honig
Vollmeersalz
125 g Butter (weich)
4 cl Rum
100 g Hirseflocken
50 g Weizenmehl (Type 1050)
½ Päckchen Backpulver
100 g Weinbeeren
100 g Zitronat
100 g Orangeat
Fett für die Form

1. Nüsse fein mahlen. Pflaumen würfeln.

2. Eier mit Honig und 1 Prise Salz schaumig rühren, nach und nach die weiche Butter, die Nüsse und den Rum untermischen. Hirseflocken, Mehl und Backpulver mischen, nach und nach unter die Eimasse rühren.

3. Weinbeeren, Backpflaumen, Zitronat und Orangeat unter den Teig heben.

4. Form ausfetten. Teig hineinfüllen und glattstreichen. Bei 175–200 Grad (Gas 2–3) auf der zweiten Einschubleiste von unten 75–90 Minuten backen. Nach 30 Minuten mit Alufolie abdecken.

5. Den fertigen Kuchen etwas auskühlen lassen, aus der Form lösen. Später in Alufolie wickeln und mindestens 1 Woche durchziehen lassen.

Vorbereitungszeit: 25 Min.
Backzeit: 75–90 Minuten
Pro Scheibe (bei 20 Scheiben) etwa 3 g Eiweiß, 10 g Fett, 20 g Kohlenhydrate = 826 Joule (197 Kalorien)

Nußplätzchen

Für ca. 35 Stück:
100 g Weizenschrot (fein gemahlen o. Type 1700)
100 g Roggenmehl (Type 1150)
1 Prise Vollmeersalz
50 g gemahl. Haselnüsse
1 Ei (Gew.-Kl. 2)
1 Eigelb (Gew.-Kl. 2)
50 g fester Honig
100 g Butter
1 El Sesam, 1 El Honig
1 Tl Crème fraîche
einige Nüsse
zum Garnieren

1. Schrot, Mehl, Salz und gemahlene Haselnüsse mischen und in eine Schüssel geben. Eine Mulde hineindrücken. Ei und Eigelb in die Mulde geben, Honig und Butter in Stückchen auf den Rand verteilen. Alles von der Mitte her zu einem festen Teig verkneten. Abdecken und 30 Minuten kühl stellen.

2. Aus dem Teig walnußgroße Kugeln formen, etwas eindrücken, auf ein gefettetes Backblech setzen.

3. Bei 175 bis 200 Grad (Gas 2–3) 15 bis 20 Minuten backen.

4. Sesam in einem kleinen Topf unter Rühren anrösten, Honig und Crème fraîche zufügen, unter Rühren etwas einkochen. Abkühlen lassen.

5. Etwas von der Sesam-Honig-Mischung in die Vertiefung der Plätzchen geben und ein Stückchen Nuß hineindrücken.

Vorbereitungszeit: 20 Min.
Backzeit: 15–20 Minuten
Pro Plätzchen ca. 1 g Eiweiß, 4 g Fett, 5 g Kohlenhydrate = 265 Joule (63 Kalorien)

Dattelrhomben

Für ca. 50 Stück:
225 g Roggenmehl (Type 1730)
75 g Roggenschrot (Type 1800)
50 g Haselnüsse (gemahl.)
1 Ei (Gew.-Kl. 2)
150 g Honig (flüssig)
200 g gekühlte Butter
250 g Datteln
100 g gehackte Mandeln
1 Tl Zimt
Fett für die Form
evtl. 100 g Puderzucker
1½ El Zitronensaft

1. Mehl, Schrot und gemahlene Nüsse mischen, auf ein Backbrett schütten, eine Mulde hineindrücken. Ei und 100 g Honig in die Mulde geben, Butter auf dem Rand verteilen. Alles verkneten. 1 Stunde kühl stellen.

2. Datteln entsteinen, fünf Datteln längs in Streifen schneiden. Die übrigen fein würfeln, mit Mandeln, Zimt und dem restlichen Honig verkneten.

3. Mürbeteig halbieren, jedes Stück zu einem Kreis von 24 cm Ø ausrollen. Eine Springform (24 cm Ø) ausfetten, eine Teigplatte auf den Boden legen. Die Dattelmasse zwischen Folie ebenfalls rund ausrollen, auf die Teigplatte legen. Die zweite Teigplatte darüberlegen.

4. Bei 200 Grad (Gas 2) auf der mittleren Einschubleiste 20 Minuten backen.

5. Abgekühlt in Rhomben schneiden. Puderzucker mit Zitronensaft verrühren, Rhomben damit bestreichen und mit Dattelstreifen garnieren. 14 Tage durchziehen lassen.

Vorbereitungszeit: 45 Min.
Backzeit: 20 Minuten
Pro Stück ca. 1 g Eiweiß, 5 g Fett, 11 g Kohlenhydrate = 410 Joule (98 Kalorien)

FÜR GÄSTE UND FESTE

Vorn Kokos-Aprikosen-Makronen, in der Mitte Hirse-Nuß-Kuchen mit Früchten, dahinter Nußplätzchen und Dattelrhomben. Rezepte linke Seite.

VOLLWERT-BÄCKEREI

ZU WEIN UND BIER

Käsegebäck

Ergibt 1 Blech (42 Stück):
150 g Gouda (mittelalt.)
150 g Weizen (fein gemahlen), 150 g Butter
3 Eigelb, Kümmel

1. Käse fein raffeln, mit Weizenmehl, Butterflöckchen und 1 Eigelb verkneten. Einwickeln und 30 Minuten kühl stellen.
2. Teig kurz durchkneten, ca. 3 mm dick ausrollen. Halbmonde, Kreise oder Ovale ausstechen.
3. 2 Eigelb mit 1 Tl Wasser verrühren, Teig damit bestreichen und mit Kümmel bestreuen.
4. Bei 175 Grad (Gas 2) auf der 2. Schiene von oben ca. 13–15 Minuten backen.

Vorbereitungszeit: 15 Min.
Backzeit: ca. 15 Minuten
Pro Stück etwa 2 g Eiweiß, 4 g Fett, 2 g Kohlenhydrate = 241 Joule (57 Kalorien)

Curry-Nuß-Cracker

Für 2 Bleche (ca. 60 Stück):
150 g Cashewkerne
70 g Pistazien
200 g Weizen (fein gemahlen)
1 Tl Vollmeersalz
2 Tl Currypulver
100 g Butter
80 g Crème fraîche
1 Ei, 1 Eigelb (Gew.-Kl. 2)
1 El Sahne

1. Cashewkerne und 60 g Pistazien mahlen. Restliche Pistazien fein hacken und beiseite stellen.
2. Gemahlene Nüsse, Mehl, Salz und Curry mit Butterflöckchen, Crème fraîche und Ei verkneten. Einwickeln, 1 Std. kühl stellen.
3. Teig kurz durchkneten, ca. 4 mm dick ausrollen. Drei- oder Rechtecke ausstechen. Mit Eigelb-Sahne-Mischung bepinseln, mit gehackten Pistazien bestreuen.
4. Bei 175 Grad (Gas 2) auf der 2. Schiene von oben 10 Minuten backen.

Vorbereitungszeit: 30 Min.
Backzeit: ca. 10 Minuten
Pro Stück etwa 1 g Eiweiß, 4 g Fett, 30 g Kohlenhydrate = 221 Joule (54 Kalorien)

Schmant-Brezeln

Ergibt ca. 35 Stück:
150 g Butter, 30 g Honig
200 g Schmant
(24 % saure Sahne)
200 g Weizen (fein gemahlen)
½ Tl Zimt
1 Ei
2 Tl Crème fraîche
grobes Meersalz

1. Butter und Honig schaumig rühren, Schmant unterrühren. Mit Mehl und Zimt verkneten. Einwickeln, 30 Minuten kühl stellen, am besten ins Tiefkühlfach.
2. Teig ausrollen, in Streifen schneiden. Brezeln mit der Hand formen. Ei und Crème fraîche verrühren, Brezeln damit bepinseln, mit Salz bestreuen.
3. Auf Backtrennpapier bei 175 Grad (Gas 2) auf der zweiten Schiene von unten 15 bis 20 Min. backen.

Vorbereitungszeit: 35 Min.
Backzeit: 15–20 Minuten
Pro Stück etwa 2 g Eiweiß, 5 g Fett, 4 g Kohlenhydrate = 279 Joule (67 Kalorien)

Vollkorn-Kipferl

Für 2 Bleche (ca. 33 Stück):
300 g Weizen (fein gem.)
2 El Öl
1 Tl Koriander (gemahlen)
1 Tl Vollmeersalz
1 Eigelb (Gew.-Kl. 2)
grobes Meersalz, Sesam

1. Mehl, Öl, Koriander, Salz und 180 ccm Wasser verkneten. Einwickeln, 30 Minuten kühl stellen.
2. Teig kurz durchkneten, zur Rolle formen und in Scheiben schneiden. Kipferl formen und auf Backtrennpapier legen.
3. Eigelb mit 1 Tl Wasser verquirlen, Kipferl damit bestreichen und mit Salz und Sesam bestreuen.
4. Bei 175 Grad (Gas 2) auf der 2. Schiene von unten 12 bis 15 Min. backen.

Vorbereitungszeit: 20 Min.
Backzeit: 1 Blech 15–18 Minuten
Pro Stück etwa 2 g Eiweiß, 2 g Fett, 6 g Kohlenhydrate = 170 Joule (40 Kalorien)

Sesam-Mohn-Cracker

Für 2 Bleche (ca. 33 Stück):
150 g Grahamschrot (fein)
100 g Weizenmehl
(Type 1050)
30 g Sesam (geröstet)
1 Tl Vollmeersalz
1 Ei, 3 Eigelb (Gew.-Kl. 2)
100 g Butter
1 El Schlagsahne
1 El Mohn

1. Schrot, Mehl, Sesam und Salz mischen. Mit Ei, 1 Eigelb, Butterflöckchen und 3 El Eiswasser rasch verkneten.
2. Eine Kugel formen, einwickeln, 30 Min. kühl stellen. Kurz durchkneten und 4 mm dick ausrollen.
3. Rauten ausradeln. 2 Eigelb mit Sahne verrühren. Rauten damit bepinseln und mit Mohn bestreuen.
4. Bei 200 Grad (Gas 3) auf der zweiten Schiene von unten ca. 12 Min. backen.

Vorbereitungszeit: 20 Min.
Backzeit: pro Blech etwa 12 Minuten
Pro Stück etwa 2 g Eiweiß, 4 g Fett, 5 g Kohlenhydrate = 279 Joule (67 Kalorien)

Buchweizen-Plätzchen

Für 1 Blech (ca. 200 Stück):
150 g Buchweizenmehl
200 g Weizen (fein gemahlen), ½ Tl Vollmeersalz
½ Tl Kümmel (gemahlen)
1 Msp. Fenchel (gem.)
1 Prise Kardamom (gem.)
3 El Crème fraîche
3 El Öl
3 Eigelb, 2 El Sahne
3 El grüne Pfefferkörner
60 g Parmesan (gerieben)

1. Mehl mit Gewürzen mischen, mit ⅛ l Wasser, Crème fraîche und Öl verkneten. Teig einwickeln, 30 Minuten kühl stellen.
2. Eigelb mit Sahne verrühren. Pfeffer hacken und mit Parmesan unterrühren.
3. Teig dünn ausrollen, Plätzchen von 3 cm Durchmesser ausstechen. Käsecreme mit einem Teelöffel daraufsetzen.
4. Bei 175 Grad (Gas 2) auf der 2. Schiene von unten ca. 10 Minuten backen.

Vorbereitungszeit: 60 Min.
Backzeit: ca. 10 Minuten
Pro 2 Stück etwa 1 g Eiweiß, 1 g Fett, 2 g Kohlenhydrate = 90 Joule (21 Kalorien)

VOLLWERT-BÄCKEREI

Salziges zu Wein und Bier: Käsegebäck (1), Curry-Nuß-Cracker (2), Schmant-Brezeln (3), Vollkorn-Kipferl (4), Sesam-Mohn-Cracker (5), Buchweizen-Plätzchen (6). Rezepte linke Seite

VOLLWERT-BÄCKEREI

BRÖTCHEN

Schrotbrötchen mit Kürbiskernen

(Oberste Reihe)
Für 12 Brötchen:
350 g Weizenvollkornmehl (fein gemahlen)
200 g Roggenschrot
1 Tl Honig, 40 g Hefe
50 g Kürbiskerne
Kümmel, Vollmeersalz
50 g weiche Butter

1. 300 g Mehl und den Schrot in einer Schüssel mischen, eine Mulde hineindrücken. Honig und Hefe in gut 1/4 l lauwarmem Wasser auflösen, in die Mulde gießen, mit Mehl vom Rand bestreuen.

2. Kürbiskerne fein hacken (oder grob mahlen), mit Kümmel, Salz und Butter an den Mehlrand geben. Von der Mitte her alles mit den Knethaken vom Handrührer zu einem elastischen Teig verarbeiten.

3. Teig mit Mehl bestäuben und zugedeckt ca. 20 Minuten gehen lassen. Dann auf der mit Mehl bestäubten Arbeitsfläche durchkneten. Eine Rolle formen, in 12 gleichmäßige Stücke schneiden.

4. Kugeln aus den Teigstücken formen, mit Mehl bestäuben und auf das bemehlte Backblech setzen. Mit einem Messer einkerben. Noch einmal 15 Minuten gehen lassen.

5. Brötchen bei 200 Grad (Gas 3) auf der zweiten Schiene von unten 20–25 Minuten backen.

Vorbereitungszeit: 40 Min. (ohne Gehzeit)
Backzeit: 20–25 Minuten
Pro Brötchen etwa 8 g Eiweiß, 6 g Fett, 28 g Kohlenhydrate = 863 Joule (206 Kalorien)

Mandelbrötchen

(Zweite Reihe)
Für 12 Brötchen:
60 g Rosinen
330 g Weizenvollkornmehl (sehr fein gemahlen)
150 g Hirseflocken
30 g Hefe, 1 El Honig
1/8 l Milch, 70 g Mandeln
30 g Butter, Vollmeersalz
1 Eigelb

1. Rosinen in 1/8 l warmem Wasser einweichen. 300 g Mehl und Hirseflocken mischen, eine Mulde in die Mitte drücken.

2. Hefe und Honig in der leicht erwärmten Milch auflösen, mit dem Rosinenwasser in die Mulde gießen, etwas Mehl vom Rand darüberstreuen. 24 Mandeln abnehmen. Den Rest mahlen, mit Butterflocken und Salz an den Mehlrand geben.

3. Von der Mitte aus alles mit den Knethaken des Handrührers gründlich durcharbeiten. Rosinen kurz unterkneten. Teig zugedeckt 20 Minuten gehen lassen.

4. Teig mit Mehl bestäuben und kurz durchkneten, dann zur Rolle formen, in 12 Stücke schneiden. Aus jedem Stück eine Kugel formen, mit dem Messer einkerben. Die ganzen Mandeln in den Teig drücken. Eigelb mit 1 Tl Wasser verrühren, Brötchen damit bepinseln. Noch einmal gehen lassen.

5. Bei 175 Grad (Gas 2) auf der zweiten Schiene von oben ca. 35 Minuten backen.

Vorbereitungszeit: 35 Min.
Backzeit: 35 Minuten
Pro Brötchen ca. 8 g Eiweiß, 7 g Fett, 30 g Kohlenhydrate = 928 Joule (222 Kalorien)

Saure-Sahne-Brötchen

(Dritte Reihe)
Für 12 Brötchen:
300 g Weizen-Vollkornschrot (fein gemahlen)
250 g Weizenmehl (Type 1050)
1 Tl Honig, 40 g Hefe
Vollmeersalz
100 g saure Sahne
50 g Sonnenblumenkerne
1 Eiweiß

1. Vollkornschrot und 200 g Mehl in einer Schüssel mischen, eine Mulde in die Mitte drücken. Honig und Hefe in 1/4 l lauwarmem Wasser auflösen, in die Mulde gießen und mit Mehl vom Rand bestreuen.

2. Salz und saure Sahne auf den Mehlrand geben. Die Sonnenblumenkerne bis auf 1 El ohne Fett in einer Pfanne hellbraun rösten, auf den Rand streuen. Alles zu einem elastischen Teig verkneten.

3. Teig mit Mehl bestäuben und zugedeckt ca. 20 Minuten gehen lassen.

4. Teig auf mit Mehl bestäubter Arbeitsfläche kurz durchkneten, eine Rolle formen, in 12 Stücke schneiden. Daraus längliche Rollen formen, auf das mit Mehl bestäubte Backblech setzen.

5. Eiweiß mit 1 Tl Wasser verquirlen, die Rollen damit bestreichen. Restliche Sonnenblumenkerne und Mehl darüberstreuen.

6. Brötchen bei 200 Grad (Gas 3) auf der 2. Schiene von unten 20 Min. backen.

Vorbereitungszeit: 35 Min.
Backzeit: ca. 20 Minuten
Pro Brötchen 9 g Eiweiß, 4 g Fett, 29 g Kohlenhydrate = 823 Joule (197 Kalorien)

Brötchen für jeden Geschmack (von oben): Schrotbrötchen mit Kürbiskernen, Mandelbrötchen, Saure-Sahne-Brötchen, Sesam-Hörnchen und Rosenbrötchen. Rezepte Seite 278 und 280

VOLLWERT-BÄCKEREI

SAUERTEIGBROT

Sesamhörnchen

(Foto S. 279)
Für 12 Hörnchen:
300 g Weizen
200 g Hafer
1 El Senfkörner
2 El Sesam
40 g Hefe, 1 Tl Honig
Vollmeersalz
3 Eigelb
Mehl zum Bestäuben

1. Weizen, Hafer, Senfkörner und 1 El Sesam mischen und sehr fein mahlen. In eine Schüssel geben, eine Mulde hineindrücken.
2. Hefe und Honig in gut ¼ l lauwarmem Wasser auflösen, in die Mulde gießen, mit etwas Mehl bestreuen. Salz und 2 Eigelb auf den Mehlrand geben.
3. Alles von der Mitte her mit den Knethaken vom Handrührer gründlich verkneten. Zugedeckt ca. 20 Minuten gehen lassen.
4. Teig mit Mehl bestäuben und kurz durchkneten. Eine Rolle formen, in 12 Stücke schneiden. Aus jedem Stück ein Hörnchen formen, auf ein dünn mit Mehl bestäubtes Backblech setzen.
5. Das restliche Eigelb mit 1 Tl Wasser verrühren. Die Hörnchen damit einpinseln, mit dem restlichen Sesam bestreuen.
6. Hörnchen auf der 2. Schiene von oben bei 200 Grad (Gas 3) ca. 25 Minuten backen.

Vorbereitungszeit: 40 Min.
Backzeit: ca. 25 Minuten
Pro Hörnchen etwa 7 g Eiweiß, 4 g Fett, 25 g Kohlenhydrate = 713 Joule (171 Kalorien)

Rosenbrötchen

(Foto S. 279)
Für 16 Brötchen:
330 g Weizenvollkornmehl
(sehr fein gemahlen)
200 g Weizenmehl
(Type 1050)
40 g Hefe, 1 Tl Honig
4 Eigelb, Vollmeersalz
6 El Crème fraîche
2 El Schlagsahne
1 El Mohn

1. Mehl in eine Schüssel geben und eine Mulde hineindrücken. Hefe und Honig in 300 ccm lauwarmem Wasser auflösen, in die Mulde gießen. 2 Eigelb, Salz und Crème fraîche auf den Mehlrand geben.
2. Alles von der Mitte her zu einem weichen Teig verarbeiten. Zugedeckt 20 Minuten gehen lassen.
3. Mit Mehl bestäuben und kurz durchkneten. Eine Rolle formen und in 16 Stücke schneiden. Jedes Teil auf Mehl zu einer Rolle formen, dann zu einer Rose legen und auf das Backblech setzen.
4. Das restliche Eigelb mit der Sahne verrühren und die Brötchen damit bepinseln. Mit Mohn bestreuen.
5. Brötchen auf der 2. Schiene von oben bei 200 Grad (Gas 3) 20 bis 25 Minuten backen.

Vorbereitungszeit: 30 Min.
Backzeit: 20–25 Minuten
Pro Brötchen ca. 6 g Eiweiß, 5 g Fett, 22 g Kohlenhydrate = 665 Joule (160 Kalorien)

Wie man reines Sauerteigbrot bäckt, steht auf Seite 282. Das ist nicht schwer, aber etwas umständlich. Wer es sich einfacher machen möchte, kann Fertig-Sauerteig aus dem Reformhaus verwenden. Bei Rezepten damit wird häufig zusätzlich Hefe verwandt, sie macht das Brot lockerer.
Hier ein Nußbrot mit Hefe und Fertig-Sauerteig.

Nußbrot mit Roggenschrot

(Zum Foto rechts)
Für 2 Brote je 800 g:
600 g Roggenvollkornschrot (Type 1800)
150 g Roggenmehl
(Type 1370)
1 Würfel Hefe (42 g)
1 Pk. Fertig-Sauerteig
(150 g, a. d. Reformhaus)
2 Tl Vollmeersalz
etwas Vollkornschrot zum Bearbeiten des Teiges
180 g Haselnußkerne
180 g Walnußkerne

1. Roggenschrot und -mehl in einer großen Schüssel mischen. In die Mitte eine Mulde drücken. Hefe in einem kleinen Gefäß zerbröckeln und mit 3 El lauwarmem Wasser flüssig rühren. Dann in die Mulde gießen und mit etwas Mehl vermischen. Abdecken und bei Raumtemperatur etwa 15 Minuten gehen lassen.
2. 400 ml lauwarmes Wasser, den Sauerteig und Salz zufügen. Alles zu einem glatten Teig verkneten, dünn mit Schrot bestreuen und zugedeckt noch einmal 20–30 Minuten gehen lassen.
3. Teig aus der Schüssel nehmen und die Nüsse, bis auf ein paar Walnußkerne, unterkneten. Den Teig halbieren. Auf der mit Schrot bestreuten Arbeitsfläche zwei Brote von je 25 cm Länge formen.
4. Die zurückgelassenen Walnußkerne in die Brote drücken. Brote mit Wasser bestreichen und dünn mit Roggenschrot bestreuen. Auf ein mit Backtrennpapier ausgelegtes Blech legen und noch einmal 30 Minuten gehen lassen.
5. Den Backofen auf 200 Grad vorheizen (Gas 3). Eine Tasse mit heißem Wasser auf den Boden des Backofens stellen. Brote auf der zweiten Einschubleiste von unten 50–55 Minuten backen.
6. Die fertigen Brote mit dem Papier vom Blech ziehen und auf einem Rost auskühlen lassen.
Brote vor dem Anschneiden mindestens 8–10 Stunden ruhenlassen.

Vorbereitungszeit: 90 Min.
Backzeit: 50–55 Minuten
Umluft: 55 Minuten bei 175 Grad
Pro 100 g etwa 9 g Eiweiß, 15 g Fett, 33 g Kohlenhydrate = 1295 Joule (309 Kalorien)

VOLLWERT-BÄCKEREI

Ideal für eine rustikale Party: Ein herzhaftes Nußbrot, aus Roggenschrot mit Sauerteig gebakken. Rezept Seite 280

VOLLWERT-BÄCKEREI

SAUERTEIGBROT

Sauerteig-Ansatz

400 g Roggenschrot (aus 400 g Roggen, mittelfein gemahlen oder Type 1800)
1 Tl Kümmel (gemahlen)
450 g Wasser (handwarm)

1. 100 g Schrot und Kümmel mit 150 ccm Wasser zu einem Brei verrühren. Die Schüssel mit einem Küchentuch abdecken und an einem warmen Platz 2 bis 3 Tage stehenlassen.

2. Wenn der Brei locker und voller Bläschen ist, wenn er außerdem feinsäuerlich riecht, wieder 100 g Schrot und 100 ccm Wasser unterrühren. Noch einen Tag stehenlassen.

3. Das restliche Schrot mit 200 ccm Wasser (immer handwarm!) zugeben, eine Nacht stehenlassen. Danach ist der Vorteig fertig.

Achtung: Damit sich die richtigen Milchsäurebakterien entwickeln, braucht der Ansatz eine gleichbleibende milde Wärme.
Ist es zu kühl, wird der Teig zu sauer.
Ist es zu warm, kann der Ansatz verderben.
Hier zwei sichere Methoden:
a) Schüssel mit dem Ansatz auf eine mit einem Tuch abgedeckte und mit heißem Wasser gefüllte Wärmflasche stellen. Mit Decken oder Kissen abdecken. Wärmflasche einmal am Tag wieder mit heißem Wasser füllen.
b) Schüssel mit dem Ansatz in den Backofen stellen. Dazu eine kleine Lampe mit einer 40-Watt-Birne. Backofen bis auf den Spalt für die Schnur schließen. Die Birne verbreitet ausreichend Wärme.

Roggenschrotbrot mit Sauerteig-Ansatz

Für 1 Brot:
ca. 800 g Sauerteig-Ansatz (wie links beschrieben)
ca. 300 ccm Wasser
1 El gemahlener Kümmel
1 El Salz
evtl. 1/2 El gemahlener Koriander
600–650 g Roggenschrot (Type 1800)
Fett für das Backblech

1. Den Sauerteig mit dem handwarmen Wasser verrühren. Gewürze untermischen. Das Schrot bis auf einen Rest unterkneten.

2. Das restliche Schrot auf die Arbeitsplatte geben, den Teig darauf kneten, bis er sich formen läßt. (Eventuell ein tennisballgroßes Teigstück für das nächste Brot abnehmen, Anweisung siehe rechts.) Ein längliches Brot formen und auf das gefettete Backblech legen. Abdecken, 2 Stunden an einem warmen Platz gehen lassen.

3. Den Backofen auf 250 Grad (Gas 4–5) vorheizen. Brot mit Wasser einpinseln und der Länge nach oder mit drei schrägen Querschnitten einschneiden. Auf der mittleren Einschubleiste in den Ofen schieben.

4. Hitze nach 15 Minuten auf 200 Grad (Gas 3) herunterschalten. Noch etwa 50 bis 60 Minuten backen. Das Brot ist gar, wenn es beim Klopfen auf die Kruste hohl klingt.

Vorbereitungszeit: 15 Min.
Backzeit: 65–75 Minuten
Pro Scheibe (bei 30 Scheiben) etwa 4 g Eiweiß, 6 g Fett, 23 g Kohlenhydrate = 383 Joule (119 Kalorien)

Sauerteig für das nächste Brot

Wenn Sie häufiger Sauerteigbrot backen, brauchen Sie den Sauerteig dafür nicht jedesmal neu anzusetzen. Sie nehmen von dem fertigen Brotteig (vorangegangenes Rezept!) ein tennisballgroßes Stück ab, kneten es noch einmal mit etwas Schrot durch und geben diesen Kloß in eine kleine Schüssel, die Sie mit Klarsichtfolie abdecken. So kommt der Sauerteig in den Kühlschrank, wo er sich drei bis vier Wochen hält. Sogar einfrieren können Sie den Sauerteig. Wie Sie ein Brot mit diesem Ansatz backen, steht im nächsten Rezept.

Sauerteigbrot mit Sauerteigrest

Für ein Brot:
1 tennisballgroßes Stück Sauerteig (siehe links)
ca. 750 ccm handwarmes Wasser
1 1/2 El Kümmel (gemahlen)
1 kg Roggenschrot (aus Roggen mittelfein gemahlen oder Type 1800)
1 El Salz
Fett für das Blech

1. Den Sauerteig gut verkrümeln und in 350 ccm gut handwarmem Wasser auflösen, dann mit 1/2 El Kümmel und 350 g Schrot zu einem Brei verrühren.

2. Schüssel abdecken und wie unter Sauerteig-Ansatz beschrieben, an einem gleichmäßig warmen Platz über Nacht gut 12–16 Stunden stehenlassen.

3. Die restlichen Gewürze und das restliche Schrot zufügen, von dem restlichen Wasser so viel, daß ein gut formbarer Teig entsteht. Weiter wie im vorigen Rezept beschrieben. Und nicht vergessen: Wieder ein tennisballgroßes Stück Teig für das nächste Brot abnehmen.

Vorbereitungszeit: 15 Min.
Backzeit: 65–75 Minuten
Pro Scheibe (bei 30 Scheiben) etwa 4 g Eiweiß, 6 g Fett, 23 g Kohlenhydrate = 383 Joule (119 Kalorien)

VOLLWERT-BÄCKEREI

Ein unverfälschter Genuß: Roggenbrot aus Schrot, Salz, Kümmel, Wasser und Sauerteig. Arbeitsanweisung links.

VOLLWERT-BÄCKEREI

KNUSPRIGE FLACHBROTE

Armenische Sesamflachbrote

Für 12 bis 20 Stück:
125 g Butter
500 g Weizenmehl
(Type 1050)
250 g Weizenschrot
(Type 1700 oder fein gemahlener Weizen)
40 g Hefe, Vollmeersalz
4 Eigelb, 100 g Sesam

1. Butter schmelzen und wieder abkühlen lassen.
2. Mehl und Schrot mischen, eine Mulde hineindrücken. Hefe in 1/8 l lauwarmem Wasser auflösen, hineingießen, mit etwas Mehl verrühren. Salz und Butter auf den Rand geben.
3. Alles gründlich verkneten, Teig abdecken, 20 bis 30 Minuten gehen lassen.
4. Teig erneut kurz durchkneten, in 16 bis 20 Teile schneiden. Kugeln formen, auf ein bemehltes Brett setzen, abgedeckt 45 Minuten gehen lassen.
5. Kugeln auf bemehlter Fläche papierdünn ausrollen. Je einen Fladen auf ein gefettetes Blech legen.
6. Eigelb mit 8 El Wasser verrühren, Fladen damit bestreichen, üppig mit Sesam bestreuen.
7. Den ersten Fladen im vorgeheizten Ofen auf der untersten Einschubleiste bei 175–200 Grad (Gas 2–3) 4 Minuten backen, dann auf die oberste Einschubleiste setzen. Zweiten Fladen auf die unterste Einschubleiste setzen.
8. Den ersten Fladen nach 4–5 Minuten herausnehmen, den zweiten nach oben schieben, den dritten auf der untersten Leiste hineinschieben. So weiter, bis alle Fladen fertig sind.
9. Fertige Fladen trocken aufbewahren.

Vorbereitungszeit: 45 Min.
Backzeit: ca. 1 Stunde
Pro Stück (bei 12 Stück) etwa 12 g Eiweiß, 16 g Fett, 41 g Kohlenhydrate = 1518 Joule (363 Kalorien)

Sesam-Mohn-Knusperbrot

Für 1 Backblech:
125 g mittelfeine Haferflocken
125 g Weizenschrot
(Type 1700)
60 g Sesam, 60 g Mohn
1 Tl Vollmeersalz

1. Haferflocken und Schrot mischen, mit knapp 400 ccm Wasser zu einem dicklichen Brei verrühren, 1 Stunde quellen lassen.
2. Sesam, Mohn und Salz untermischen. Ein Backblech fetten, Teigmasse dünn daraufstreichen.
3. Blech auf der mittleren Einschubleiste in den Ofen schieben, bei 175 Grad (Gas 2) Teig in ca. 60 Min. braun und knusprig backen.
4. Nach 15 Minuten Teigplatte mit einem scharfen Messer einschneiden, so daß Streifen oder Dreiecke entstehen. Messer nicht ziehen, sondern in den Teig drücken, damit die Kanten scharf werden.
5. Etwas abkühlen lassen und auseinanderbrechen. Abgekühlt in Dosen verpacken.

Vorbereitungszeit: (ohne Quellzeit) 5–8 Minuten
Backzeit: 60 Minuten
Insges. etwa 61 g Eiweiß, 66 g Fett, 160 g Kohlenhydrate = 6307 Joule (1508 Kalorien)

Indische Schrotflachbrote

Für 30–36 Flachbrote:
300 g Weizenschrot
(Type 1700)
300 g Weizenmehl
(Type 1050)
2 Tl Salz, 125 g Butter
500 g Dickmilch
Zum Bestreuen:
Kümmel, Anis, Fenchelsamen, Mohn, grobes Salz
Oder:
100 g Butter
2 El Currypulver, 4 Eigelb

1. 100 g Weizenschrot zur Seite stellen. Die übrigen Teigzutaten zu einem weichen Teig verkneten, 1 Stunde quellen lassen.
2. Mit bemehlten Händen aus dem Teig Kugeln von etwa 4 cm Durchmesser formen, diese zu sehr dünnen Fladen ausrollen. Backbrett immer wieder mit Schrot bestreuen.
3. Je 4 Fladen auf ein ungefettetes Backblech legen. Butterflöckchen und Gewürze darauf verteilen. Oder Butter zerlassen, mit Curry mischen und etwas abkühlen lassen, dann Eigelb und 1 El Wasser unterrühren. Fladen mit der Currymischung bestreichen.
4. Fladen bei 175 Grad (Gas 2) in 10–15 Min. goldbraun backen. Trocken aufbewahren. Gut zu Bier und Wein.

Vorbereitungszeit: 50 Min.
Backzeit: insges. 80–90 Minuten
Pro Fladen (bei 30 Stück) etwa 3 g Eiweiß, 8 g Fett, 13 g Kohlenhydrate = 577 Joule (138 Kalorien)

Knäckebrot schwedische Art

Ergibt ca. 16 Scheiben:
125 g Weizenschrot
(Type 1700)
125 g Roggenschrot
(Type 1800)
40 g Weizenmehl
(Type 1050)
100 g Weizen
(grob geschrotet)
100 g Roggen
(grob geschrotet)
1 Tl Kümmel
1 Tl Kümmelpulver
1/8 l Milch, 30 g Hefe
1 gestr. Tl Vollmeersalz
Fett fürs Backblech

1. Schrot, Mehl, 25 g grobes Weizen- und 25 g grobes Roggenschrot, Kümmel und Kümmelpulver mischen, eine Mulde hineindrücken. Milch mit 100 ccm warmem Wasser mischen, Hefe darin auflösen, in die Mulde gießen. Salz auf den Rand streuen.
2. Einen festen Teig kneten. Falls nötig, etwas Wasser zufügen. Zugedeckt 30 Minuten gehen lassen.
3. Eine Rolle formen, in 16 Teile schneiden. Kugeln formen, abdecken und 30 Minuten gehen lassen.
4. Restlichen Schrot mischen, etwas auf die Arbeitsfläche streuen. Kugeln dünn ausrollen, häufig wenden, immer wieder Schrot auf die Fläche streuen. Fladen mehrfach mit der Gabel einstechen.
5. Je 4 Fladen auf einem gefetteten Blech bei 150–175 Grad (Gas 1–2) in 15–20 Min. mehr trocknen als backen. Trocken lagern.

Vorbereitungszeit: 30 Min.
Backzeit: zus. 60–80 Min.
Scheibe ca. 4 g Eiweiß, 1 g Fett, 18 g Kohlenhydrate = 410 Joule (98 Kalorien)

VOLLWERT-BÄCKEREI

Ganz vorn Armenische Sesamflachbrote, links Sesam-Mohn-Knusperbrot, in der Mitte Indische Schrotflachbrote, dahinter Knäckebrot schwedische Art. Rezepte links

REZEPTREGISTER

A

Apfelgratin mit Vanillesauce **239**
Apfelkuchen mit Kruste aus Sonnenblumenkernen **174**
Apfelstrudel mit Kürbiskernen **157**
Aprikosen-Ingwer-Konfekt **272**
Armenische Sesamflachbrote **284**
Artischocken mit Buchweizenfüllung **66**
Asiatisches Reisgericht **70**
Auberginen-Pilz-Gemüse **245**

B

Bananen-Split mit Mango-Sorbet **210**
Beerenreis auf Champagnersabayon **74**
Birnengratin mit Roggenkruste **54**
Birnensalat mit Walnüssen **144**
Biskuitroulade mit Haselnußsahne **134**
Blaubeereis mit Joghurt **213**
Blinis mit Rhabarber **60**
Blumenkohl-Rohkost mit Avocado-Mayonnaise **16**
Bohneneintopf mit Paprika **109**
Bohnengemüse **241**
Bohnensalat mit Gerste **48**
Bohnensuppe mit Nudeln **108**
Bohnen-Tatar **110**
Bouillon-Kartoffeln mit Sprossen **197**
Bratapfel mit Sherry-Zabaione **204**
Brennesselsuppe **222**
Brombeer-Quark-Auflauf **215**
Brombeertarte **212**
Brotaufstrich aus Sonnenblumenkernen **175**
Buchweizenklöße mit Senfhollandaise **235**
Buchweizennudeln auf Spinat und Tomaten mit Gorgonzolasauce **64**
Buchweizen-Plätzchen **276**
Buchweizenschnitten **63**
Buchweizentarte, Schnelle . . . **61**
Buchweizentorte mit Blaubeeren **214**

C

Canneloni mit zwei Saucen **95**
Cheddarcreme auf Sellerie und Chicoree **268**
Chinesische Sojasprossen-Pfanne **191**
Curry-Gemüsesuppe mit Gerste **47**
Curry-Nuß-Cracker **276**

D

Dattelrhomben **274**
Drei Linsendips **118**

E

Eibrot mit Kressesalat **202**
Eier mit Avocadopüree, Gefüllte . . . **264**
Eier mit Senfsprossensauce **200**
Erbsenklöße mit Suppengrün, Gratinierte . . . **103**
Erbsenpfannkuchen mit Curryzwiebeln **104**
Erbsenschaumsuppe **100**
Erbspüree mit Pistazienbutter **106**
Erdnuß-Cracker mit Tzatziki **181**

F

Fenchel-Chicoree-Salat mit Weizen **20**
Feuerbohnen-Salat mit Balsamessig-Sauce **112**
Frischkäsesauce und Spinat zu Pellkartoffeln **160**
Frühlingsgemüse-Salat **13**
Frühlingssalat mit Buchweizen **62**

G

Gebratener Tofu mit Zuckerschoten **231**
Gefüllte Eier mit Avocado-Püree **264**
Gefüllte Tomaten mit Risotto **256**
Gefüllte Weinblätter auf Feigen **268**
Gefüllte Zucchini mit Sauerampfersauce **223**
Gefüllte Zwiebeln mit Hafer **40**
Gefüllte Zwiebeln mit Tomatensauce **101**
Gemüseeintopf mit Grünkern **249**
Gemüse mit Sesamkruste **167**
Gemüseplatte mit Kürbiskern-Sauce **158**
Gemüsesalat mit Käseraspeln **243**
Gemüsesuppe mit Grünkern **28**
Gemüseterrine mit Kichererbsen **130**
Gemüse-Tofu-Suppe **230**
Gerstenknödel auf Broccolirahm **50**
Gerstenremoulade, Pellkartoffeln mit . . . **44**
Geschmorte Paprikascheiben mit Schafskäsecreme **262**
Gierschgemüse mit Sauerampfer und Käsesoufflé **224**
Gratinierte Erbsenklöße mit Suppengrün **103**
Gratinierte Zucchini **241**
Grießnockerln mit Pistaziensauce **184**
Grüne Spätzle mit Buchweizenbutter **239**
Grüner Obstsalat **205**
Grüner Wintersalat mit Grünkern-Dip **12**
Grünkernbällchen auf Blattspinat **32**
Grünkern-Dip, Wintersalat mit **12**
Grünkernlaib mit Blumenkohl **30**
Grünkern-Möhren-Brötchen **29**
Grünkernplätzchen mit Kürbiskernen **252**
Grünkern-Risotto mit Pinienkernen **183**
Grünkernsauce zu Spargel **31**
Grünkernsuppe mit Walnüssen **142**
Grünkern-Timbales **260**
Grünkohlauflauf mit Mandelkruste **148**
Gurken mit Mozzarella und Auberginenpüree **266**

H

Haferflockenbrot **38**
Haferflockenknödel
　　mit Möhrengemüse **36**
Hafermaultaschen mit Pilzsoße **42**
Haferpfannkuchen
　　mit Spinatfüllung **39**
Haselnußküchlein
　　in Morchelrahmsauce **138**
Haselnußstollen **136**
Haselnußtarte **133**
Hefepfannkuchen
　　mit zwei Saucen **22**
Herbstsalat mit Haselnüssen **132**
Hirse-Blinis mit Spargel
　　und Sprossen **82**
Hirse-Crêpes
　　mit Trockenfrüchten **206**
Hirse-Klöße mit Wirsing **79**
Hirse-Möhren-Pfanne
　　mit Petersiliensauce **80**
Hirse-Müsli
　　mit Obst und Mandeln **76**
Hirse-Nuß-Kuchen
　　mit Früchten **274**
Hirse-Soufflé mit Quarksauce **77**

I, J

Indische Schrotflachbrote **284**
Joghurtbällchen
　　mit Walnüssen **270**

K

Käsegebäck **276**
Käseschnitten **23**
Käseteller mit gekeimten
　　Sonnenblumenkernen **172**
Käseterrine mit Haselnüssen **264**
Kartoffelklöße mit
　　Sonnenblumenkernen **173**
Kartoffelsalat mit Sojasprossen **192**
Kichererbsenbällchen
　　mit Sesamsauce **128**
Kichererbseneintopf **126**
Kichererbseneintopf
　　mit Cashewnüssen **186**
Kichererbsenpolenta **124**
Kichererbsenpüree **270**
Kichererbsenpüree
　　mit Sommergemüse **127**

Knäckebrot nach
　　schwedischer Art **284**
Kohlrouladen mit Roggenfüllung **53**
Kokos-Aprikosen-Makronen **274**
Kokosflan mit Sanddorn-Sauce **207**
Kräuter-Reis-Salat **71**
Kürbiskern-Pfannkuchen
　　mit Ahornsirup **159**
Kürbiskern-Sauce,
　　Gemüseplatte mit . . . **158**
Kürbiskern-Soufflé **162**

L

Lasagne mit Spinat und
　　Kräutersauce **93**
Lauwarmer Linsensalat
　　mit Walnußtatar **122**
Linsen-Cassoulet **117**
Linsendips, Drei . . . **118**
Linsen-Kokos-Curry **180**
Linsensalat mit Walnußtatar,
　　Lauwarmer . . . **122**
Linsensprossensalat
　　mit Brunnenkresse **119**
Linsensprossensalat
　　mit Frischkäsesauce **120**
Linsensuppe mit Kürbiskernen **156**
Linsen-Weizen-Curry **116**
Löwenzahnsalat
　　mit gelben Linsen **226**

M

Maiskolben mit Bohnenpüree **85**
Mais mit Mungokeimen **90**
Maisrahmsuppe mit Pfifferlingen **84**
Maissalat mit Schafskäse **88**
Mandelbrötchen **278**
Mandelcreme-Torte **151**
Mandel-Dressing, Schwarzwurzel
　　auf Feld-Salat mit . . . **154**
Mandel-Früchtebrot **150**
Mandelpie **149**
Mandelsauce, Rote Bete
　　und Broccoli mit . . . **152**
Mangoldrouladen **250**
Mango-Sorbet,
　　Bananen-Split mit . . . **210**
Mayonnaise **16**
Melone mit Rettich
　　und Pfefferschotensauce **266**
Mohnknödel mit
　　Backobstkompott **182**
Mohnkuchen mit Haselnüssen **272**
Mohnparfait
　　mit Blaubeersauce **261**
Müsli, Pflaums . . . **26**
Muskat-Zabaione,
　　Suppengemüse mit . . . **260**

N

Nudelrösti mit
　　Sonnenblumenkernen **178**
Nußbrot mit Roggenschrot **280**
Nußplätzchen **274**

O

Obstsalat, Grüner . . . **205**
Omelett von Mais
　　und Sojasprossen **194**

P

Panierter Tofu
　　mit Spargelragout **229**
Paprikascheiben auf Schafs-
　　käse, Geschmorte . . . **262**
Paprikastreifen mit Kreuz-
　　kümmel und Koriander **268**
Pellkartoffeln mit
　　Gerstenremoulade **44**
Petersilienmousse auf Tomaten-
　　scheiben **266**
Petersilien-Radieschen-Salat **237**
Petersilien-Salat
　　mit Weizengrütze **270**
Pflaumen-Dattel-Konfekt **272**
Pflaums Müsli **26**
Pilzragout im Hirserand **251**
Pilzrisotto **69**
Pistazienhafer **37**
Pistazienklöße
　　mit Vanillesauce **257**
Pizza mit Gerstenflocken **46**
Polenta-Fladen mit Joghurt-Dip **87**
Polenta mit Mandelkruste **86**
Polentaschnitten **245**
Portulaksalat mit Grünkern **34**
Preiselbeerbuchteln **218**
Preiselbeerspeise mit Äpfeln **216**

Q

Quarkküchlein mit Bohnensalat
　　und Basilikum-Rahm **114**

REZEPTREGISTER

R

Reiscurry mit Aprikosen **72**
Reisgericht, Asiatisches . . . **70**
Risotto mit Haselnüssen **135**
Risotto-Tomaten mit Spargel und Spinat **256**
Roggenbrot mit Kürbiskernen **52**
Roggen-Kartoffel-Auflauf mit Dill-Sahne **56**
Roggennudeln in Pilzrahm **98**
Roggenschrotbrot **282**
Roggenspätzle mit Gemüse **94**
Roggentortillas mit Quarksauce **58**
Rohkost aus Roter Bete, Orangen und Radicchio **239**
Rosenbrötchen **280**
Rosenkohl-Gratin mit Radieschensprossen **199**
Rote Bete und Broccoli mit Mandelsauce **152**

S

Salatbuffet, Vollwertiges **265**
Sauerkraut-Sellerie-Rohkost **14**
Sauerteig-Ansatz **282**
Sauerteig-Brot **282**
Saure-Sahne-Brötchen **278**
Schmant-Brezeln **276**
Schmorgurken mit Bohnenfüllung **111**
Schnelle Buchweizentarte **61**
Schrotbrötchen **278**
Schrotflachbrote, Indische . . . **284**
Schwarzwurzeln auf Feldsalat mit Mandel-Dressing **154**
Sellerie-Möhren-Flan mit Kürbiskern-Mayonnaise **264**
Senfhollandaise, Buchweizenklöße mit . . . **235**
Senfsprossensauce, Eier mit . . . **200**
Sesam-Crêpes auf Pilz-Carpaccio **170**
Sesamflachbrote, Armenische . . . **284**
Sesamhörnchen **280**
Sesamkartoffeln **165**
Sesam-Mohn-Cracker **276**
Sesam-Mohn-Knusperbrot **284**
Sesam-Pesto, Vollkornnudeln mit . . . **168**
Sesamwaffeln **166**
Sherry-Zabaione, Bratäpfel mit . . . **204**
Sojasprossen-Borschtsch **188**
Sojasprossengemüse mit Senfsauce **190**
Sojasprossenpfanne, Chinesische . . . **191**
Sojasprossensalat mit Mango und Mandeln **18**
Sojasprossentoast **189**
Sommersalat **245**
Sommersalat mit Kichererbsensprossen **125**
Sonnenblumenkernbrot **176**
Spargel mit Gerstenkeimen **45**
Spätzle mit Buchweizenbutter und Champignons **239**
Spinatauflauf mit Sommergemüse und Cashewkernen **235**
Spinatbällchen auf Mandelsauce **265**
Spitzkohlauflauf **248**
Sprossen-Risotto **196**
Staudensellerie mit Gorgonzolacreme **268**
Suppengemüse auf Muskat-Zabaione **260**

T

Tagliatelle mit Buchweizenbutter **96**
Thymian-Reisbällchen auf Tomatengemüse **68**
Tofucreme mit Backkartoffeln **228**
Tofu mit Spargelragout, Panierter . . . **229**
Tofu mit Zuckerschoten und Radieschen, Gebratener . . . **231**
Tofu-Risotto auf Blattspinat **232**
Tomaten mit Risotto, Gefüllte . . . **256**
Tomatenteller mit Zucchini und Pesto **15**

V

Vollkorn-Buchteln mit Vanillesauce **208**
Vollkorn-Kipferl **276**
Vollkorn-Lasagne mit Pinienkernen **247**
Vollkornnudeln Grundrezepte **96/97**
Vollkornnudeln mit Sesam-Pesto **168**
Vollkornnudeln mit Wildkräuterbutter **220**
Vollkornpfannkuchen mit Quark-Hirse-Füllung **243**
Vollkornpizza **21**
Vollkornspaghetti mit Pesto **92**
Vollkorn-Windbeutel mit Käsecreme **266**

W

Walnußbrötchen **143**
Walnußparfait mit Pflaumenmark **146**
Walnußsauce zu Vollkornnudeln **141**
Walnußtorte **140**
Weinblätter auf Feigen, Gefüllte . . . **268**
Weißkohlsalat **164**
Weizengemüse auf Kerbelsauce **24**
Weizenschrot-Gnocchi **241**
Wildkräutersalat mit Radieschen **221**
Wintersalat mit Erbsenkeimen **102**
Wintersalat mit Grünkern-Dip, Grüner . . . **12**
Wirsingröllchen mit Kräuterbutter **260**

Z

Zucchini-Alfalfa-Salat **198**
Zucchini, Gratinierte . . . **241**
Zucchini mit Sauerampfersauce, Gefüllte . . . **223**
Zucchinischeiben mit Joghurt-Zimt-Sauce **270**
Zucchini-Tarte mit Leinsamenkruste **237**
Zuckerschoten-Hirse-Salat **78**
Zuckerschoten-Salat **256**
Zwiebelkuchen **55**
Zwiebeln mit Hafercurry, Gefüllte . . . **40**
Zwiebeln mit Tomatensauce, Gefüllte . . . **101**